集人文社科之思 刊专业学术之声

集 刊 名：区域史研究

主办单位：中山大学岭南文化研究院

主　　编：温春来（中山大学岭南文化研究院）

副 主 编：黄国信（中山大学岭南文化研究院）

本辑执行主编：杜正贞（浙江大学人文学院历史学系）

REGIONAL STUDIES

微信公众号：Regional_History

投 稿 邮 箱：lingnanculture@126.com

2021年第2辑（总第6辑）

集刊序列号：PIJ-2018-326

中国集刊网：www.jikan.com.cn

集刊投约稿平台：www.iedol.cn

2021年第2辑（总第6辑）

区域史研究

REGIONAL STUDIES

主编 ｜ 温春来　本辑执行主编 ｜ 杜正贞

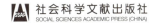
社会科学文献出版社
SOCIAL SCIENCES ACADEMIC PRESS (CHINA)

区域史研究
Regional Studies

2021 年第 2 辑（总第 6 辑）

2022 年 3 月出版

学人访谈

《区域史研究》2021 年第 2 辑（总第 6 辑）
第 3~41 页
© SSAP，2021

呈现一个众声喧哗的历史世界

受访人：赵世瑜

访谈人：李 扬 徐小晴 徐 伟 杜正贞*

引 言

得益于赵老师来杭州开会的契机，我们和赵老师在今年这个疫情紧张时期有了当面访谈的机会。我们访谈的内容大致涉及三个部分。第一部分赵老师畅谈了历史学科发展和与其他学科的交流互鉴是如何开展的以及应该如何开展。第二部分针对区域史研究的学习者，赵老师利用他近期在洞庭两山的研究案例，在理论和实践的层次上展示区域史研究的方法和技术。第三部分聚焦目前区域史研究中存在的一些具体问题。（以下访谈中，受访人赵世瑜用"赵"简称，访谈人均以"访"简称）

一 学科对话

访：赵老师您好！其实，最早的问题产生于我们和其他学科研究者的对话之中。当我们和其他学科的人，比如说一个文艺学的研究者交流时，他会说我们做文学理论、文学批评和文学史。但是对于我们来说，

---

* 赵世瑜，北京大学历史学系教授；李扬、徐小晴、徐伟，浙江大学历史学系博士研究生；杜正贞，浙江大学历史学系教授。

好像很难精准地说出自己的研究内容到底是什么？区域社会史到底是研究什么的？或者说是为什么目的而研究的？这个问题好像不那么容易回答。

赵：文艺学以往的说法叫文艺理论或者简称文论，传统上分成两类，一类叫中国古典文论，一类叫西方文论。古典文论的一个经典的例子就是刘勰的《文心雕龙》。而西方文论就是西方或欧美的文艺理论，从古典时期到后现代主义等，比如我以前研究庙会时提到的巴赫金的"狂欢诗学"就是一种文艺理论。其实历史学也没有什么区别，历史学里面有史学理论，也可以叫历史哲学。在这个层面上，我们当然可以解释清楚我们做的是什么，如果我们只是在微观的层面上或者考订和陈述"事实"的层面上去说，就很难用一句话说清楚。我们常常低头拉车，很少抬头看路，这样就很难回答学术界同行的追问。区域社会史也好，历史人类学也好，虽然表面上在做一些很具体的研究，但背后有理论关怀。前两年我有一篇关于"社"的论文，其中提到以往大家评说华南研究，大多是从方法论的层面上去说的，我提到其实还有本体论层面的意义，认识论上就不用说了，这就是历史哲学。最近在《文学评论》上有一个笔谈，就是关于如何将社会史引入现代文学研究的讨论，这就是我们的区域社会史对文学的影响，话说回来，所谓历史人类学也体现了人类学对历史研究的影响，其核心就是"文化"的转向。

访：就是说其他学科也会借鉴我们的方法。那么，历史学、社会史为什么能够给它们提供方法论意义上的借鉴呢？

赵：这就涉及更大的社会科学理论本土化和历史学社会科学化的问题。近些年，社会学、人类学、文学等很多学科都有所谓的历史学转向。大的背景其实就是还在反思所谓本土话语和理论的问题。本土化的理论必定要寻找本土的思想渊源并延续思想传统。比如西方的理论是从古希腊罗马继承的。现在我们学习西方理论，上来就直接切入近代以后的东西，直接套用和自己的研究最直接相关的只言片语，是拿来主义。但是那些理论是从古希腊、古罗马起源，经过长期传承、发展，有其基本脉络，如果不明白这些，你就不能理解近代以降诸如涂尔干、马克斯·韦伯等人的社会理论是怎么来的，用起来就似是而非，因为学习的时候就不是系统梳理下来的。过去中国人也都是从《三字经》《千字文》《论语》《孟子》开始的，有些学者认为民国时期许多学者学问很厉害，原因之一就是他们在对传统学术的系统了解上比我们强。

当然有些历史学者可能并不关心自己的研究要不要对其他学科产生影响，不关心与社会科学的对话，就是自说自话，那也没有办法，只是我个人觉得这样并不利于学术发展，不利于所谓"中国话语"的建立。区域社会史或历史人类学的发展一直是在和社会科学的对话中进行的，因此它的一些理念和方法可能会吸引相关学科同行的注意，包括社会学、人类学、民俗学、文学、经济学和法学，甚至地理学。近 10 年内，这种趋势还是很明显的。因为我们是开放的，所以人家也对我们开放。

访：这些学科如何在历史学转向当中实现理论本土化呢？历史学者是否有意注意到这一趋向，有哪些方法和理论可以启发其他学科的研究者？我们的历史学科内部似乎对方法和理论的输出很淡漠。

赵：所谓"历史学转向"，只是我个人不成熟的观察，不一定概括得很准确。因为近年来我注意到一些相关学科的学者在本学科内部大力倡导历史学的观察视角和研究维度，这既是中国历史学研究有所推进的结果，更是这些学科部分学者学科自觉的结果。2020 年秋，我们组织历史学、社会学、人类学三个学科的 9 位学者围绕历史学的主题进行了对话，没有对历史的关注是不可想象的，其背景就是社会科学的本土化，不同学科领域都需要从历史学里面来寻找所谓本土化的思想资源。

中国学者，即便是社会科学研究者，也是在吾土吾民的意识形态下生长起来的，这一点他们还是比较清醒的。过去也有很多研究者是从中国的历史里面寻找支撑他们理论的有用的资料，因此中国的历史就成为他们理论的试验场。现在人们意识到社会科学理论的本土化不能再这样做了，需要首先从中国历史这个资源中理解思想、传统是怎么来的，然后再沿着这条线索去对接当代问题，形成自己的解释。当然，对所谓社会科学本土化或中国话语，不应狭义地理解为与西方理论对立，应该采用马克思主义中国化的立场。我是把这个"本土化"理解为来源于生活、来源于实践，并运用于生活、运用于实践。比如在观察历史时，我们既可以使用"线性历史""复线历史"这样的概念工具，也可以像我写"社"的那篇文章那样，使用"折叠""拉伸"这样的概念。

其实给人启发的还是顾颉刚先生的"层累"。"层累"应该不是西方概念，但在分析世界各地的历史时同样适用，即构成了一种理解历史的方法论。顾颉刚的"疑古"与后现代的那种批评，意思基本是一样的。现在有人用新考古发现质疑"疑古"的结论，其实是会错意了。顾先生的"层累地造成的中国古史"的理论，价值主要并不在于某个具体结论是对还是错，后人根据新材料、新方法去纠正前人的结论是很自然的，也没什么特别值得夸耀的。关键是顾先生提出了一种文本批判的方法，从而提出"历史"或者"历史文本"是层累地建构起来的，这就非常了不起，批评者大多没有这个本事。过了几十年，后现代理论才将历史视作一种文本，然后考虑文本与语境的关系以及二者的"互文性"。从西方的阐释学也可以想到中国古代历史书写所谓的"春秋笔法""寓论断于叙事"，可能概念的内涵和外延有所不同，但还是具有共通性。有时候中国学者的研究看起来没有理论，部分是表述传统的问题。

访：所以历史学看起来好像没有理论，或者说没有理论的自觉性，这是出于学科自身的原因，还是有其他外部原因？

赵：我们以民俗学为例来谈这个问题。民俗学和历史学有点像。它以描述民俗现象为主，在此基础上再讲那些理论会相对比较容易接受。比如前几十年比较流行的表演理论，文学和民俗学研究者都在用，而其他的学科好像没有太关注，其实它对我们做与仪式有关的研究是有参考价值的。我们不仅要注意文本本身，还要注意人们是怎么表达的，注意是怎么展演给公众的。这个时候，你的焦点就会转移到表演者和观众身上。例如一个民间故事，过去都是拿这些文本来分析里面的内容，但不去关心谁去制造这些文本，怎么制造，怎么表达，同一个文本在不同的人那里是怎么表达的，听众又是怎样的反应。这些东西加在一起才构成一个完整的理解。现在一些历史学者也做了类似的工作，比如对族谱是怎么制造出来的、宗族成员如何看待族谱进行研究。

　　观察历史资料或文本的时候，我们会多几重观察的角度。其实历史学者不是完全没有注意到这个情况，只不过没有总结出一个叫什么理论和什么方法的东西传播给大家，就好像历史学没有理论。其实有些历史学者有的时候也会去想，但确实是这么去想的人不多，不像社会科学的学者具有主动的意识。这种情况一方面是自己的学术传统导致的，另一方面就是其他学科现实的要求，比如一个社会科学的博士生要通过论文答辩，一个重要的衡量标准就是你的理论和前辈的理论有什么不同，而不是你研究的个案与前面的个案有什么不同。

　　访：就是说历史学有其学科特殊性。那历史学究竟需不需要这种探索去应对社会科学给历史学带来的影响？其实大家都注意到了区域社会史，历史人类学者一直在做这样向外的一个工作，就是和其他学科进行对话。

　　赵：历史学有一些学科特殊性，就是古老的传统，所以会有点封闭，这是自然的，也不用大惊小怪。我想这种状况会永远延续下去，但是其中有一部分人是愿意与社会科学对话的，而有的人永远不和社会科学对话也能研究得很好。但我们现在的历史学不能摆脱社会科学的影响，我们始终在跟社会科学进行互动、讨论、争论。如果我们不跟社会科学进行讨论，那么历史学的生存危机就很严重了。当社会科学在讨论历史的时候，你不可能视而不见。我最近要组织三场历史学者、社会学者和人类学者关于历史的对话的工作坊，就是因为近年来这些学科都在讨论历史。刘志伟老师在《南国学术》上发表了一篇非常重要的文章，讨论弗里德曼对林耀华宗族研究的批评，一是说明了人类学者半个多世纪以前是如何认识中国历史的，二是反映出历史学者是如何对此做出回应的。就历史学者来说，这几乎是凤毛麟角的。

访：那像刚才讲的在社会科学一些理论本土化的努力的环境下，在这些年的讨论、争论和对话中，历史学有哪些方面的成果，或者说历史学有没有本土化的理论产生？

赵：是指中国的历史学吗？从总体上说，历史学还没有到这一步。因为历史学本身的传统就不一样，中国的社会科学传统很多都是从西方来的，而人文学科主要是本土的，也有外来的。所以，可能在这方面做出的努力需要更大些。以前的"五朵金花"讨论做出过一些积极的尝试，但多少有些削足适履。不过后来却矫枉过正了，大家多沉浸于类似传统考据的工作中，不关心理论和方法，使历史学与社会科学对话的能力变弱了。近年来历史人类学的研究在这方面做了一点工作，我曾经对这个领域中出现的三个概念做过一点概括，萧凤霞和刘志伟的"结构过程"不算是本土概念，但也是基于本土经验的；科大卫的"礼仪标识"和我的"逆推顺述"大概算是本土概念吧。刘志伟关于作为经济史方法的"食货"、郑振满对民间历史文献与经史传统关系的讨论，都是中国的历史学理论与方法本土化的努力，其意义是非常大的，我也特别期望年轻一代沿着这样的思考继续努力下去。我在这里可能有自卖自夸之嫌，不过对在上面几点上取得的认识，我还是理直气壮地认为值得学术界同行重视的。

我个人认为，在人文学科里社会科学化最明显的其实不是历史学，而是文学。比如说，后现代主义是全方位地对现代性进行的反思，但在中国，首先是从文学开始引入的，西方马克思主义也首先是从文学和哲学开始引入，最后才是历史学，甚至没翻起几朵浪花。中国史研究者有多少好好读过霍布斯鲍姆、汤普逊、索布尔？想想都觉得丧气，因为我在 30 多年前就向国内介绍过他们了。不过，这些西方理论进来之后如何有助于中国传统文学理论的开新，也还没有特别明显的表现。在历史学领域，很多人以为回到老一代学者类似于乾嘉考据那种是最好的，认为那很厉害、很见功底，这当然是对的，我们历史学也应该具备这样的功底，但不应该将其当作最终的追求目标。就这点来讲，现在这种倾向比改革开放刚开始那会儿活跃多了，比如我们的社会经济史研究，年轻一代都在与经济学理论对话。历史学内部一些不太了解情况的人看到这里可能认为会不会又是简单套用或照搬西方社会科学的概念工具，那我会说，对不起，可能你需要去认真了解一下他们的研究了。我想我们和他们的对话可以通过人文社会科学"历史学转向"这个契机，让自己慢慢有对于历史学解释的一种角度和方法，这可能会对我们学历史的人有启发和刺激。

二　方法路径

（一）区域的选择：太湖东山研究的出发点

访：您对太湖东山的研究提到了湖区商人、水上人，还涉及整个江南史。那您是在到东山之前就已经有这些想法吗？最开始去做东山研究的时候是基于什么出发点？

赵：在回答这个问题之前必须先说明，选择进行区域社会史研究的人都会面临如何选择区域作为自己研究对象的问题，我自己的学生也常常有这样的苦恼，但我们那一代人好像从来没有遇到过这样的问题，这个明显的差别是值得我们思考的。

从表面上看，科大卫、郑振满、刘志伟、陈春声都是以自己的家乡或者长期生活的地方作为自己的研究区域，我不是，主要是因为我们当时的关注点都在乡村，我熟悉的北京已经差不多没有乡村了，特别是在地方民间文献保存和民间文化传统遗留的意义上，所以就去了山西这个材料非常丰富的地方。但不管怎么说，我们在这个问题上没有什么纠结。

但是从根本上来说，是我们走上学术之路的时候就关注整个中国，因此我们会关注大家都会关注的问题，无论是王朝更替、农民战争还是政治改革。我研究的胥吏问题、陈春声研究的米粮市场问题都是全国性的，刘志伟和郑振满虽然分别着眼广东和福建一省，但讨论的制度史也是全国性的。所以虽然后来我们都转向区域，但头脑里一直有中国的问题，甚至世界的问题。我们到任何区域去看，把一个地方的情况搞清楚，其实都是为了回答整个中国甚至更大范围的问题，所以选任何区域做研究都是一样的，剩下的只有方便不方便、资料丰富不丰富这类技术性问题了。所以，给刚刚入门的区域社会史研究者一个提醒，就是一定要有很好的中外通史的基础和尽可能广泛的兴趣，要有足够的知识储备，这样在进入任何区域时都会产生大量问题。

举个例子，某次我和刘志伟跟着学生去他们的田野点，走到一个地方，看看那里的资料，与那里的人聊聊天，看看保留下来的实物，大为兴奋，说这里可真是个做研究的好地方啊，一个村子就可以写一篇博士论文！为什么会这样说？因为这些东西让我们发现了非常有趣的问题，可以切入非常重要的历史主题，可以和前辈学者做非常多的讨论。但转过脸看看学生，或是一脸蒙圈，或是紧张得脸色发白，因为他们完全不理解我们在兴奋什么，心里可能暗自琢磨，如果写不出来怎么办。这当然可以归因于老师和学生的阅历不同、积累不同，但根本原因在于知识结构，年轻时知识结构形成得越合理、视野越开阔，心理越不偏狭，到一个陌生的地方就会越快如鱼得水。

当然个人有个人的特点。我个人思维比较发散，兴趣点较多，很难沉下心做扎实的学问，喜欢到处乱跑，也喜欢乱想，常常在旅游途中有感而发。我也比较喜欢写作，有什么想法就愿意尽快把它写出来，不管成熟不成熟，所以风格不是太严谨。我和朋友、学生跑过多次云南、四川和贵州，虽然我从来没有将其作为自己的研究区域，但还是写过零星的文章。对有些跑过的地方虽然没有写文章，但我可能在讲课的时候，或者做讲座的时候会提到。一个是材料的多样性让我可能比较容易写出某些东西来。可能有些地方的材料文类很单一，不是不能研究，而是让我们来选择的话，当然会选择材料更丰富的地方。另一个是前人的积累非常丰厚，因此具有足够的挑战性。如果你到了一个陌生的地方，是前人都没有做过研究的地方，这当然很好，但如果你背后讲出的那个道理还是旧的，意义就有限了。现在的区域社会史或历史人类学研究的一个问题也在这里。一些人研究了新的地方，用了许多新的材料，但是要看讲出的道理是否前人已讲过。所以，到了一个新的地方，能不能引起你的学术史反思，就是生发出新的问题意识，这一点特别重要。反过来说，如果不到那个地方也不行。不是说没到那个地方就绝对不会产生新的问题意识，很多学者都对江南史研究如何深入提出过意见，大多是在原有的问题脉络上向前推进，但也有少数学者提出过一些有启发性的看法，我发现他们大多是对本地有比较深刻了解的人。一旦你真的深入这个地方的日常生活，就会发现你需要对一些文本进行重新解读，而重新解读后的这些文本能帮助你理解这个地方。

　　回到江南的问题。正像前面所说，我们跑过很多地方，对这些地方虽然我写过一两篇文章，但终归没有当作自己长期研究的对象。江南也一样。我从 20 世纪 70 年代初第一次到上海，到现在正好半个世纪，不算出差开会之类，在去东山之前，按照学术的脉络在东太湖地区跑过四五次，对一个自己没研究的地方来说，也不能算完全陌生了。但如果要去做研究的话，这些经历就远远不够了，所以最初到东山，大概类似于学术旅行，并没有想过哪怕是写一篇文章。就后来提出的问题而言，科大卫、刘志伟、贺喜等许多学者已经研究过水上人；就江南研究来说，成果更是比比皆是。对某些缺少研究的地方或许还可以"下车伊始就咿哩哇啦",斗胆妄言,但对江南却莫敢置词。以前曾对吴滔表示,我对江南素无研究,吴滔就会好意地提醒我曾经写过关于湖州双林镇的文章,不过我心里知道,在如山似海的江南研究成果中,那篇文章至多算是一个泡沫。所以大家不要以为某人出了一本书,就一定是他早有规划、长期积累的结果。

不过,到东山后产生的问题意识一定与以前读过的书或做过的研究有关。学生时代是不可能绕过关于"资本主义萌芽"问题的讨论的,那几本论文集可以说读得滚瓜烂熟;在我认识厦门大学的这些朋友之前,也早读过傅衣凌先生的《明清时代商人及商业资本》,也知道有洞庭商人的"商帮";40 年中,森正夫、滨岛敦俊、岸本美绪、彭慕兰、王国斌、李伯重、刘石吉、陈学文、唐力行、范金民……数不清的学者关于江南的论著是不可能不读的,因为在相当长的时间里,讨论江南就等于讨论中国。即使就我自己而言,作为东山研究切入点的刘猛将,也是 30 年前的研究中就碰过的,所以不做不等于无知、无感。

所以,我初到东山的时候就与我以前到江南或全国其他地方一样,并没有立即产生后来那些想法。但是很快,当我在试图理解我在东山所看到的一切的时候,以前所读过的诸位前贤提出的问题、得出的结论,一下子蜂拥而至,与我所看到的东西轰然撞击在一起。

访:这些水上人的故事通常讲的是单线的水上人上岸故事。但事实上在同一时期,既有人上岸,也有人下岸。如果把时间放得更长一点,可能先有人上岸,又有人下水,再有人上岸……如此循环往复,像鲁西奇老师对海边的水上人的研究就是如此。但通常在写作论文时,我们又可能尽量要找到一个线性的东西,或者说默认历史是线性发展的,感觉它随着时代的不同要发生变化。那这是不是一种偏见?这样得出的研究结果有没有什么问题?

赵:我觉得你说的都没错,首先要破除的是把这类问题变成一个二元对立的、静止不动的或线性的问题，实际发生的情况可能异常复杂。它在什么意义上是循环的呢？其实我不愿意用"循环"这个概念，因为这是一个目的论或命定论的概念，这个过程的每一次看似往复，实际上都已经不同了，所以不如用"改变"或者"变化"。在一个很大的范围内，或者在一个很长的时间段里，可能呈现出不断改变、反复发生的特点，但对于不同的个人来讲，那就不一定了。也许有的人忽而水上人，忽而岸上人，但我不知道这种人的比例有多少。这种动态的观察角度在萧凤霞、刘志伟关于潮连疍民的文章中早就出现了，即使在太湖边，清末从上海、苏北也不断有人过来从事水上的营生，谁也不清楚他以前是做什么的。对于职业，一个人可以经常变换，但对定居还是流动这种生存方式进行选择，就不是那么容易变的。就多数人来说，如果在岸上定居，买了土地，建了房子，你让他轻易就放弃了，然后去漂泊四方，不太符合生活逻辑。

　　但另一方面，在人们的观念中，二元对立始终是存在的。我们说好人和坏人不是永远不变的，好人可以变坏，坏人也可以变好，这是辩证法，但好人和坏人这个二分还存在啊！刘志伟的沙田和民田、谢湜的高乡和低乡，都是各自地区二元的社会-文化分类啊！即便实际情况复杂多变，这样的二元分类在实际生活中的普遍存在并被人们广泛利用，还是说明这个分类是有意义的，就像士大夫总会强调"正祀"和"淫祀"这个二元分类标签一样。明代的《松江府志》里记载了一个官员的说法，他把那里的人分成两类，一种是"耕类"，一种是"渔类"。这说明我们现在讲的水上人、岸上人的分法早就有嘛！不仅士大夫，老百姓自己也这样称呼；不仅岸上人，水上人自己也这样区分。以前听一个深圳的基层干部说过，他们家以前是"水流柴"。更可怕的是，我们说的那种变动的、复线的情况具有逻辑上和意识形态上的合理性，即"政治正确"，但很难得到史料的支撑，相反，这种僵化的二元分类却在文字记录和现实生活中比比皆是，这不能不说是一种讽刺，当然也是一个很好的研究课题。

历史是不是线性的呢？一般而言，当然不是。但不能用"线性历史"来否定一切历史趋势，比如我们不能说所有的地区都经历了一个依某种次序向农业社会的转变，但人类进入农业社会，继而进入工业社会是个总的历史趋势。就中国的历史来说，水域面积在不断减少，围海造田和围湖造田导致圩田、沙田等不断增多，总是个不争的事实。对这个历史过程进行描述，不能说就是"线性历史"。所以，总体而言，水上人上岸是大趋势。从较近的情况看，新中国成立后曾几次出现政府主导的渔民上岸居住；现在又出台了长江流域禁渔十年的规定，必然进一步推动渔民上岸的过程。我刚刚去过鄱阳县的瓦屑坝，邻村养了 700 多只捕鱼的鸬鹚，禁渔之后，所有渔具都要上交，鸬鹚也被全部卖掉了。整个长江流域都禁捕的影响是非常大的，传统的水上人的生计模式一定会得到改变，甚至消失。我们做这方面的研究比民国时期的学者更困难就印证了这个大趋势。我觉得我们做的工作恰恰不是线性历史，而是在主流的农业社会旁边看到另外一条线，即其流动性带来的商业性，这是传统农业社会变革的一条线。

访：我们该怎样进入区域史研究？写区域的方方面面和从赋税、族群等要素切入区域会有什么样的区别？

赵：这个问题可以说是老生常谈了，很多老师也讲过自己的经验，比如《区域史研究》前几辑的访谈都涉及这个问题。我们进入区域史会觉得有点难，因为这是大多数人不熟悉的一种做法。区域的划分尺度很多，内容包罗万象，我们惯性的思维不把空间当作与政治、经济、文化等同样的切入点，这似乎不是历史学的惯常思路。历史学的惯常思路是一种分类，比如《食货志》《职官志》《礼志》，所以在某种意义上说，那些研究跟传统史学如纪传体史学没有二致。正史里没有按区域做的，除了正史后面的《外国传》《四夷传》《土司列传》等，但这些也远不是一个区域的概念。史学的传统不是区域的传统，相对接近的就是地方史志的传统，但那不是按时序叙述的史学传统。我提倡在空间中理解时间，就是说可以把区域或地方当作一个切入点，把政治、经济、文化等视为这个区域内整体生活内容的不同组成部分，这样的话，地方志就可以成为一部了解区域或地方的入门书。读地方志，我建议要一句句读，从"序"开始，不同时代不同的人想的问题也不同，我们要把这些都读出来。现在对地方志的利用，有些人研究赋役，就专看地方志"赋役"的部分，研究城市就专看"建置""地图"，但我们从区域进去的话就不会这样看地方志。对我们来讲，各个部分都是相互关联的，我们要努力把这些关联都找出来。

对区域的方方面面都要了解，这与从某个侧面切入并不矛盾。想想这个表述——既然是切入点，那肯定是从某个领域、某个侧面入手的，甚至可能是这项研究的主线，但切入后看什么？就是与这个侧面、这个领域有关联的方方面面。在一个区域社会中，没有什么是互无关联的，相互关联是一个社会的特征，而某个领域或侧面只不过是我们为了便于研究而做的切割或主观选择而已。即使是想把某个领域或侧面研究清楚，恐怕也要涉及这个区域的其他领域或侧面才行。刘志伟老师的研究中关于珠江三角洲的各个结构要素，就是相互关联的领域或侧面，我们几十年来一直强调要做整体史，后来有人批评的"碎片化"和我们的倡导和实践完全不相干。

我提出逆推顺述的方法，其实就是倡导从现实生活出发。到了一个陌生的地方，从现实中很容易找到最吸引自己眼球的东西，然后从这个地方切入，会发现方方面面也都有关系。进入一个区域，看到的东西很多，但总能区分出让你印象最深刻的东西。这大多可能是与衣食住行有关的东西，比如四川人吃辣，也有很多茶馆。本地人有先天的熟悉感，所以王笛老师研究了茶馆；外地人也可能会跟本地人有同样的认识，即认识到茶馆的重要性，这可能就是了解那里的切入点。再比如我最开始关注到东山村村都有的猛将堂，本地的文集、族谱里都没什么记载，大量的猛将堂中，与猛将会相关的碑刻也寥寥无几。从猛将堂切入并不等于要把它当作唯一的或主要的研究对象，但它是我认识这个地方的一条线索。我对它的关注可以须臾离开，又可以须臾回来，就像手机导航，找不到路的时候我用它，找到路以后我就可以沿着路走下去。

访：那么，对这些区域的方方面面做的整体研究，要放到什么样的学术脉络里跟别人的研究对话呢？

赵：这要看对地方的观察和对整体资料的把握。以我的研究为例，我之所以回到水上人的问题，是因为我要去解答猛将堂是什么人的庙，为什么要建这些庙等问题。回答这些问题时再回头看看前人有什么研究，提出了什么问题。比如贺喜、科（大卫）老师的书，徐斌的研究，都把问题提出来了。但他们对历史上的水上人通过什么途径上岸，由于没有什么材料，涉及不多。贺喜专门写过文章，讲述宗族建构在水上人上岸中的作用，非常重要。他们的宗族是什么样的，和珠江三角洲民田区的宗族有什么区别，都是我感兴趣的问题。东山也有许多大姓搞了宗族，一些是明中叶以后做的，还有一些是清代做的。读了族谱就知道，这些家族中有许多人经商，宗族的建立往往是在经商致富后做起来的。那么，在一个除了山就没有什么耕地的小岛上，这些宗族与水上人上岸有没有关系呢？这就把水上人的问题引到宗族的问题上去了，你就会去与以前的宗族研究对话。在我的了解中，在贺喜对广东沿海的研究和凌滟对山东湖区的研究以前，水上人研究和宗族研究是完全不搭界的，江南的宗族研究硕果累累，但也没有考虑这个问题。现在陈瑶、胡小安在这个问题上也做了很好的个案研究，涉及水上人与宗族的关系。

研究明代社会经济史的人都非常重视周忱在江南的赋役改革，但不知道为什么大家都不重视周忱赋役改革中对水上人的关注，这当然是这个区域中的另一场重头戏。我作为社会经济史的外行，注意到这一点是因为东山叶氏的族谱里提到，一个叶氏的成员跑去给周忱提建议，其中一条就是告诉他要重视水上人，说这里的人全家都住在船上，装载着货物，一会儿到这里，一会儿到那里，你是找不到他承担赋役的。你看，江南水上人的问题又牵连到万众瞩目的江南赋役问题上去了。我不得不去讨论这里自南宋以来的义役田问题、圩田字号问题以及清代的顺庄编里，这些问题背后不是一条学术史脉络，是很多条。

研究东山更逃脱不了商业史的问题，因为洞庭商人研究是前辈学者就非常重视的，这背后的学术史脉络就不仅是历史学的了，也有 business school 的，不同的学者都提到他们的领本经营和合伙经营。我的研究认为，由于具有移动性，水上人是天生的商人（陈春声也有类似的说法，不过我猜都是受了布罗代尔的影响）；我也因此理解为什么范蠡不仅被江南的商人奉为祖师爷，也被太湖上的大船渔民奉为祖师爷。我这样说已经表明，我不想像以前的商人研究那样只把商人视为一种赚钱机器，讲究诚信是为了做生意，各种商业经营方式都是为了做生意而创造出来的，只是一种理性经济人的角度。假如贩运就如捕鱼一样，只是水上人的生活方式，那么领本啊，合伙啊，就有可能都是他们的特定生活习惯和社会关系的表达。

上面这些例子虽然没有穷尽一个区域方方面面的内容，但也足以说明问题。每个方面背后都有一整套学术史系统，都有可以自洽的解释逻辑。但所有这些都被我置于江南的水乡成陆、水上人上岸这条脉络上。所以我战战兢兢，因为几乎要和所有的重大问题对话。但正因如此，我从一开始就把这项研究定位在提出问题和寻找解决问题的可能途径上，而不是最终解决问题。

（二）文本的解读：太湖东山材料的串联

访：我们从一个地方的田野可能会获得一些感觉和认识，但最后怎么通过文本材料去把它们联系起来，这个研究过程不能只是想象。

赵：我一直在说，历史研究唯一做的事情就是建立关联。前面举的例子都是在讲水上人的事与一些重大的历史事件和现象的关联。这一开始可能是朦朦胧胧的感觉，但最后还是要从材料当中看出来。当然，从材料来看，有的问题建立关联比较容易，有的问题就比较难，大概史前的历史要找到关联最难，因为没有文献，只有靠考古发掘，所以考古学中的类型学研究就比较重要，比如通过陶器的类型比对建立起关联，判断不同地方是否属于同一种文化。但说实话，这个里面有很多猜的成分，你完全不允许想象，那很多事情就不能做了。三星堆的很多情况我们说不清楚，学者做了很多推测，你说没有文本材料，不许推测，行吗？

另一方面，我也经常碰到学生对我说，哪里或某个问题没有材料。我没去过的地方，我的确不敢说，但我心里总是持怀疑的态度。这里面有几个层次的问题：第一，他没有下足够的功夫去找；第二，他不认为看到的东西是对他有用的材料，也就是说他没有找到材料的关联；第三，他没有利用极少的材料进行研究的本事。这个本事的确不是那么容易掌握的，要逐渐积累，但必须要有这个意识。我们明清史研究都要说材料少，那做先秦史、秦汉史研究的怎么办？其实在我们读研究生的阶段，主要就是锻炼这个本事。我自己也同样经历了这个过程，一开始并没有觉得那个材料对我有用，与我的研究主题相关；后来模模糊糊觉得可能有用，但建立的关联可能有点牵强；越往后，看的东西越多，越觉得这个假设可能成立。这不是一蹴而就的，不是一眼就看出来或猜出来的，很多时候是触发性的，因为看到别的材料，跟人聊天，或者看别人的书、文章而被触发，这都有可能，但总的来说是逐渐积累的。

我们知道研究历史上的水上人很难，就是因为材料少，所以在很多时候要大胆假设。我最近写了一篇关于唐传奇《柳毅传》的文章，就涉及同学们关心的这个方法或技术的问题。东山的太湖边上有口柳毅井，上面是明代大学士王鏊的题字，我虽然知道柳毅是许多地方特别是湖区水上人的神，但没有觉得这篇传奇小说与我的研究有什么关联，哪怕它就在我所研究的地方。文学史上当然对《柳毅传》有不少研究，也有一些文章争论《柳毅传》讲述的故事到底发生在湖南的洞庭湖，还是发生在江南的洞庭东山。张伟然认为这篇传奇的地理意象是在江南，我赞同他的观察角度。既然无论如何是在讲江南的故事，那就与我的研究有关了，特别是龙女或龙的情节让我突然想到广东屈大均对疍民的描述。《柳毅传》是否有可能讲的就是一个关于唐代江南水上人和水上商业的故事呢？于是我带着新的问题意识重新审视文本。尽管没发现极为直接的证据，读者肯定会觉得我的结论多属揣测，这点我是承认的，但至少提供了一个新的文本解读思路，同时也使本来很少的材料积累稍微丰富了一些。但是，恐怕也很难将我这个假设证伪，因为同样缺少材料证明我的假设是百分百不可能的，这样的话，有这个假设就比没有这个假设好。

由于传世文献中关于水上人的资料匮乏，田野工作就变得异常重要，甚至由于有关的民间文献都不多，需要借重民间口头叙事，因此这项研究需要更多地采用人类学和民俗学的方法，然后回过头来重新审视传世文献。于是，我主要分析了一些与刘猛将相关的宝卷、神歌之类的仪式文本，还有渔民的仪式歌，比如《太湖渔歌》，还要去渔村听他们的故事。这类工作从顾颉刚先生他们那个时代就开始做了，但直到现在历史学者还是做得不够，背后还是观念的问题。这些材料对我的研究很有帮助，有助于我们了解水上人的历史。这样，开始觉得匮乏的材料逐渐多了起来。应该说，这方面的工作是从我的老师钟敬文先生在中山大学时对疍歌的研究开始的，民国时期的疍民调查，上来都会先提先生对疍歌的研究，这让我觉得很自豪，不知道是不是冥冥之中老师还在启发我。

比如，在东山的席家湖流传着一个芦苇姑娘的故事。她是一个渔民的女儿，在机缘巧合之下生了龙的儿子。这个男孩儿非常厉害，考中科举，当了宰相。他并没有忘记以前做渔民的那些兄弟、朋友。于是他创造了一种捕鱼的方法，并教给他们。后来，人们就把芦苇姑娘的儿子奉为网船的祖师爷。这就可以联系东太湖上的罛船渔民。他们捕鱼的时候都是几条船一起合作，拉那种巨大的网。上岸后，他们把水上的合作关系带到岸上，延伸成一种社会和经济上的合伙关系，这就是我提出的"合伙制社会"的根源。

在这个故事里，渔民不能像有文化的人那样，说自己的祖先是陪着宋高宗南下到了这边。那么他们的来源和合法性在哪里呢？通常，这些人有两条出路。一条理想的出路就是上岸。东山后来有很多科举士人，有像王鏊这种当大学士、宰相的，也有读书读不下去，又回来经商的。这个在文献里也有很多记录。第二条路就是继续在水上做渔民。但这个故事告诉大家，那些做了大官的人与渔民是兄弟，是同类人。无论发财当商人的，还是走了科举当官的，原来也都是渔民。

在文学上，他们是不会这样分析的。历史上，这样分析的也不会很多。文学中有个比较核心的概念，叫作母题（motive）。《柳毅传》的母题就是"人传神书"，这个母题很早就有了，主要是在六朝志怪和以后的作品里保存的，只不过大家讲的具体故事不一样。就《柳毅传》的渊源来说，我相信文学界已经梳理得非常清楚了，但我注意到涉及"人传神书"这个母题的故事基本上都是与江河有关的，这一点是以往研究这个作品的人都没有提到的。

另外，《柳毅传》里还提到，柳毅要为龙女捎信去龙宫，龙女告诉他，你可以看到一棵橘树，叫作社橘，你敲三下，就会有人把你接过去。这里的社橘，跟我在华南看到的榕树、江西看到的樟树一样，常常被当作社树。在唐代的诗歌里，东山就有具体的地名橘社以及有关赛社的记载。到了宋代，"柳毅传书"的故事已经传遍全国，宁夏、甘肃、东北等地区也都出土过刻有柳毅传说的墓葬铜镜。我相信大家都对此耳熟能详，但它一开始并没有引起我的重视。在我关注到《柳毅传》的时候，看到里面提到"社橘"，突然想到这与我讨论过的"社"的问题有关，然后就去讨论东山不同历史时期的社。

（三）范式的创新：吴中东山研究的感发

访：现在的问题是，很多区域史个案揭示出来的道理，其实大家都想到了。区域史的麻烦在于到了事实的层面，各自区域的差异，大家都可以讲出来，讲完后还是要回到整体，一到了整体的层面，大家讲出来的东西就都一样了。或者说到了方法论的层面或者模型的层面，就很难有真正的创新。比如王明珂总结出一个兄弟、祖先的叙事模式，比如《柳毅传》是传书型故事的模型，但到了这个层面后，大家讲出的话都一样，那创新在什么地方呢？

赵：我在相当程度上认同一个道理，既然以人为中心，那研究个人生命史难道就没有价值没有意义吗？比如杜正贞老师他们团队做的《见证》这本书，就是从个人的生命历程见证时代的变化，所以它背后有大的或整体的东西，只不过每个个人在大的情境中的反应是不一样的。像娜塔莉·泽蒙·戴维斯说得非常清楚：有人把我归为后现代，我否认，实际上我们都是在做非常坚实的实证性研究，试图通过个人的经历来看时代的变化（大意如此）。她也坚持说自己是社会史的研究者。

访：娜塔莉·泽蒙·戴维斯的研究，如《档案的虚构》《马丁·盖尔归来》，她用诉讼案例、档案做研究，被视为新文化史或微观史。她最后的结论，通过《马丁·盖尔归来》说明 16 世纪法国乡村的两性关系等，这是一种方法。在《档案的虚构》里，她通过赦罪书的文本结构去看当时的文学叙述方式对它的影响。到了这个层面，以后再做类似的研究，好像就是跟着她的路在走。文本的研究或者是对文学叙事结构的揭示，或者变成了对乡村观念史或民俗的解释。后来的这类研究里，找不到一个方法论或理论上的创新。在这个层面上要有突破的话，该怎么办？

赵： 首先，不是人人都能当娜塔莉·泽蒙·戴维斯。在她的基础上超过她，不是那么容易的，不能在这个层面上去衡量创新的标准。当然作为一个努力的方向，是可以的。其次，像拉迪里的研究，我们只熟悉他的《蒙塔尤》，很少关注他的《罗曼城的狂欢节》。年鉴学派第一代领袖马克·布洛赫的《国王神迹》最近也翻译出版了，人们讨论得也不多。我们看年鉴派的三四代人，关注的主题和叙事风格都有明显的变化，但也继承，这说明他们都在努力追求创新。通过故事文本阐释的也不都是乡村观念或民俗，顾颉刚讲的就不是吧。即使是，或按年鉴派自己说的，是心态史，讨论的也不是同一个人群或同一个时代的心态史。

我只能举自己的例子，来说一下怎样对前人的研究有一个突破。例如对东山的研究，我把东山当作江南史的一个麻雀来解剖，我相信在更早的历史时期，很多后来成陆的地方经历过类似于东山或太湖沿岸那样的过程，只是那时的材料比较少且呈碎片化。我要想前人做了什么，但往细说，有很大分别。其实在江南这一块儿，有两项研究已经把基本的目标给限定了，一个就是贺喜和科大卫那本讲水上人的书（《帝国晚期和近代中国的渔民：船居和棚居的历史人类学研究》，*The Fisher Folk of Late Imperial and Modern China：An Historical Anthropology of Boat-and-Shed Living*），另一个是徐斌和刘诗古也有类似的文章和专著。当年乔健先生研究"底边社会"时也有这个意思。再往上推，一些对乐户的研究等也与此类似。

在这个基础上，我能做什么呢？一方面，如果反思以往已经取得很大成就的江南水利史、市镇史，可以发现这基本上是一条农业史的脉络，研究水利开发也是围绕农业灌溉的问题。它的背后是一个国家的概念。江南地区有大量水利文献，地方志的水利部分内容也特别多，为什么呢？我认为这个跟文献和研究中的所谓"国家取向"有关系，因为当时农业收入是国家财政最主要的部分。在此基础上，逐渐衍生出江南市镇史研究，这是江南史研究里最辉煌的部分。但市镇也是建立在成陆的基础上的，以前研究市镇时，不太考虑水和市镇的关系。少数对水栅的研究，也只从防卫、安全的角度讲，沿着市镇史的视角逐渐进入近代化研究的脉络。

另外一面讲的人就不多了，不是没有人研究江南历史上的渔业和渔民，但只是把它视为农业史的补充或者附庸，有点像现代的"农林牧副渔"这样的表达，而不是作为整个江南史发展的另一条主线。这个过程究竟是怎么展开的，前面提到的研究中谈得不多，主要是讲湖田或草洲的开发过程。就像在江南史研究中，关于圩田开发也有非常出色的研究，但关于水上人怎么变成岸上居民，渔民怎么变成农民、怎么融入岸上的定居社会，有些人类学者研究，但历史学者限于资料，就不敢说多了。刚才讲到，这不是一个线性的、单向的过程，但从一个长时段来看，它毕竟是一个总的趋势。长江流域禁渔以后，这些人就更少了，连渔具都收了，抓鱼的鸬鹚也卖了，原有的生计模式必然改变。在这个过程中，每个时段的情况是大不相同的。但这背后的机制是什么，必须找到这个东西。过去人们之所以不谈，是因为没有材料，不知道该怎么讲它，符合历史学孤证不立、无证不书的原则。

所以又回到一个跟技术有关的话题，就是如何化"腐朽"为神奇，看看哪些材料可能透露水上人上岸的历史信息。不少学者用过东山的族谱，但没有关注族谱里大量关于赘婿的记录。这些记录说明什么？我自己不是族谱和宗族研究的专家，按弗里德曼的说法，族谱里讲的是一套宗族语言，那么关于赘婿的宗族语言想要曲折地表达的是什么历史事实呢？以往也有很多人研究赘婿，主要是从制度史特别是法制史的角度去观察。但我从人类学家对渔民的田野调查及其有关渔民婚姻模式的了解中受到启发，再看回民国年间陈序经、伍锐麟在广州等地做的疍民调查，发现赘婿的问题可能与水上人上岸有关。再联想到刘志伟老师那篇关于姑嫂坟的文章，我才明白为什么珠江三角洲有尊奉女性祖先的现象，背后可能就与赘婿有关，如果丈夫是赘婿，妻子就会有较高的地位，这可能就是水上人的历史传统。所以，是晚近的经验事实引发我去重新审视族谱里的这些材料，本来不是材料的东西就变成了材料。由于族谱中的赘婿记录说的是元代到明初的情况，所以有可能帮助我去梳理从元代中期到明代中期这段历史，一个 impossible mission 就变成了 possible mission。

过去人们研究过水上人，但对水上人通过什么方式上岸，其途径是什么等问题，很少有人涉及。我讲的赘婿这个假设可以被接受，它可能会延伸到江南的商业经营问题和宗族建设问题。后面两个问题也是有很多学者研究过的，但这里可能会导致对商业的合伙经营以及江南宗族的一些特点进行重新思考。比如洞庭商人的合伙经营是否与水上人的特点有关？如果是，它是不是从社会意义上的合伙关系生发出来的？东山商人致富后的宗族建构，是不是一种岸上人与水上人不断发生联系的结果，并由此形成了一种商业合作和营商网络？由此又可以去思考滨岛敦俊提出的"江南无宗族"的问题，我想这种宗族的情况，在本质上说与华南的宗族或徽州的宗族没有不同。我们看到，问题就是这样一个一个被提出来了，问题的提出角度和结论有可能与以往学术界的讨论不太一样。最后，还会继续提出问题，把江南地区由水到陆的过程，从人和社会的角度讲，视为从许多离散社会到一个整合社会的过程，刚才说到的那些具体的方面，就是这个过程的组成部分，这样，也就可以上升到和社会科学讨论的问题。

（四）区域史与整体史的关系

访：刚才大家都聊到华南、华北、江南这些地方的区域史研究，现在对很多问题都具体到某个区域去做，如某个区域的环境、某个区域的水利、某个区域的赋役、某个区域的公共事务等。但所有做这些区域内容的人，他们还是想要获得整体的认识。赋役制度研究尤其典型。那我们最后怎么做一个完整的拼图？

赵：研究赋役制度的学者目前大多不是做地方研究的，接着刘志伟老师研究路子做的人不太多。原因在于，赋役制度首先是国家制度，其次才是地方实践，如果以国家制度为问题的出发点，做法是与以地方上人的生活为出发点不同的。前者考虑的是赋役怎么征收上来，后者考虑的是如何应对赋役的征派。即使近年来大量利用地方民间文献来研究赋役制度问题，还是存在这个出发点的问题：你了解赋役征派在不同地方上的具体运作之后，是帮助你更多、更清楚地知道国家如何征派赋役，还是为了帮助你了解这个地方的百姓非常重要的一部分生活内容？比如对于"无籍之徒"来说，他们不承担赋役，他们的行为明显也是一种对国家赋役制度的应对，但就多半不在前者的视野里，这个很难说是一种"整体认识"。我以为所谓整体认识不仅是指将小历史与大历史对接，更重要的是在社会的各个方面建立起关联。

现在讲"完整的拼图"还为时过早。就区域社会的整体来看，我个人认为像珠江三角洲那样相对完整、系统地揭示区域的历史发展的结构过程，其他区域都没有做到。有的区域比如福建，现有的研究成果大体也可以勾勒出一幅整体的图像，但一是要有人来做这个整体勾画的工作，二是郑振满老师他们最近通过对永泰文书的整理和研究，应该会使闽中山区的历史面貌更加清晰。当然对整体的追求无法一蹴而就，还有大量的工作要做，不过已经比 30 年前好多了，那时质疑社会史的整体史追求的大有人在。

珠江三角洲研究最重要的地方在于，尽管学者在不同方面揭示的深度并不完全相同，但他们做到了基本的逻辑自洽。他们讲的许多不同方面，社会、信仰、宗族、制度、生态，包括大历史（事件、制度），就是我经常引的刘老师那张表上被我叫作结构要素的那些，研究有深有浅，有的完整，有的局部，但都能不断找到自洽的地方。不仅如此，这套逻辑也向其周边扩展，比如在往广西、南岭地带以及海岛扩展的时候，差不多都是可以自洽的。这就是逐渐从一个较小的区域到更大的区域，从一个相对均质化的区域到不同质化的区域。这里我说的不是研究的空间范围越来越大的意思，而是说我们找到了一种方法或叙事逻辑，是从一个较小的区域中生发出来的，但可以用来研究或叙述不断扩大的区域，直到出现某个方法或叙事逻辑的空间界限。换句话说，这个完整性或者整体性与其说是相对于县的省、府，或相对于地方的国家，不如说是一个更大的适用于某种叙事和解释逻辑的空间。这个说法可能不对，只是我个人的想法，就是从一个区域里找到自洽的逻辑，然后不断向外扩展，这就是方法论意义上的走向整体。

访：现在大家说到做区域史，还是在做区域的某个方面，比如区域的赋役、水利，我们没有像刘老师当年做珠江三角洲研究时的那个出发点。他的出发点是想要理解整个区域社会，他做赋役、宗族，其实是可以融入您刚才讲的那个解释框架去理解，这一点是其他区域现在没有办法做到的。

赵：这个问题也是好多年前就讲过的。现在的年轻一代学人，通史的基础和通史的关怀比以前弱了，这可能是近 40 年来矫枉过正的结果，也可能是受到后现代史学的影响。这种"通"的训练，"通古今之变"的史学追求，还需要不需要？历史哲学层面的思考，还需要不需要？我总会用一个比喻，讲雕塑家怎么做一个人像，他是先做一个骨架，把大体的形状做出来，然后再整体地推进。他并不是把眉毛先精雕细琢，接下来把眼睛做到极致，再雕刻鼻子，而是按照整体的轮廓步步为营，否则可能脸上某个器官雕刻得很好，但与整体面貌很不协调。我多年前写过一篇关于再论社会史概念的文章，里面讲到年鉴学派的时候，提到一些人认为年鉴学派的整体史追求失败了，我不这样看，就像前面说到的，要看如何理解这个"整体史"，还要对布罗代尔的"整体史"观念有所推进。第三代年鉴学派的转型，以及以美国为代表的新文化史的出现，用"文化"作为核心概念来替代原来社会史的"社会"概念，这是人类学转向（anthropological turn）的结果。但无论是"社会"还是"文化"，这样的概念都决定了以它为解释工具的研究必然是整体的，哪怕研究得再具体，它所体现的也是人类共通的东西，所以是在这个意义上的整体。很多人不理解，他们以为碎片的简单相加就是整体。当然在某种意义上，把历史的各种碎片缀连起来也是最基础的工作，但关键是要有一个核心概念。

过去社会史研究者把"社会"作为核心概念，但无论是"社会"还是"文化"，都是一个整体概念，不是一个局部概念。比如政治、经济、军事、宗教、法律都是相对局部的概念，只有社会、文化是相对整体的概念。为什么现在许多区域研究开展得如火如荼，也搜集整理了大量资料，却没能对相关区域做出整体描述？其原因可能是，大家从研究生开始，就变成了做区域社会研究的学生，而不是历史学的学生，或者不是人文学的学生。他们一下子就钻进地方，然后"只埋头拉车，不抬头看路"。我们开始做区域研究的时候，不是一个主动投身的结果，更不是被动而行的结果，而是批判反思的结果；我们大多是受传统的史学训练，用传统的方法研究传统的题目，是有这个基础的，然后才会想在这个基础上如何开新，因此是一个理论自觉的产物。现在很多人不是把区域社会当作方法，而是当作一个领域，这就可能陷入泥沼。一个区域社会，麻雀虽小，五脏俱全，若要穷尽，可能一生都无法实现，如果掉进去就出不来了。我怀疑这个问题是个症结，作为老师，在训练学生时，容易不由自主地顺着同学的需求走技术路线，本来宏观思考和理论兴趣对多数人来说就不太擅长，老师如果再不主动引导，问题就更严重。

三　历史人类学的方法与逆推顺述再思考

访：刚才讲到从区域到整体时，您说到逻辑自洽。从找共性的角度来讲，历史现象可能在各个地方都有，但是历史过程会是一样的吗？珠江三角洲是那样一个结构过程，它的结构要素和历史过程是能够相互配合、相互贯通解释的。珠江三角洲的研究模式现在也被用到了南岭、江南，您觉得这个模式还管用吗？在什么层面上是管用的？

赵：我认为社会在不断地"生"，而不是古典社会学所说的生老病死那种社会有机体。对于一个能长时间溯源的历史过程，可以体现为多个再结构过程（restructuring）。过去大家特别重视珠三角研究的方法论意义，或者说认识论意义。我之前所写的那篇将几个区域的"社"进行对比的文章，曾提到珠三角研究的本体论意义，本体论问题就是历史过程的问题。我为什么说珠三角的研究是逻辑自洽的呢？不仅是因为在史实的层面，各个结构要素之间的关联被建立起来了，而且是因为在哲学的层面，本体论、认识论和方法论之间的关联也被建立起来了。当然我也一直说，珠江三角洲的研究是一个理想型，可能全中国大多数地区的情况都与它揭示出来的过程不同，但都要求逻辑自洽，都要求在各自地区的各个结构要素之间建立起关联。在自己研究的区域达到这个结果之后，你就会对珠三角研究的意义有很深的体会。

就我现在做的工作来说，无论是山西的晋祠还是江南的东山，无论切入点是什么，我们都会努力找到在历史过程中构成其社会的基本要素，然后不仅要发现这些要素的历时性表现，还要在这些要素中建立关联。我不是说学者勾画出来的珠江三角洲的历史图景是个模型或者模式，也不是说每一项研究都要这样做，而是指这样一种研究方法最终会指向我们的理想追求。所以，"管用"不"管用"要看你们各人的悟性。哪有什么东西是拿来直接可以套用的？我觉得这种做法是"管用"

的，尽管晋祠也好，东山也好，其历史过程与珠江三角洲很不同，太湖流域还有圩田开发的问题与珠三角的沙田开发比较相近，但晋祠地区连这个都没有，这个地方的土地早就开发完毕了，但土地问题就不存在了吗？还是存在，比如通过水利的问题表现出来。

访：就是说珠江三角洲研究不管是方法论的模式，还是结构过程的模式，都可以推广到其他地方去？你们一直用的那张图，左侧结构要素，中间是历史事件及其过程——元明之际的豪族归附、军户屯田、黄萧养之乱、大礼议、迁海等，然后呈现出右侧现实的结构状态（见图1）。

地理空间	明初：军事征服＼土豪控制＼垛集军户＼屯田	明正统年间：黄萧养之乱＼秩序重建＼户籍整理＼信仰正统化	明代中叶：士大夫化＼礼仪改革＼宗族＼商业	清代：迁海与复界＼粮户归宗＼户籍制度改变＼土地分类登记	开边/埋边（里面/外面）
村落形态					块状村落/无定居（条状村落）
生业					桑基鱼塘/稻田
市场					城市市镇/稻米市场
土地经营					地主/耕户与耕夫
宗族					大族/水流柴
信仰仪式					正统化神明/无庙
社会等级					士绅/编户齐民/无籍
族群分类					民（汉）/蛋

图1　珠三角社会结构的形成与演化过程

资料来源：赵世瑜：《结构过程·礼仪标识·逆推顺述——中国历史人类学研究的三个概念》，《清华大学学报》（哲学社会科学版）2018年第1期。

如果说这是一个历史人类学的方法的话，就是你到任何一个地方，找到他们在现代社会中的各种各样的结构，然后去看这个结构在他们各自的历史过程中是怎么发展、呈现出来的，是这样吗？但问题是假设我们要研究珠江三角洲一千年的历史，而不仅是六百年，那么它在元代呈现出来的结构是通过之前的哪些历史过程形成的呢？这种方法可以用在任何区域、任何时段吗？

赵：你这个表述有点混乱，在我看来，这个结构过程的模型就是一个方法的模型。刚才我已经说过，我觉得是可以推而广之的。珠三角历史之所以可以立足于现实逆推到元末明初，是因为资料的限制。或者说，今天通过田野观察和多数文字材料看到的社会，是元末明初那个时候开始的。所以，与其说这一地区缺少明代以前的历史记载，不如说是我们今天所能看到的珠三角历史绝大多数是明代以后出现的，并不意味着通过传世文献看不到此前历史的蛛丝马迹。那么，如果以明初或者元末为起点向前推，去揭示更早期的珠三角历史，套用同样的方法可能不行，我们需要将田野观察的那种眼光和方法用到文献上去，就是我以前说过的文献民族志或文献人类学。

我的意思是应该从民间文献的解读与研究中总结出一种视角和方法，这是与传统的文献学方法即小学的方法不同的东西，也是和欧洲汉学的文献学方法不同的东西，就是让文献回到它们的原生态，各自归位，回到其生活的本来位置，然后考虑它们的变身问题，这是人类学教给我们的东西。相对于传统的历史文献学来说，可以叫它民间文献学；但从历史人类学的方法论角度来说，也可以叫它文献人类学。人类学有一套处理访谈和观察所获取资料的方法，叫作民族志书写，能不能把这套方法用在传世文献上？在解读民间文献时我们都明白要回到那个具体的情境，但如果那个情境没有了怎么办？我们是不是只好回到传统历史文献学的方法上去？

访：正因为这样，现在有人说你们是"洪武原教旨主义"。你们将不管从哪里看到的情况，包括在后期的史料中看到的地方社会结构，都追溯到洪武年间国家的建立，认为这是洪武制度推行（或者应对这个制度）的一个结果。但是这些地方的历史肯定不是从洪武开始的，所以我们特别希望能看到更早时段的研究。

赵：呵呵，在我的研究中好像不太明显吧？首先，如果有所谓"洪武原教旨主义"的话，可能是指社会经济史的研究吧？好像区域社会史研究没有这么说过。要说强调洪武朝，大概要从梁方仲先生说起，包括"原额主义""画地为牢"等说法。其次，刚才说过，在区域研究中，珠三角的情况是这样的，它是现实观察的问题，也是一个材料的问题。我对晋祠地区的研究说明，北宋是非常重要的，它结束了该地区的多元文化时代或"后游牧时代"。最后，对于明清史的研究者来说，不仅是社会经济史，大概很多人都要从洪武讲起吧？当然这里不是没有问题，容易让人认为洪武制度是后来一系列改革的对象，而其中许多方面是从元代来的。你们可能没太注意我有一篇关于元明连续性的文章，怎么能说我是"洪武原教旨主义"呢？当然我知道这个说法是一句玩笑之辞，不过在这一点上，区域社会史和社会经济史在对待国家制度的问题上是有那么一点点区别的。

　　访：现在讲洪武朝很重要，是因为我们站在清代、民国或者今天的立场上观察，后来的整个社会结构或者说制度是为了解决明洪武朝的一些问题而衍生出来的。但对江南来说，在洪武之前还有南宋呢？用再结构过程来说的话，是否应该站在元末的角度看。但现在似乎大家都卡在了洪武这个地方。再往前的话，在各个领域、各个区域，这种研究模式好像都不能推进。

　　赵：这和所谓"洪武原教旨主义"的批评是两回事了。近年来历史人类学面临历史学同行的追问——最近的几次与中古史的对话集中体现出这一点——更早的时期没有民间文献怎么办？今天的田野观察看不到明清以前的历史怎么办？历史人类学难道只能是明清史的自娱自乐吗？（20世纪以后的历史虽然可以进行历史人类学研究，但刻薄地说，人类学者或社会学者也可以做20世纪的历史研究，历史学者面对的文献已几乎没有理解上的难度）对这些问题，我们也始终没有给出很好的回答，特别是通过具体的研究实践给出具有说服力的答案。

　　我个人是意识到这个问题的严重性的，所以也努力做出一点尝试，虽然完全不能和做明清研究相媲美。比如我在晋祠的研究中不仅讨论北宋，也讨论北朝；我在做江南研究的时候，试图回溯到唐，这是因为无论是史料还是现实观察使我有可能做一点这样的工作。比如江南地区的柳毅庙和伍子胥庙是中古时期就存在的，不是明清时期才出现的，当然我不是像研究中古史的人那样解释的。比如水上人上岸的问题，在当代看得很清楚，2017 年开始的对太湖养殖业的禁止和 2020 年开始的长江流域十年禁捕，都会导致水上人上岸的过程发生彻底的变化。这本身是一个数千年持续不断的过程，不可能从明初讲起。但是有没有阶段性呢？有没有一个突然的加速？我觉得也是有的。如果逆推的话，新中国集体化的过程就是个很重要的变化；再往前，晚清漕运的停废和传统交通线的变化导致了苏北等地的衰落，大量水手、运夫失业，又是一个很重要的变化；太平天国运动后大量人口迁居上海，其中相当多宁波人和苏州人；元末明初也同样重要，陈友谅、方国珍的水上人部下也大量被垛为军，还有周忱的赋役改革；等等。除了政治事件外，五代以来的圩田开发到南宋有了更大的扩展，从南宋到明代又经历了大圩变小圩的过程，这都是导致水上人逐渐上岸的因素。

之所以会被认为卡在洪武时期，是因为多数做区域社会史研究的人都是明清史学者出身，中古史学者去做区域史研究的不多。按我们现在的人才培养方式，想越雷池一步是很难的，明清史学者若往前做，至多只能从一些局部入手。即使是如我所说水上人上岸那个千年以上的时段，也只能点到为止，我可以提出很多问题交给其他人去做，如果都去自己做是有心无力的。如果让做明清史出身的人去包打天下，这要求太高了。

访：明清以前的研究能不能用历史人类学的方法？例如，王明珂是研究先秦的，他自己也定位为历史人类学。胡鸿的《能夏则大与渐慕华风》也是借鉴了王明珂的方法。

赵：大家都同意，对"历史人类学"这个标签，各人可以有各人的理解，不必强求一律。在我个人看来，王明珂先生将人类学引入先秦史研究，其目的是重新解读古代关于先秦史的历史文本，借此使人们明白那些历史记忆背后的情境和现代意义。从严格意义上说，他的目的并非先秦史。胡鸿的研究注意到了王明珂及其他人类学者或具有人类学眼光的历史学者的研究，也试图回答这些学者提出的问题，但他的回答显然是历史学本位的，他的目的是梳理中古时期的"华夏化"过程。我们与王明珂共享人类学的理念和某些解释方式，又与胡鸿的历史学本位保持一致。所以看得出来，我们的研究在叙述历史过程时与胡鸿很相像，在文本解读时又和王明珂很类似，但他们两人各自的特点却无法交融。简单地说，我们所做的似乎是以王明珂式的文本解读去重建胡鸿式的历史叙事，但能不能在上古和中古史领域里做到这一点是另外一个问题。

访：王明珂虽然只讲了上古和当代两头，但是他先秦这一块儿做得很好。他用的是考古的材料和一些金文，做的是一个文本上的历史人类学工作。我觉得很多人之所以不能做得像明清这样，是因为他们找不到实际的田野。王明珂提供了一个在文本上进行田野的方法。因为王明珂在讲历史人类学的旨趣时，首先是讲历史怎么造成现在，其次是人们怎样利用过去的东西来建构现在。这当然不是他的发明。以前大家做明清比较多，是因为明清跟现代比较近，而且我们很多老师都是明清史出身，没有做宋元及之前的历史，大家现在的分野大概就是出现在这个地方。

赵：是的，这两点我最早是在《走进历史田野——历史人类学的爱尔兰史个案研究》里看到的，作者讲了三点，他们也提出如何在档案里做田野的问题。不过你说的这一点来自王明珂对川西北羌族的田野调查，我认为他对古代文本的历史人类学解读不是无源之水，是有民族志基础的，我对《柳毅传》的解读也一样，没有田野工作的体验是不可能那样去思考问题的。

关于历史人类学很少做宋元及以前的历史，前面已经说得很多了。这的确是个问题，但也算不上什么分野。你举的王明珂的例子恰好说明这种状况的改善可能主要不是靠我们，而是靠研究上古、中古史的学者。

访：如果每一个区域都可以达到珠江三角洲的程度，能把一个地方为什么是现在这样的历史结构过程讲清楚，大概就能做出一个新的全国历史图景。现在这么多人在全国也做了大量的区域史的工作，华北、江西、福建、江南都有，为什么就是做不到珠三角的那种程度呢？

另外，珠三角的研究者都是本地人。他们的研究里会有一种切身的感触、体会。他们会很自然地从现在的生活往前追溯，目标很明确，就是想知道为什么现在的生活是这个样子的。但是现在很多区域史研究者只是把区域史研究作为一项学术训练。他们对研究对象在最近几十年、近半个世纪是什么样子缺乏切身的体会。您刚才讲从现在出发去逆推顺述，这讲起来很简单，但很难落实到我们自己的研究中，因为缺乏这种学术自觉。

赵：你说的是一部分事实。20 年前，这个问题在民俗学领域中就有一些争论，有个提法叫家乡民俗学。大家觉得它既有研究方便的好处，也有身在庐山不识真面目的坏处。很多的经典比如《蒙塔尤》，作者不是本地人。他如果是本地人，也许写不出这么好的作品。我们都知道人类学始自对异文化的观察，我认为华南研究者的这种情况是偶然的，或者说情况的确如此，但不一定如此。你如果不是本地人，但能够做到同情理解，也没有问题。一般来说，人类学者的态度是既要有距离，又要参与观察，这个问题他们也是很早就讨论过了。

你说的前一个问题很难回答，任何答案都可能得罪人。简单说，第一，看起来各地都在做类似的工作，也搜集整理了大量民间文献，有些地方的文献比珠三角多得多，但是做出的研究是不一样的，往往缺少一种整体的关怀；第二，许多地方出的专著也不少，比如山西研究、清水江研究等，总数也比珠三角研究的专著多，但没有建立起一个逻辑自洽的区域社会结构叙事。你认真想一想就会发现，我们只是参加与区域史研究话题相关的讨论吗？甚至只是参加历史学相关话题的讨论吗？

访：现在许多学者其实过于专业化了。这种对社科、人文学者的学术训练和职业要求，让他们的的确确变成了象牙塔里的人。他们没有对社会现实的理解，不管是对自己的家乡，还是对自己的研究对象。他们甚至要通过自己的研究，跟它们拉开距离。这跟研究者是否是当地人似乎也没什么关系，关键还是他们对于研究对象的现实状况有没有认识，有没有情感。就是说，他们是否关心这个地方的现在，关心现在生活在这里的人。如果他们没有这个关心的话，他们做历史研究时就不可能有你所说的"逆推顺述"，因为没有"逆推顺述"的原点。

赵：你说得非常好。对于所有人来讲，关注的都是现在。当我们把现实中天天遇到的、每日每时遇到的问题——具体到个体，代入你的历史研究中，方法、技巧就都有了。

访：假如某一天所有区域都做到珠三角那种程度了，那以后会往哪些方向发展呢？

赵：我觉得这也是未来发展的瓶颈。现在，很多年轻学者在辛勤耕耘，不遗余力地找到很多地方文献，但什么时候是个头？我不能说没有搜罗殆尽，就不能做研究。在传统的研究里会说尽可能全地占有资料，这是老师对学生的基本要求，一代代灌输下来。但是几乎没有任何一个出色的研究是这样做出来的。刘志伟老师写作《在国家与社会之间》时，很多材料都看不到，但这本书仍然具有典范的意义。民间文献浩如烟海，如数以万计的契约，很容易落入碎片化的误区，这是对年轻学者的一个严峻考验：怎么化繁为简、去粗取精，从材料中提炼出自己的结论。包括整体关怀、大局观、开放的视野，对于做区域社会史、利用民间地方文献的人来讲都很重要。我们不要有完美主义的想法，想要把所有东西写得尽善尽美、干净彻底。很多东西需要后人再来推进。制度层面的研究资料可以穷尽，刘老师的书看似讲的是国家层面的问题，实际上背后有很多没写出来的地方经验的表达。他那时利用的主要是正史、文集和地方志，但仍是经典之作。族谱、碑刻本来应该是如虎添翼的东西，现在却成了包袱，或者导致大量材料堆砌，缺乏分析。这种差别的原因比较复杂，非学术和专业基础的原因不说，主要是缺乏生活经验。

另一方面，我认为我们和传统史学研究相比，短板就是我们内部没有碰撞和交流，甚至质疑和批评。因为每个人都做一个地方，没有到过别人研究的那个地方，没读过那里的文献，就没办法互相批评。但传统的历史研究可以互相争论，在争论中，相对合理的解释就能立住脚。我们都是自己做自己的，甚至不希望选重复的区域，这是制约我们发展的一个瓶颈。没有争论、批判，对不对也不知道。这个问题在相当程度上是存在的。

我最近在江南研究领域试水，有点胆大妄为，因为中外学者在这个领域的优秀成果太多了，哪一个都可以做我的老师。但是，我在不同场合做了有关的讲座，也先后发表了几篇文章，从其他学者的反应看，还没有听到太多批评，也许是因为他们太客气，也许是因为我的假设还不是那么离谱，还是有点启发。但即使我说错了，我也愿意去挑起这个争论，这样，我们做区域研究的就不是在那里自说自话，错不自知。所以我愿意在全国各地跑，然后在可能的情况下对这些地方提出一些不成熟的假设。像江南研究这样成果丰硕的领域，真正的讨论应该很多吧？但出乎意料，相互争论很少，都是各说各的。研究明清和研究近代的，也是各说各的，大家彬彬有礼。直到滨岛敦俊提出"江南无宗族"的问题，才好像捅了马蜂窝，但真正公开与他商榷的也只有徐茂明等少数人。

所以，我的这个研究更多是提出问题，而不是解决问题，有点像开会做评论。我所讨论的是江南的社会如何生成的问题，就必然涉及圩田开发背景下的聚落形成、市镇产生、宗族建构，以及赋役制度、商业经营等众多学者讨论过的问题，这就肯定会发生碰撞，即便我说错了也没关系，因为我是个外行，但研究就可能不再是一潭静水。我的直觉是，离开水乡的特点谈江南是不行的，离开这里由水变陆的过程去谈这里的宗族、商人、市镇等是不行的。我一开始就提出要警惕江南史研究中的同质化问题，其实也只是一种感觉，并没有太足的底气。是不是存在这样的问题呢？提出来大家讨论。比如关于何为"江南"的概念，学者大多是从历史地理甚至行政区划的角度去界定的，这当然是很重要的角度，但可不可以从水网的角度或湖域水系的角度去界定呢？

至于说到全国都做到了珠三角研究那样——当然我多半是看不到了——以后会有怎样的新方向，我觉得这是你们或你们以后的一代人的事，我才不会代替你们去操心。因为即便我说了个一二三，你们或你们的下一代也不会照着做的。

访：我上午听了一个关于科幻小说中时间问题的讲座。主讲者说，以前小说家在写穿越未来的小说时，意图是用对未来社会的想象来批判当下的时代。但近 20 年来涉及这一题材的科幻小说是缺失了批判性的。她用了一句话：不管是过去还是未来，都在向当下坍缩，大家都无比重视当下，而不去管未来，未来和过去都是为当下服务的。所以现在的科幻小说，不管穿越到过去还是未来，你所做的事情都无法改变现在。这背后就是现代人的悲观主义，之所以不批判，是因为觉得批判也没有用。文学上有一个专门的词——当下主义（Presentism），我就想到您的逆推顺述。我站在当下，想去研究当下是怎么发展起来的，这是预设了所有历史的演进只有当下这唯一的结果，那么我们的所有研究都只是为了论证现在。我们去观察明清的情景和现象，都只是为了证明现在为什么会变成这个样子。联系您的逆推顺述，我们承认或默认历史学的功能就是为了现在讲一个合理性，它是否会限制我们对历史的可能性、多样性或者说偶然性的探索？

赵：啊！终于出现了一个具有挑战性的问题！当然这也是一个历史哲学问题。我不知道你是不是这个意思——逆推顺述会落入决定论或者目的论。这个问题比较严肃，过去我没有想过太多，从理论上说这是我应该想到的东西。从现实世界出发的看法可能首先不是落到顺述下来的那个对象上，而是我们应该怎么选择我们历史研究的课题。我其实想的是，它不仅应该从各种载体的记录当中去选择，还应该从当下生活的世界中去寻找。我那本小书中提到了实践的历史学，其中也讲了这个意思。我们从当下现实世界的问题来寻找历史研究话题，或者说以此为基本立场去回溯历史。当然不能要求所有的历史研究者都这样做，至少我觉得这是一种可能性，或者说它的意义更大，反过来能帮助我们去更好地理解现实世界。

今天的现实世界当然是过往历史的结果，但这并不等于说过往历史只可能有一种结果，那样的话就是决定论或者目的论了。在过往发生的时候，它可能会导致多种结局，但某种出乎意料的原因导致了后来这样的结果，这个结果不是命定的，如果这样的话就是基督教的神学史学了。但承认这一点，并不必然与我说的逆推顺述相冲突。你的问题提醒我，第一，在逆推回去的时候，我们需要时刻注意各种可能的历史发展走向；第二，在由古而今顺述的时候，也要注意那些可能的历史发展走向为什么没有成为最终的结果，要注意解释为什么是这种而非其他的历史发展走向最终成为我们面前的生活世界。

我们认识过往世界的方式不止一种。正像你说的科幻小说对于时间这个主题的探索，围绕时间这个主题的小说可能也是文学家或者小说家试图去认知——就像你所说的具有批判性的或者从现实去考量的——过往世界的一种方式。现在我们通常会遇到在故纸堆中做研究的历史学者，但是，由于现实世界距离我们很近，我们看到的东西很多，对于人怎么想的，行为、动机是什么，我们都特别容易理解。相比而言，我们从数百年乃至上千年前的文字中去理解当时人的思想和行为是比较困难的。所以，我们假设真的可以像陈寅恪或者西方学者那样从"同情理解"那个角度出发的话，以今日之"我"去理解昨日之"我"不是完全行不通的。

　　在实际的操作中，我们需要做的是寻找一个恰当的历史节点作为逆推的终点或顺述的起点。比如珠江三角洲研究是从元末明初开始讲；山西的研究可能会更早，也许可以从先秦讲起，至少可以从北朝讲起；江南的研究或许可以从唐宋开始讲吧。之所以这样说，是因为我们可能在现实世界中发现从那时发展下来的一些重要的踪迹，在这个过程中，有些可能性或偶然性可能逐渐消失了，有的还依稀存在，但是被改造得我们认不出来了。比如我们常说的北朝隋唐时期的多元族群在北宋时期的文献中被淡化了，这可能是事实，也可能是被文献有意遮蔽了；但像先秦、秦汉时期的诸侯之社或国社，在制度上消失了，但在实际生活中还可能存在，只是被改造了。

　　我觉得逆推顺述这个提法至少有两重含义。第一重含义，它是一种历史写作或者叙事技巧。传统做法是从过去写到现在，是一种递进的写法。在历史学本位下，改变这样的写法是很难操作的。逆推的同时，如果做文学那样的倒叙穿插，会把人搞糊涂。所以我们做训练或者写博士论文的时候，最好把章节布置成非结构性且按时序的，我觉得这是历史不同于文学等学科一个非常大的差异。简单地说，我们与传统的历史叙事只有一个区别，就是从现实世界出发去发现问题，并没有其他差异。但这并不是一定要以王朝的兴衰为叙事的起讫，因此会有不同起讫的历史叙事，地方史就不会成为国家史的翻版。

　　第二重含义，这种叙事始于现实世界，也必终于现实世界。这不是指你的某篇文章或某部著作非要如此，而是我们对所研究的那个区域历史的终极关怀。当从对现实世界的理解中找到了一个历史叙述的起点的时候，我们并不是要去论证这个过程的历史必然性，不是先设了一个线性的过程或既定的历史终点，而是要去具体解释这个过程中人们经历了什么，他们为什么做出这样的选择。我们在顺述的时候最重要的不是证实只有这样一种可能性，而是发现和描述多种可能性，然后从多种可能性中找到最后成为现实的那一种。不是说我们从现实出发看过去，再从过去一步一步走到今天，即逆推回去之前就已知的必然结果，而是人们曾有诸多选择，只不过别的选择因为阴差阳错、机缘巧合等问题而被放弃了。诸多偶然因素当中的一个，或者说在复线的历史中的某一条线最后"修成正果"。

从某个层面来说，多种历史可能性是始终存在的，只不过可能会被主流叙事淡化掉、遮蔽掉，让我们误以为它从未存在过。但是这种被淡化、被遮蔽的东西可能又会重新出现，既可以重现于新的历史叙事中，更可能出现在新的历史情境中，我觉得这应是历史的常态。

访：因为你有了这个结果以后，再去寻找历史发展上的各种原因，就会将一些对你的结果不利的因素忽略掉。刚才您就是说，我只是在现在社会中找到感兴趣的问题，然后去历史中围绕这个问题研究其发展过程等。那是不是又有另外一个危险？

赵：你讲的这种危险性的确存在。不过要纠正一下，我所谓从现实世界寻找历史叙事的起点，不是去寻找自己感兴趣的问题，而是从生活中发现从那个起点延续到今天的各种现象。比如科大卫说的礼仪标识，无论我是否感兴趣，它们都在那里，你不能视而不见。

需要补充的是，历史时期确实有很多展现可能性的东西现在已经不存在了，或者说被遮蔽掉了，即使存在丰富多样的历史遗迹或记录，很多也都是碎片化的，被完整记录下来的可能性也打了很大折扣。这对于历史学家的影响可能比你刚才说的那个可能性更大。彼时生活中的丰富性远超历史资料留下并呈现给我们的那些东西，这是一个方面。

第二个方面就是，即使这些东西全部保留下来了，或者大部分保留下来了，历史学家真的可能因为有了这些，就可以确定我们所希望找到的那种多线的发展吗？继而让我们判定其后的发展是更不好或者更好的选择？我希望能向这个方向努力，但并不容易做到。但是不是会因为寻找我看到的那个果之所以出现的因，有意排除掉不利于说明这个果之必然的其他因呢？有可能的，比如也有人批评说，我为了论证我的假设，选择了有利的证据，而排除了不利的证据，当然需要避免这样做。就像前面所说，如果你承认存在多种可能性，就要平等地对待它们，要对它们一一做出解释。至于在此之后我所坚持的某种假设是否得到大家认同，那就是另外一回事了。

当然，这是一个非常善意的提醒，就是我们应该怎样在研究过程中不受出发点或者现实世界的影响，尽量去发现在现实生活当中已经湮灭了的而在历史时期曾经存在过的东西。我之所以强调从现实出发，是针对这样一种认识：某些东西没被发现，就意味着现实当中没有了，但历史资料中有。这是我们一接触资料时立即就会出现的印象。对这类问题的研究，当然是历史学研究的重要任务，但这也不能避免你的认识一定不是"后见之明"，不是从结果推导出原因。从现实出发只是为历史认识增加了一条可能的路径，我想，我们只需要避免认为现实世界是某个或某些原因导致的命定的结果就对了。

如果仔细考虑具体的研究实践，我们就需要在论述的过程中，通过各种各样所能利用到的材料，把不同历史阶段中所呈现出来的多样性和可能性都写出来，然后我们才能很好地认识为什么现实生活是这样一个选择的结果。其他选择到哪里去了？为什么没有了？是否被淡化、隐藏、遮蔽了，或者被彻底消除了，或者依然或隐或显地存在？等等，我们都要讲出来，呈现一个众声喧哗的历史世界。我觉得你这是提出了一个非常伟大的目标，如果我们特别是你们，能在这方面做出一点贡献，那我觉得真的还蛮了不起的。

谢谢你们花了这么长时间听我的唠叨。

专题研究

《区域史研究》2021年第2辑（总第6辑）

第45～61页

© SSAP, 2021

满洲源流、通谱与历史书写

陈博翼*

摘　要：以《满洲源流考》和《八旗满洲氏族通谱》为例，雍正、乾隆时期的历史书写展示了清代不仅强调满洲族群和氏族的起源、地域和正统性、文化和习俗、家国一体，更在输出这类话语时夹带着林林总总的国家意象，从而在强化族群认同的同时，无论在制度上还是秩序上也强化了国家认同，并以其重塑族群和政治认同。

关键词：《满洲源流考》　《八旗满洲氏族通谱》　族群认同　国家认同

近三十年以来族群与认同的研究方兴未艾，但族群认同和身份认同背后多大程度指向或者背离国家认同却仍未得到充分讨论。如果说很多当代"族群理论"通常被用以反对甚至分裂国家，即以族群认同割裂政治认同，那么近代清王朝则可谓以"族群理论"支持"国家理论"的典范，其以族群认同强化政治认同、以政治认同统合族群认同甚至统合混杂的"族群"的手法非常值得注意。柯娇燕（Pamela K. Crossley）先生已展示了作为"多民族统一国家"的清王朝采取不同的方法处理境内族群问题并发展出不同层次认同的过程。① 有

---

* 陈博翼，厦门大学历史系副教授、博士生导师。

① Pamela K. Crossley, *A Translucent Mirror* (Berkeley：University of California Press, 1999).

学者也已从不同角度阐释了清王朝具有的族群主权（ethnic sovereignty）特性，如欧立德（Mark C. Elliott）先生研究了族群认同基础上确立的王朝权威，[①] 张勉治（Michael G. Chang）先生通过盛清时代国家的政治文化实践表现了这个"民族王朝"（ethno-dynasty）的多元统治手法和族群特点。[②] 加上一些希望从"阿尔泰"特性来看清代国家的提议和实践，这些近三十年来的研究均深化了我们对国家与族群之间关系的了解。[③]

　　清王朝这种以强化族群来强化国家的举动，在功能上看似与当代族群理论和政策实践相反，实则继承了"华夏化"国家的遗产。王明珂先生曾解释华夏边缘人群如何被囊括在国族建构和现代国家之中，以及混有共同华夏历史记忆的边疆民族是如何成为整合囊括其他尚未完全"失忆"的边疆民族进入现代国家的"黏合剂"的。[④] 多元族群与华夏边缘这两种具有很大影响力的理论思潮之共同点即在于基于族群建构理论探讨国家建构，不同点则在于由学者关怀的不同而产生的研究取向差异。像柯先生这样的基于美国移民文化背景以及欧美"以人们内在的心理认知为基本前提"而不是以语言和居住地界定民族的准则，必然导向承认"多种民族认同观"的诉求。[⑤] 因此，她很早即已开始探讨国

---

① Mark C. Elliott, *The Manchu Way*: *The Eight Banners and Ethnic Identity in Late Imperial China* (Stanford: Stanford University Press, 2001), pp. xiv – xv, 4 – 5.

② Michael G. Chang, *A Court on Horseback*: *Imperial Touring and the Construction of Qing Rule*, *1680 – 1785* (Cambridge, MA and London: Harvard University Asia Center, 2007).

③ 清代族群和国家认同的各种争论，前人皆已论及，参见 Ruth W. Dunnell, Mark C. Elliott, Philippe Forêt and James A. Millward, eds., *New Qing Imperial History*: *The Making of Inner Asian Empire at Qing Chengde* (London and New York: Routledge Curzon, 2004); Joanna Waley-Cohen, "The New Qing History," *Radical History Review* 88 (2004): 193 – 206；刘凤云、刘文鹏编《清朝的国家认同》，中国人民大学出版社，2010。

④ 王明珂：《华夏边缘——历史记忆与族群认同》，台北：允晨文化实业股份有限公司，1997；《羌在汉藏之间：一个华夏边缘的历史人类学研究》，台北：联经出版事业股份有限公司，2003。

⑤ 汪立珍：《美国著名满学家、清史专家柯娇燕教授谈满学与清史》，《满族研究》2010 年第 3 期。

家的帝国化，并以《满洲源流考》为例说明了清统治者如何宣称其在
东北区域的继承和统治权。作者讨论了从努尔哈赤、皇太极到雍正、乾
隆时期皇帝在意识形态构建上的努力，考察了清统治者将满洲起源文献
制度化的过程，表明清廷试图通过定型古老文化来消解国家和满洲特性
的冲突，包括官僚化、制度化、国家非人格化等一系列手法。[1] 欧先生
的早期研究起步于东欧剧变以来的研究，即寻找族群认同与国家分合关
系的答案。[2] 这种倾向隐藏着以苏联和东欧作为参照并解释中国国家特
殊性的一面；而王先生的研究多少基于其所处台湾社会面对的问题和争
论，希冀让更多人通过了解"华夏边缘"的人如何宣称以及宣称其为
何人而进一步明白为何某些人宣称自己是谁。前者更多展示的是作为主
体政策制定者和推行者的国家的主动行为，后者虽然也体现了"寻回
被遗忘的祖先"和"寻回失落的祖先后裔"双向的主动努力，但更着
重于基于历史和社会制约的选择所创造的今日的"被动"结果。这种
"被动"当然并非一般意义的族群丧失能动性或人群没有主动性
（agency），而是仅就其研究在多大程度上强调以国家为主体有目地建
构族群和国家而言。基于王明珂先生提倡的以"反思性知识"（reflexive
knowledge）来消解当代民族和国家基于"史实"争论产生的进一步冲
突，以及当代置族群利益于国家利益之上的趋势，"被动"反而有"政治
正确"甚至"正义"的光环。

　　研究有重大影响、处于世界近代转型时期、留下大量文献记载又有
独特族群特性的清代国家的有着重族群认同的学者，[3] 也有以国家认同

① 详参 Pamela K. Crossley, "*Manzhou Yuanliu Kao* and the Formalization of the Manchu Heritage," *The Journal of Asian Studies* 46.4 (1987): 761–790。

② 承蒙周锡瑞（Joseph W. Esherick）先生告知，欧立德起步于20世纪90年代的研究即有感于东欧（其后当然还有苏联）的状况，希冀考察"民族问题"在华状况以对比经典"民族国家"理论和形态并进一步分析其异同。

③ 孙静：《"满洲"民族共同体形成历程》，辽宁民族出版社，2008。

重塑族群认同的学者。① 大体上雍正、乾隆时期可视为一转折期：之前更偏重族群认同，尽管未必甫立国便一以贯之强化；雍正、乾隆时则大体开始族群与国家认同并重。② 19 世纪晚期以后则更强调国家认同，甚至以其来重塑族群认同。③ 所谓的"满洲族群"，在《八旗满洲氏族通谱》中查阅即可知，包含大量早期即已入旗的蒙古姓氏。讨论这些随军征战、建立国家政权的人，当然不是族群认同而是政治认同的问题。本文以《满洲源流考》（以下简称《源流考》）④ 和《八旗满洲氏族通谱》（以下简称《通谱》）⑤ 两部文献为例讨论雍正、乾隆时期的历史书写，分析清代如何通过这种书写来解释满洲族群和国家的形成并强化其认同。《源流考》共 20 卷，体例近方志，乾隆四十二年（1777）阿桂等人奉诏编修，乾隆五十四年（1789）完成校对，由武英殿刊刻，本文使用近人孙文良、陆玉华点校本。《通谱》共 80 卷，辑录满洲姓氏归顺时间、原籍、官阶及勋绩，系弘昼、鄂尔泰、福敏、徐元梦等于雍正十三年（1735）奉敕编纂，乾隆九年（1744）完成，本文所用系影印乾隆武英殿刻印本。意大利汉学家史达礼（Giovanni Stary）先生为该文献编制了索引，包括满洲、蒙古、高丽、汉各族的人名或姓氏索引，以及满

---

① 有关 19 世纪末之后的满洲民族与国家认同建构，参见 Shao Dan, *Remote Homeland，Recovered Borderland：Manchus，Manchoukuo，and Manchuria，1907 – 1985*（Honolulu：University of Hawaii Press，2011）；邵丹《故土与边疆：满洲民族与国家认同里的东北》，《清史研究》2011 年第 1 期。

② 欧立德先生大概会倾向认为清立国前即已建构族群认同，而且八旗是很有力的工具；柯娇燕先生大概倾向时间较晚，18 世纪乾隆时较为显著；王明珂先生没有涉及此点，但他对族群理论的贡献很大；孙静先生讲的是满洲共同体建构，只涉及族群认同，没有提及国家认同。四位学者皆对族群认同和国家认同的关系展开讨论。雍乾时期的国家认同已经被提到相当高的层次，例如雍正强调的"满汉名色，犹直省之各有籍贯，非中外之分别"（《世宗实录》卷 130，"雍正十一年四月己卯"条）以及乾隆不厌其烦大谈的"大清"和"国法"。

③ 这也是一个由满洲国家到华夏国家感知的转变过程，值得专门研究。在外交和礼仪层面清代对华夏国家的集成从一而终，此处仅就内政和心理层面而言。另外，关于清代皇帝"中国"观的变化过程，参看郭成康《清朝皇帝的中国观》，《清史研究》2005 年第 4 期。

④ 阿桂等撰《满洲源流考》，孙文良、陆玉华点校，辽宁民族出版社，1988。

⑤ 弘昼等纂《八旗满洲氏族通谱》，辽海出版社，2002。

汉、蒙汉人名对照。① 此二书均以汉文编纂，亦是颇有意思的一点。

对这两部文献上述几位只有柯先生做了分析，论述重点在于清统治者如何确立其在东北的继承权和话语权，以及与明代所做切割（考虑到其成文时间比较早，这一部分很多涉及的是我国老一代的清史学者所着意的"七大恨"、李成梁等议题）；欧先生等人倾向于对接"阿尔泰"历史论述，故并未专注于《源流考》和《通谱》的研究；孙静先生表面是跟着潮流讲共同体，实际上重在讲族源。本文总体观点近于柯氏，但进一步辨析了近二十年来更多被论及的族群认同，讨论了族群认同、国家认同以及两者的关系。本文的分析点明了几位前贤研究背后的思路诉求，思考方向建立在王明珂先生的研究之上。

《四库全书·满洲源流考提要》言："参考史籍，证以地形之方位，验以旧俗之流传，博征详校，列为四门。一曰部族……二曰疆域……三曰山川……四曰国俗……"② 《源流考》以这种分类展开，一方面显示了对族群的四要素认定标准，另一方面又以这种标准重新塑造了一个满洲族群"共同体"。概而言之，其法无非三途：族群、地理和文化。此书亦围绕这三点展开。若按一定的时间顺序将材料编排一处，又必然将这三点归于一点——无论从种族、地理还是文化习俗、心理来讲，东边的族群都有所谓共同的起源，这也是修书者的目的，即制造一个共同起源的神话，同时通过"疆域""国俗""东方""三代遗风"等措辞和引导进一步将此族群的一致性置于国家话语和概念的脉络下。《四库全书·满洲源流考提要》所言"自肃慎氏以后，在汉为三韩，在魏、晋为挹娄，在元魏为勿吉，在隋唐为靺鞨、新罗、渤海、百济诸国，在金

---

① Giovanni Stary, *A Dictionary of Manchu Names：A Name Index to the Manchu Version of the "Complete Genealogies of the Manchu Clans and Families of the Eight Banners"*（Jakun gusai Manjusai mukun hala be uheri ejehe bithe）（Wiesbaden：Harrassowitz Verlag, 2000）（Aetas Manjurica 8）.

② 《源流考》，"卷首"，第 26 页。

为完颜部"，正是这种以变换的族群和地域来塑造从起源至今系谱时间轴的绝佳例子。隐藏在此族群和地域话语下的思想指向，恰恰表明《源流考》并非仅仅着意于满洲民族的塑造，更有对满洲国家的塑造。《通谱》则更是通过"以家为国"的办法，在强化满洲族群认同的过程中彰显其在满洲国家中的领导地位，并且"与国史相为表里"，凸显满洲国家的意象。以下就其在族群起源、地域与正统性及文化习俗、家国秩序几个方面的塑造略做分析。

一　起源：族群系谱和时间轴的塑造

如何将三千年来在不同活动区域的族群系成延续的一条线是谱系塑造的重点。族群的转接是一个有效的糅合方式，肃慎的例子是族群转接的力证。满洲多次强调自己的远祖为肃慎，又把《汲冢周书·王会解》中的稷慎作为肃慎，"息、稷与肃音转之讹，其为一国无疑，由来固已远矣"，[①] 其实就是为了塑造这种"由来固远"的起源。虽然编者也不得不承认"秦、汉之盛，史无传焉。《后汉书·挹娄传》则云即古肃慎，似其名至汉而止"，但还是强调止于"其名"，"不得云东汉无肃慎也"。这种做法虽有不以名废实的道理，为了谱系连接的考量亦无可否认，但其后强解"朱里真"亦是肃慎，终究让人疑惑何以能以后之音转否认前之异名。编者引《尚书》的记载说成王伐东夷，息慎来贺，则看起来息慎更像是山东或淮河流域的"东夷"部族。此外，编者还把《孔子家语》这种后出之书认定为孔子时代的产物而置于《尚书》和《史记》之前——可惜是书作"肃慎氏"，从史籍看，"氏"字之加，系《淮南子》以后之事。肃慎的问题可以提三点疑问：一是氏非等同于族，名称有时也仅指方位，当然这点在上古可以不分；二是同名

---

① 《源流考》，第 4 页。

之族的可能性，这点上古时期尤其显著，特别是在连部族所处位置都没确定的情况下；三是族群是迁徙的，方位会变动。即便是很多人都认为略为合理的证据——孔子已知有肃慎，其实都是很可疑的。《史记·孔子世家》取《国语·鲁语》之言，谓"有隼集于陈廷而死，楛矢贯之，石砮矢长尺有咫。陈湣公使使问仲尼，仲尼曰：'隼来远矣，此肃慎之矢也。'"[1] 很难说这里的肃慎与后人所指的东北的肃慎是否为同一个，虽然《正义》解释了肃慎所处的位置在夫余东北，但由"隼"和较长的"石砮矢"其实只能略略推知其来自一个偏东多鸟之地，孔子的依据大概也在此。东方诸族所贡之物又相近，亦无法确认。对上古文字记录的解释必须非常小心，该问题与《诗经》所谓"相土烈烈，海外有截"的"海"颇为近似，非可遽言商人已至海。其后作者又继续用《晋书》之"及文帝作相，魏景元末，来贡楛矢"来作为"延续不断"的证据，自不必多论。其实既然承认了"虽秦汉之盛，莫之致也"，那这种连接就多少显得乏力脆弱了。更为可能的情形是文帝时又有一批人带着楛矢觐见，于是时人想起一个遗忘多时的传说，然后指其名为肃慎，也算追比周王的盛世。沈一民先生最近的研究也表明可能是中原王朝根据政治需要将挹娄指定为肃慎。[2]

在这份文献中，挹娄时而被指在夫余东面，[3] 时而在东北，[4] 反映了族群即便是在一定地域内居住也可能会做一定幅度移动。毕竟，常常有部落"举族内附"，其例不胜枚举，本书内即载有此例。[5]《金史·世

---

[1] 《史记》卷47《孔子世家》，清文渊阁四库全书本，第16a页。另，《索隐》认为《国语》和《家语》均作"惠公"不确。

[2] 沈一民：《再论肃慎、挹娄的关系》，《民族研究》2009年第4期。关于肃慎与挹娄关系的研究总结，参看宋卿、陈鹏《肃慎、挹娄研究综述》，《中国史研究动态》2007年第9期。

[3] 《源流考》，第9页。

[4] 《源流考》，第11页。

[5] 《源流考》，第93页。

纪》讲"勿吉，古肃慎地也"，[①] 也只是主要强调勿吉继承的是古肃慎之"地"。这只是一种地理上的承继，较为公允。其讲靺鞨，亦引《旧唐书》谓"盖肃慎之地，后魏谓之勿吉"。[②] 此外，沃沮不入"部落"而入"疆域"之列，也表现了这种龃龉——从文献看沃沮是几个族群中比较"乱"的。其言"北与挹娄夫余，南与濊接"，很显然此处认为沃沮与挹娄（勿吉）不同。但仔细参酌，则战国时有一"秽发"见于嫩江、松花江流域。"濊"字《说文》释为水多貌，呼会切，"濊""秽"二字可视为通变。西汉时，"濊貊"则已见于半岛西面。谭其骧先生主编的《中国历史地图集》将其标于盖马大山东南，至西晋皆如此。其实，"貊貊"估计与"靺鞨"有关，大概就是用以指称住于某地之人，后有族群迁移到新的地方，仍用旧称，而未迁者亦保持原称，后字转为靺鞨。[③] 至于为何"濊"与"貊"连在一起并称，则不甚明了。但可以看出的是，濊一直在变。同理，沃沮也在变，所以后来干脆分南北称，"又有北沃沮，去南沃沮八百余里，南接挹娄"。[④] 可见所谓的北沃沮多少与勿吉（挹娄）有一定关联，而南沃沮或与濊有关。最近的考古学研究也颇为支持东北亚这种族群南迁但新晋者攫取原名的情况。[⑤]

---

① 《源流考》，第 20 页。

② 《源流考》，第 19 页；"黑水靺鞨居肃慎地"，第 61 页；"吉林，周以前为肃慎地"，第 100 页。

③ 最近的研究表明，"构成明代女真的主要成份，实际上应是猛安谋克女真时代那些边缘部落（如兀的改人）的后裔；至于猛安谋克女真的主体本身，则已在元中后叶融合于华北和辽河流域的汉人中间而消失于历史舞台"。参见姚大力、孙静《"满洲"如何演变为民族》，《社会科学》2006 年第 7 期；王锺翰《满族在努尔哈齐时代的社会经济形态》，载氏著《王锺翰学术论著自选集》，中央民族大学出版社，1999，第 28 页。

④ 《源流考》，第 110 页。

⑤ "文献中的勿吉在早期是南区文化系统（凤林文化）先民，晚期却是北区文化系统（河口四期类型、同仁一期文化等）先民，而作为凤林文化的创造者，早期勿吉则可能是被来自北方的'勿吉'（实际是后来的靺鞨）所灭。"参见王乐文《挹娄、勿吉、靺鞨三族关系的考古学观察》，《民族研究》2009 年第 4 期。

而若论变动，率宾府和建州的例子最为典型，其原在渤海显德府地，"而今在广宁境，当亦迁率宾人户所置，非故府也"。当然编者最后也不忘强调"渤海建州，固与国初所统之地相近矣"。[1] 同理，建州也是"金承辽旧，非渤海建州故地也"，"按此（《元一统志》）所云建州，盖元时大宁所领，即辽时以渤海建州人户移置者。在凌河南者，故城在锦县西北。在凌河北者，故城在土默特右翼西南。皆非渤海之旧也。金源龙山、富庶并元大宁路属县，今属喀喇沁、土默特界"。[2] 至明代，则建州位置又不同。编书者对于变动的族名和地名所知既多，自然深明此理，[3] 所以一方面需要极力考证，以正本清源，另一方面又要通过编纂的技巧和一定的解释来创造谱系。谱系的创造，一方面有利于族群建构，另一方面在这个建构过程中，通过地理和方位的不断暗示，通过"历朝历代"的不断暗示，将读者的思维定格在后世业已形成的清王朝之中。

二　起源：正统的塑造

起源的魔力不仅体现在多个族群转接成一个完整的时间轴序列，还体现在族群的嬗递及对正统性的解释。我们通常可以看到边缘势力兴起之后对自身来自中心的神话的塑造，《源流考》一书所收材料毫不例外：

> 辰韩在马韩东，自言避秦役来适韩国，今有名之为秦韩者。[4]

---

① 《源流考》，第 83 页。
② 《源流考》，第 84~85 页。
③ "考海兰河凡数处，今取其近高丽者"，《源流考》，第 185 页。
④ 《源流考》，第 16 页。

　　这种说法有一定普遍性，号称建立朝鲜第一个王朝"箕子朝鲜"的是中国"大圣人"箕子，其"穷于商""狂"而走朝鲜。又有"太伯奔吴""庄蹻王滇"等故事，皆出自这种模式，王明珂先生已详论了这种"共同祖先"记忆的由来及其推演，兹不赘论。《史记》对后世史书有典范效用，但这种模式运用很广泛，对周边族群的叙述也是一个道理。① 推及个人，暂不论事实如何，也必定做如此声称。如弘忍见慧能，言其"是岭南人，又是獦獠"，盖其面貌已显出南方族裔特征，但他还是要说："慧能慈父，本贯范阳【原本贯作官】，左降迁流岭南【原本无岭字】，作新州百姓【原本无作字】。"② 这种对"中原"认同的背后体现的是对华夏国家文化和政治的认同，《源流考》在塑造族群正统性的过程中也借此潜移默化地强调国家正统性。纵观全书，洋溢着对满洲这片地域的自豪和褒扬。从书中所列耕植和畜牧的状况看，已达到很高的水平，③ 满人也以此自比周人，"我朝发祥基业，媲美豳岐"，④ 颇得华夏国家的精髓。

　　满洲地区就是一个缩小版的"中原"，其间族群兴衰而此消彼长，却享有共同的叙事模式，新兴势力的合法性似也源于旧势力。我们在《源流考》中看到东明和朱蒙两个几乎一样的故事，⑤ 他们分别成为夫余和高句丽的开国之王，朱蒙甚至在 12 世纪高丽史书《三国史记》中被尊为东明圣王，《三国遗事》在维护檀君朝鲜创夫余的基础上认为"东明帝继北扶余而兴"。⑥ 其后仇台从夫余南走，成为百济的开国王，

---

① 《史记》卷 110《匈奴列传第五十》："匈奴，其先祖夏后氏之苗裔也，曰淳维。"清文渊阁四库全书本，第 1b 页；卷 115《朝鲜列传第五十五》："朝鲜王满者，故燕人也。（《索隐》案：《汉书》：满，燕人，姓卫，击破朝鲜王，而自王之。）"第 1b 页。

② 《坛经·行由第一》，参见林光明、蔡坤昌、林怡馨编译《杨校敦博本六祖坛经及其英译》，台北：嘉丰出版社，2004，第 70 页。

③ 《源流考》，第 98～99 页。

④ 《源流考》，第 242 页。

⑤ 《源流考》，第 7～8 页。

⑥ 一然：《三国遗事》，孙文范等校勘，吉林文史出版社，2003，第 29 页。

百济迁都后还改国号为南夫余。这种神话故事的母题与古代日本渡来人中的弓月君（秦氏）、东汉直（刘氏）、西文首（王氏）极为一致。百济"百家济海"的模式也与渡来人之表述出奇地一致。其实百济在《后汉书》和《三国志》中都作伯济，① "百家济海"也只是存其一说。百济"至元初犹通朝使，是其支庶保守海隅，仍用旧号，国祚犹存"，② 则已颇让人怀疑是寻常商人为了经济利益的伪贡了。"故东明南走而至夫余，朱蒙亦南走而至高丽。"③ 我们还可以在后面加一句"仇台亦南走至百济"，这就是族群代兴与迁转的神话反映了。

这种创造也是满洲族群此消彼长的反映，由《源流考》所汇编的记录大致可以看出主要的东西势力分立——肃慎、挹娄/夫余；金/辽；建州女真/朵颜三卫（此缺），以及南北势力的代兴：夫余、肃慎、挹娄—三韩、高句丽—勿吉、靺鞨—新罗、百济—渤海、完颜、建州。若说南北势力风水轮流转显见，东西分立则隐藏其间。族群代兴是极为正常的事，比如新罗王楼寒"遣使卫头朝贡，坚曰：卿言海东之事，与古不同，何也？对曰：亦犹中国，时代变革，名号改易，今焉得同"。④ 即便如此，《源流考》还是试图让人意识到，虽然有如此多不同的族群，但它们之间的关系非同一般，比如"诸史又云新罗始保沃沮"；⑤ 它们可以有很多不同，如引《魏志》"挹娄，言语不与夫余同"，⑥ 但是它们仍然是一体的，因为大家有共同的起源，所以金太祖阿骨打招谕渤海人时说"女真、渤海本同一家"。⑦ 此外，数目众多的令人熟悉的族群名号的反复出现，使读者对于疆域和国家的感觉也一并得到强化。

---

① 《源流考》，第 22 页。
② 《源流考》，第 36 页。
③ 《源流考》，第 9 页。
④ 《源流考》，第 38 页。
⑤ 《源流考》，第 52 页。
⑥ 《源流考》，第 350 页。
⑦ 《源流考》，第 20 页。

三　地域和习俗：共同历史的塑造

满洲族群不仅拥有共同的起源，还有共同的历史。《通谱》明言"满洲内始立姓始归顺之人，其始居地名可考者，俱逐一开载，以昭族望"，[①] 人名和地名的考订系题中之义。而从《源流考》中也可以看到清廷对文化习俗塑造的努力。比如，以音转联结古今地名和族群，使其相信"我们"拥有同样的历史和文化。其自身也明言有"订其音转之讹，或稽其分合之迹"之责任，[②] 所以常常使用对音法，以满语、蒙语和唐古特语等为标准，其运用贯穿三大部分，只是"文字实不相沿袭"，[③] 所以才没法在"国俗"一门制造系谱上进一步的联结，而只在部族和地理两大类中多次强调"……讹为……""明人不知……"[④]"纠其误"[⑤] 等。其中许多音转一语道破、颇有见地，如解释黑水胡独鹿说"满洲语令急速曰呼都拉，与胡独鹿相近"[⑥]、《八旗姓谱》之"裕噜氏"为"虞娄"之转音[⑦]、乌凌河"旧作乌林答，今从《八旗姓氏通谱》改"[⑧]。有些则大抵无甚依据，比如讲三韩之"韩"为"汗"之讹误[⑨]、各处"卑离"之国当为"贝勒"[⑩]（这也是对满洲的不断强调）等。而且，基于满、蒙、朝语一些词语相类的结果，编者不顾族群代兴，仍将后者冠以前名，谓地域同、声类同、习性同，而构建成铿

---

① 《通谱》，"凡例"，第 1~2 页。
② 《源流考》，第 1 页。
③ 《源流考》，第 329 页。
④ 《源流考》，第 207 页。
⑤ 《源流考》，第 204 页。
⑥ 《源流考》，第 60 页。
⑦ 《源流考》，第 62 页。
⑧ 《源流考》，第 189 页。
⑨ 《源流考》，第 14 页。
⑩ 《源流考》，第 17 页。

锵有力的满洲族群。

强调的共同习俗很多时候只是一些被找到的"特点"的汇集。比如"史称东方仁谨，道义所存……即如祭祀之礼，无异于豳人执豕酌匏，三代遗风由兹可睹，而参稽史乘，其仪文习尚亦往往同符。如《左传》称肃慎之矢，可以见俗本善射之原。《后汉书》称三韩以石压头，可以见俗用卧具之讹。《松漠纪闻》称金燕饮为软脂蜜糕，可以见俗尚饼饵之始"。① 《淮南子》所谓"东方有君子之国"这样一句泛语被曲意改为"东方多君子之国"，② 不仅被强指为满洲，还被标识满洲族群的标准特征多次提及。③ 由于"其他足资引证者尚多"，所以"谨拟次立国俗一门"。另一方面，为了标示汉人、韩人、蒙古人等的不同，编者专门强调满洲"习俗"："且如汉人生儿，常令侧卧，久而左右角平，头形似狭。蒙古人生儿，以韦带束之木板，植立于地，长则骨形微箕。"④ 对于"东方"诸国，自然是强调骑射、楛矢等的相同，所谓"射猎习军旅，国俗旧弗违"⑤"语言与旧俗不殊"⑥。这是族群建构一体两面的运用，即"我们"的相同和"他们"的不同。⑦ 不过，这些"东方"族群并非都善于骑射，东沃沮、弁韩、黑水靺鞨等皆惯于步战，唯百济和女真善于骑射。⑧

对于最为不同的明人，则必须在地域上斩断关系。在考订明代于东北的卫所时，《源流考》最不持允，竟然说"东海之窝集等部，明人未

①　《源流考》，"卷首"，第32页。

②　《源流考》，第1、10页。

③　"史称君子国不虚也"，第53、304页。

④　《源流考》，第13页。

⑤　《源流考》，第309页。

⑥　《源流考》，第329页。

⑦　相关研究参见 Edward J. M. Rhoads, *Manchus and Han：Ethnic Relations and Political Power in Late Qing and Early Republican China, 1861 – 1928* (Seattle and London：University of Washington Press, 2000)；Mark C. Elliott, *The Manchu Way*, Ch. 2 – 6；程美宝《地域文化与国家认同——晚清以来"广东文化"观的形成》，三联书店，2006。

⑧　《源流考》，第310～316页。

涉其境"。其实像窝集这种建州部核心区域所在之处，明人不仅没有
"未涉"，还设有兀也吾卫，甚至更东更北的地方卫所星罗棋布。而且
就整个东北讲，在更北的靠西朵颜三卫的地方，洪武时期，明军曾深入
努尔干之境并在此向西袭击蒙古："是月，大将军永昌侯蓝玉等率师十
五万，由大宁进至庆州，闻虏主脱古思帖木儿在捕鱼儿海，从间道兼程
而进。"① "丙辰，黎明至捕鱼儿海南饮马……忽大军至，其太尉蛮子率
众拒战。败之，杀蛮子及其军士数十人，其众遂降。虏主脱古思帖木儿
与其太子天保奴、知院捏怯来、丞相失烈门等数十骑遁去。玉率精骑追
之出千余里，不及而还。获其次子地保奴、妃子等六十四人及故太子必
里秃妃并公主等五十九人……又追获吴王朵儿只、代王达里麻、平章八
兰等二千九百九十四人，军士男女七万七千三十七口。"② 这场战役堪
称史上屈指可数的汉人军队深入朔漠消灭游牧族军队主力的大胜仗。诚
然，在偏东面的地方，有些地区明人虽设有卫所，但或确未亲涉其境，
如编书者言："盖缘诸部常以市易与明往来，即其所居强名为卫，书之
实录，授以官称。"③ 这种说法也有一定的合理性，但不足以将明代在
东北的经略完全否定。明代在有些地方是先有萎缩，后借女真人入朝之
机封授，亦有仅封赠之例。永乐四年（1406）二月，"女直野人头目塔
剌赤、亦里伴哥等四十五人来朝。置塔山卫，以塔剌赤等为指挥同知、
卫所镇抚、千、百户。赐诰印、冠带、袭衣及钞币有差"。④ 其后又有
癸酉女直野人头目倒罗等二十一人来朝，丁丑木伦河野人头目马儿张等
来朝，嘉河等处女直野人头目阿必察等二十八人来朝，戊子木伦河鞑靼
女直野人头目卯不花等百八人来朝，庚寅女直野人头目打叶等七十人来

---

① 《太祖实录》卷 189，"洪武二十一年三月甲辰"条，台北：中研院历史语言研究所，
1962，第 2861 页。
② 《太祖实录》卷 190，"洪武二十一年四月乙卯"条，第 2865～2866 页。
③ 《源流考》，第 204 页。
④ 《太宗实录》卷 51，"永乐四年二月己巳"条，第 762 页。

朝等多例，俱见《太宗实录》，但封赐不一定伴随置卫。"东北之境全属我朝及国初乌拉、哈达、叶赫、辉发诸国"之说很明显有政治目的。不过，明人设置的一些卫所毕竟无法掩饰。比如乌拉卫，"国初乌拉国城在吉林城北七十里混同江东。太祖癸丑年平其国"，① 毫无疑问系明属，虽然可以是部落来朝后确定的。修书者称《明实录》载，"永乐四年八月，乌拉等处部人奇尔鼐纽尔等来朝，置乌拉、伊尔库鲁、托漠、斐森四卫"。② 而查《太宗实录》，此条记载为"兀兰等处女直野人头目乞剌尼纽邻等来朝，置兀兰、亦儿古里、札木哈、脱木何、福山五卫，以乞剌尼纽邻等为指挥，余为千户，赐诰印、冠带、袭衣及钞帛有差"。③ 除了音转名异的差别外，最明显的是"四卫"和"五卫"的差别（"札木哈"失载），修书者似乎亦颇不留心此处。此外修纂者对明代一些卫常常直接认定为讹误或重复。如率宾江卫，"名已见前，此倒讹为速江平，今并改"。④ 速江平卫，《明会典》、《武备志》和《明史》俱载，但也俱载"速平江卫"，此外又有"速平卫"，所以若无其他证据，不宜一时全部认定为一卫之讹误。除了故意不载建州三卫外，"泰宁、福余、诺音三卫，地接热河，已见《热河志》，不复兼及云"，⑤ 也轻松避开了明廷、朵颜三卫与建州女真的关系。与谱系和正统性塑造一样，文化和习俗借助于地域也隐含了深刻的国家认同，在对前明故地的洗白中，伴随明代国家消退的是清代国家的兴替与定格。

四 由"家"而国：最后的秩序

与《源流考》相比，《通谱》不仅讲个人与家庭的"源流"，更是

---

① 《源流考》，第207页。
② 《源流考》，第207页。
③ 《太宗实录》卷58，"永乐四年八月戊子"条，第846页。
④ 《源流考》，第224页。
⑤ 《源流考》，第233页。

彻头彻尾的"功德簿"。《通谱》记述了八旗各姓氏的原籍、官阶及勋绩，所辑满洲姓氏凡1114个，且为有勋业之2240人立传（"应择勋业最著者冠于一姓之首，略举梗概作传"），另附载事迹不显者近5000人之简记，连同子孙有业绩者共辑录2万余人。该书系以"家－国"圈层核心模式建构从家庭认同和满洲认同到国家认同的模式。编者说得很清楚，"考其入我朝来得姓所始，表之以地，系之以名，官阶勋绩，缀为小传，勋旧戚畹以及庶姓厘然备具，秩然有条，与国史相为表里"。① 《通谱》将叶赫、蒙古察哈尔、内喀尔喀五部、土默特、喀喇沁、巴尔虎、厄鲁特及汉人、朝鲜人、俄罗斯人、越南人等编入八旗，充分反映了这种从"满洲族群"到一个更大的地域共同体构筑的过程。研究哪些人员被载入谱中，哪些并未被载入，可以探知满洲族群的界线所在——只有列入此身份法典中的姓氏才能算"满洲人"。包衣佐领管下人员，无论是北京尼勘、三藩尼勘还是阿哈尼勘②、高丽尼勘都未被载入，③ 自然也不包括一般的汉军八旗和后来的台尼堪④，当然很早以前进入满洲旗分的台尼堪已被载入，⑤ 而"汉军蒙古旗分内有满洲姓氏，实系满洲者，应仍编入满洲姓中"。⑥ 可见这个"家"，既是一个一个的满洲小家，又真真切切是满洲人的大"家"。"家"和"国"的这种内外区分和建构，正与上述满洲族群建构的"我们"和"他们"一样，在17世纪以后渐渐塑造了一个新的国家和社会。据徐凯先生结合《通谱》等文献的研究，核心一层的"八著姓"对满洲的认同对清初国家

---

① 《通谱》，第2页。
② 关于阿哈尼堪，参看孙静《"满洲"民族共同体形成历程》，第174页。
③ 《通谱》，"凡例"，第5页。
④ 关于台尼堪，参看刘小萌《台尼勘考》，载氏著《满族的社会与生活》，北京图书馆出版社，1998，第200～201页。
⑤ 徐凯：《尼堪姓氏与八旗满洲旗分佐领》，《中国史研究》2004年第1期。
⑥ 《通谱》，"凡例"，第2页。

建立起了至关重要的作用。① 而被囊括在"家"内的汉人，也对清王朝的稳固和发展产生了很大影响。据定宜庄先生等人的研究，在满洲的汉人被编入旗籍者（外八旗和内务府三旗佐领下），无论对辽东的垦殖、发展还是对满洲政治势力的扩展和稳定都起到了举足轻重的作用。② 乾隆时期开始讲"家法"，实即为对满洲族群和国家认同的强调。这一方面与八旗繁衍日久已现松弛密切相关，非如此不足以使人有"集体感"和"归属感"，非齐家亦不足以言国，另一方面更是强化族群认同以达到国家认同的必经之途。

按柯先生的看法，满、蒙、汉的认同是 1800 年前国家中央化进程的意识形态产物，在 18 世纪时以朝廷的文化权威重新塑造了这种历史、种族和宗教，③ 即国家认同在 18 世纪时开始重塑族群认同，直到 19 世纪初伴随清王朝在各方面的稳固而完成。而根据欧先生的看法，八旗制度塑造了满洲族群和国家的认同。④ 柯氏强调的建构和秩序以及欧氏强调的这种塑造方法，充分地反映在这两部清代官方编定的文献中。它们不仅强调满洲族群和氏族的起源、地域和正统性、文化和习俗，更在输出这类话语时夹带林林总总的国家意象，从而在强化族群认同时无论在制度上还是秩序上也强化了国家认同，更不用说直接陈明的"国"了。另一方面，在国家认同的意象下，族群认同也获得重塑与强化。国家的地域、历代的族群兴替、相似形式的起源和文化、不同族群的共处、家国一体的理念等，都是这种书写和话语带来的深刻而又潜移默化的改变。在清王朝的历史语境下，族群认同一方面是通向国家认同的手段，另一方面又为国家建构所深刻塑造。

---

① 徐凯、常越男：《满洲"八著姓"与清初政治》，《故宫学刊》总第 4 辑，紫禁城出版社，2008，第 268~282 页。

② 定宜庄、郭松义、李中清、康文林：《辽东移民中的旗人社会》，上海社会科学院出版社，2004。

③ Pamela K. Crossley, *A Translucent Mirror*, pp. 3, 22 - 23.

④ Mark C. Elliott, *The Manchu Way*, p. 15.

《区域史研究》2021 年第 2 辑（总第 6 辑）

第 62~84 页

© SSAP，2021

忠臣名宦在家乡：明清时期
琼州府的海瑞祭祀

贺　喜[*]

摘　要： 海瑞辞世之后，其成为琼州文化与文人气节的象征，不但是忠臣，而且有忠魂。他归葬家乡琼州，以现代的表述而言，即成为琼州的"文化象征"。海瑞的形象代表官僚的廉洁，也代表家乡的荣誉。本文通过梳理万历时期朝野如何悼念海瑞，清代琼州府官员及海氏族人如何建祠祭祀，以及当地村民如何运用祭祀海瑞来处理现实纠纷，探讨不同身份的人群，尤其是琼州府的民众对海瑞的拜祭，展示忠臣名宦与地方形象的结合过程。从埋葬到遗迹，从生平到传说，成为今日所谓之"文化遗产"，是很多历史名人都曾经历的过程。海瑞的经历不是例外，他是忠臣名宦在国在乡的典型。

关键词： 海瑞　宗族　地方信仰

明代中叶，远在偏僻外海的琼州府出现了以邱濬（1421~1495）、海瑞（1514~1587）二公为最的诸多高官大儒。邱公后人在琼枝叶颇为繁盛，海公本无直系后嗣，唯其祭祀不辍，成为这个时代琼州的忠义文人之象征，至今仍为琼州人士所感念。

---

* 贺喜，香港中文大学历史系副教授。

关于海瑞的生平事迹并非本文的重点，其在生前就已经被塑造为一种当代典范，或许这也是海瑞的追求。正如黄仁宇在讨论海瑞时将其描述为"古怪的模范官僚"。但是，关于万历十五年（1587）南京督察院右都御使海瑞在任所与世长辞一事，黄仁宇说：

> 无疑使北京负责人事的官员大大地松了一口气，因为他们再也用不着去为这位大众心目中的英雄——到处惹是生非的人物去操心作安排了。①

辞世后的海瑞脱离了争议与诘难，却更实在地成为大众心目中的英雄。海瑞逐渐成了一个象征，不但是忠臣，而且有忠魂。他归葬家乡琼州，以现代的表述而言，即成为琼州的"文化象征"。海瑞的形象代表官僚的廉洁，也代表其家乡的荣誉。本文通过梳理万历时期朝野如何悼念海瑞，清代琼州府官员及海氏族人如何建祠祭祀，以及当地村民如何运用祭祀海瑞来处理现实纠纷，探讨不同身份的人群，尤其是琼州府的民众对海瑞的拜祭，展示忠臣名宦与地方形象的结合过程。从埋葬到遗迹，从生平到传说，成为今日所谓之"文化遗产"，是很多历史名人都曾经历的过程。海瑞的经历不是例外，他是忠臣名宦在国在乡的典型。

一　悼海瑞：赐祭、文集与传说

面临死亡，海瑞深知身后之事需要托付。在嘉靖四十四年（1565）上《治安疏》犯颜直谏之前，他送二十两银子与琼州定安县人王弘海（嘉靖四十四年进士），托之以后事。在以古稀之龄赴任南京前，他亦致信梁云龙（1528～1606，万历二年进士），感叹："七十有四，非作

---

① 黄仁宇：《万历十五年》，中华书局，2006，第137页。

官时节，说天下事，只如此而已，不去何为！"① 梁云龙既是海瑞的学生，又是海瑞的侄女婿。可见，这几位在朝为官的琼州人不仅有同乡之谊，且私交甚笃。海瑞死后当有很诚恳地凭吊他的人。

然而，海瑞去世之际，这些亲友并不在旁。礼部左侍郎兼侍读学士王弘诲曾作《海忠介公传》，他含愧写道：

> 当余官翰林时，公以户部主事言事，自分必死，过余谈治乱兴亡之事甚适。又相与论文对酒，已乃出二十金遗嘱之，我死必以此殡我。公没于南，子侄兄弟无一在者，而余职侍帷幄，无能视含殓，负诺之是愧。②

海瑞辞世后并未能按照他所托付的方式被安葬入殓。其时，万历皇帝遣行人许子伟葬之于琼州滨涯村。许子伟（1555～1613），字用一，号南匐，亦为海瑞同乡琼山人。隆庆十四年（1570），海瑞罢官回乡，许子伟登门拜师。万历十四年登进士，授行人司行人。许子伟奉旨护送海瑞灵柩回琼安葬后，守墓三年。

其后，万历皇帝又遣礼部左侍郎沈鲤来琼祭奠，并作《都察院右都御史海忠介公谕祭碑》；在京的六部尚书和侍郎作《北京尚侍公祭海公碑》；南京六部尚书与侍郎、海瑞下属，以及海瑞的广东同乡官员都曾祭奠海瑞，留下了《南京同官公祭海公碑》、《南京旧治下公祭海公碑》以及《广东同乡官公祭海忠介公碑》。这些祭奠碑文大都撰写于万历十五年十二月，也就是海瑞去世之后的两个月。碑文保留在《琼山县志》中。③

时任兵部武库司主事的梁云龙作《海忠介公行状》，其中描述了海

---

① 梁云龙：《海忠介公行状》，《海瑞集》，中华书局，1962，第 543 页。
② 王弘诲：《海忠介公传》，《海瑞集》，第 533 页。
③ 民国《琼山县志》卷 15，民国 6 年刻本，第 51 页上～58 页上。

瑞灵柩还乡时，所经之处人们的赞颂、悼念与祭祀，同时他也为不能亲自为其师装殓发丧而自责哀恸：

> 公所莅咸口碑尸祝，所至皆争道塞途，瞻望之，处留都时，有不识姓名远方老者，求供帚除一月二月去，又有相率求貌公像以去，学士大夫亦有焚香事公，每事必卜，如罗浮叶䌫斋者。而不佞龙居门下，既弗克护公归，又弗克严事公，谓之何哉！①

梁云龙提到的罗浮叶䌫斋，即叶春及，曾在福建为官，因忤当道，被削籍回归罗浮十余年。海瑞辞世之际，正是叶春及赋闲归乡之时。同样不容于世的叶春及把海瑞的画像悬挂于家中，每事必卜。周围的人亦"相率求貌公像以去"。

从当时的记录可见，海瑞这位生前名震三朝的刚直官员，他的辞世是在朝野都产生回响的事件。从皇帝到六部，从赋闲还乡的士大夫到不知姓名的老者都曾以不同形式参与祭奠，并且他去世后似乎具有了某种法力，同时，关于他的故事与传说也在逐渐形成。

至万历二十二年，《海刚峰先生文集》付诸刊刻。主持刊刻的阮尚贤，时任长芦都转运盐使司运使。他在序言中淋漓尽致地表达了对海瑞的仰慕：

> 不佞往自家食时，见公治安一疏，极谏肃皇帝玄修之误，侃侃千余言，有批鳞折槛之风。一时中外人士，无不想望风采，所愿为执鞭久矣。

他也交代了之所以得海公文集而付梓的缘由：

---

① 梁云龙：《海忠介公行状》，《海瑞集》，第 545 页。

（万历）癸巳承乏芦司，适公里，霖宇梁公备兵津门，一日请谒，因询公扬历治状，梁公出公集示之曰：忠介公生平尽是矣。不佞既卒业，则喟然叹曰：公诚海内豪杰乎！何其独行敢言，志不少降者若是也。……公存稿有《备忘集》，有《淳安政事》及会议夫差数事，并封谇传状，共次为十卷，皆不可无传者。敬付剞劂氏，嘉与天下慕公者共之。从梁公命，遂僭言以弁诸简首。①

梁霖宇，即梁云龙。在海瑞辞世后 7 年，他终于刻印了老师的文集。

万历四十六年、天启六年（1626）、崇祯四年（1631）留下的序和跋显示明代中后期《海忠介全集》曾多次刊印。海瑞的学生和朋友也多次撰写海忠介公行状以及文集序跋来表达悼念与景仰。

与文集出版差不多同时，海瑞的判案成为公案小说的资料。万历二十四年"晋人李春芳"作《海刚峰先生居官公案》付梓，序言说："先生历仕三朝，其直声在朝廷，其实惠在黎庶，其清风在宇内，其公论在人心。"② 到清代，《海刚峰先生居官公案》被改编为《海公大红袍》，后又有《海公小红袍》续之。

在明末和清初的动荡年代，海瑞的故事增添了新的内容——忠臣转变为忠魂。屈大均撰《广东新语》，内有"海忠介"条：

琼州有忠介石坊者。崇祯癸未春，石坊每日流血，淫淫若泪。明年五月，威庙哀诏至，血流乃止。盖公之神灵，存没无间。知国之将亡而主殉，故先之哀痛若此。嗟乎忠哉。③

---

① 阮尚贤：《海刚峰先生文集（万历二十二年刊）序》，《海瑞集》，第 604~605 页。
② 李春芳：《海刚峰先生居官公案》，《古本小说集成》，上海古籍出版社。有关"李春芳"，参见黄俶成《明代小说史上的三个李春芳》，《明清小说研究》1990 年 Z1 期。
③ 屈大均撰《广东新语》卷 7，香港：中华书局，1974，第 224 页。

海瑞之魂，见证了明清更迭的大时代。

可见，明中后期，海瑞生前与死后的事迹似乎一直都是为人津津乐道的话题。文集、小说、传说等文字与非文字的材料，都在塑造和普及海公的形象。时人赞道："夫世知先生者，皆谓清风特节，即一介而必严；敢谏犯颜，垂九死而不悔。"① 死后的海瑞，多少也被赋予神话的色彩。

二　海公祠

海忠介公祠在明清两朝经历了多次重修。而历次重修主持者多为来琼任职的官员。第一次修祠在万历年间：

> 海忠介公祠在城西社稷坛之东南隅，原在城内，系旧城隍庙。明万历间署府事雷州府推官高维岳申请为特祠以祀。②

我们不清楚为什么海瑞之祠最初会安放在城隍庙内，这也许和海瑞没有子嗣有关。我们也没有更多的资料显示当时高推官所倡修的海公祠是怎样的形制。明末一直到清初，似乎没有更多的资料证明海公祠在此时期有过大规模的重修。

康熙二十六年（1687），就是清初开放海禁后数年，琼州知府佟湘年重修邱、海二公祠，并碑记其事：

> 岁辛酉余出守琼州，虽虑珠崖荒域甚于长沙，然私幸备官二公故里，犹得仰高山而读治谱。抵任后即延访后裔，购遗书，恨世远

---

① 梁子璠：《海忠介公全集（天启六年刊）序》，《海瑞集》，第609页。
② 咸丰《琼山县志》卷5，咸丰七年（1857）刊本，第8页上。

年湮，多缺略勿全。乃取二公文集，命琼山茹令校辑而补梓之。至
若邱公后嗣虽有荫阶与明经弟子员，亦未免慨同王谢。海公后人仅
一孝廉，而物故一线不绝者，仅如叔敖耳。两贤祠宇靡芜于荒烟蔓
草。余每从享祀之日，未尝不登堂而愀然以伤也。……邱公一祠，
虽尘封月漏，犹堪修葺；若海公一祠，则倾风圮雨，不可复问。因
访忠介公故居，即邻邱祠。惜也，子孙式微，转鬻他姓。余如价赎
之。爰卜日，则两役并兴。①

　　知府佟湘年与同时任官琼州的雷琼兵备道程宪章、琼山县县令茹
玄，不仅重修泮宫、约亭、义学，提倡振兴文教、敦伦美俗，并且出版
邱濬与海瑞二公文集，整饬二公故居、祠堂。这或许与开放海禁的背景
相关。不过，令佟湘年唏嘘不已的是，海瑞祠早已残破得无法修复了，
而其故居更因"子孙式微，转鬻他姓"。这也让我们看出，在明清之交
的战乱中，地方经济萧条，官员和民众都没有对海瑞的拜祭给予特别关
注。复界后，琼州的官员重整地方文化时，把邱、海二公放到了核心的
地位。

　　佟湘年的碑记里提到，当时的邱公祠和海公故居相邻。佟湘年重修
邱、海二公祠时，应当是将海瑞之神主牌请入故居，并非鼎建新祠。而
邱公祠，即景贤祠则专祀邱公。咸丰《琼山县志》载：

　　　　景贤祠，在北门外，即奇甸书院故址，邱公常读书于其中。向
　　祀宋苏文忠公轼，明正德间礼部尚书刘春以邱文庄公濬著书垂训有
　　裨后学，奏请与苏公合祀，诏赐额名景贤祠。……国朝郡首佟湘
　　年，移祀苏公于金粟原祠。此祠专祀邱公。②

---

① 佟湘年：《重修邱海二公祠碑》，咸丰《琼山县志》卷 26，第 6 页上 ~ 下。
② 咸丰《琼山县志》卷 5，第 9 页上 ~ 下。

在碑记和书序上，佟与程都表示对二公"景之""慕之"。雷琼兵备道程宪章写道：

> 余心切企之慕之，安得至其地、拜其像、读其书，效其生平所为。及余筮仕，由邑长州牧连守二郡，地皆历古越、秦、晋，虽不获瞻公像，读公书，其所以施政临民，检身率属，靡不兢兢谨饬，以期无负于公，兼不负所学。迨辛酉冬，余奉天子命分臬雷琼，始获拜公像。旋觅其生平所遗文，得公《备忘集》。[①]

程宪章提到的《备忘集》当与明末梁云龙交与阮尚贤刊刻之文集有所区别，于康熙二十七年刊印。该书是海氏后人海迈辑录海瑞平生之遗文而成，是佟、程等人"延访后裔，购遗书"的成果。海迈称：

> 殁后，有《荣哀录》，有《谕祭葬文》、挽诗、行状、中外奠章，并其所著，无虑数百卷。然板籍或朽或蠹，若存若亡，惜无司箧者什袭之。余叨侄裔，时时虚左贤豪，而于先业顾不得一当焉。譬之家有千金而持钵于市何以异？乃于暇日搜其残编，汇而辑之，约有十卷。虽存什一于千百，然而居乡立朝，已获其梗概矣。[②]

虽然海氏后人转鬻了海瑞的故居，但是海迈终于承担起发扬先人事业的责任，"俾生公之后者得见公之真"。

康熙二十六年前后，访裔修祠，以及重刊文集等活动，是清代琼州官员进行的一次比较细致的对海瑞遗迹的整理，海瑞成了地方文化中非常重要的象征。

---

① 程宪章：《海忠介先生备忘集（康熙二十七年刊）序》，《海瑞集》，第 615 页。
② 海迈：《备忘集》（康熙二十四年刊），《海瑞集》，第 606 页。

康熙四十二年，广东巡抚彭鹏命雷琼道副使黄国材、知府贾棠、同知姚哲鼎建三公祠。海忠介公祠与苏文忠公祠、邱文庄公祠并列，每岁祭祀。落成之日，彭鹏为三祠各撰碑记一方。① 乾隆二十一年（1756）、道光十年（1830）、同治七年（1868）三公祠在官员的主持下多次重修。多任海南官员至琼之际，凡倡文教，必祭三公。如同治年间知府戴肇辰的治绩包括：

> 下车伊始，观风取士，整顿学校，察吏安民。一年间重修东坡书院，洞酌亭，苏文忠、邱文庄、海忠介三公祠，捐廉为景贤宾兴，考试试子有资，又捐廉买西郊外金盘地一片，俾负郭贫民终葬有地。②

据咸丰《琼山县志》记载，三公祠位于城西社稷坛之东。③ 光绪十七年（1891）《三公祠仰贤社宾兴序》的描述似乎可以提供一些线索：

> 郡西北隅有三公祠焉，半郭半村，具林木清幽之趣。其地傍邱海二公故里，盖为褒德录贤故也。④

三公祠与二公故里当在临近的地方。

综上所述，海禁结束之后，清朝的官员集中进行的文教建设，包括苏公以及邱、海二公的祠祭。多任官员表达出要“至其（海瑞）地、拜其像、读其书，效其生平所为”的抱负，这种抱负不仅表现在搜求

---

① 彭鹏：《新建苏文忠公祠碑》《特建邱文庄公祠碑》《特建海忠介公祠碑》，民国《琼山县志》卷16，第41页下～44页下。
② 民国《琼山县志》卷18，第23页下。
③ 咸丰《琼山县志》卷5，第8页下。
④ 民国《琼山县志》卷18，第46页下。

海瑞遗文以及对自我的反省和修炼上，更充分地表现在对海公祠的修建以及对海瑞崇祀的恢复上。官员不仅要表达对海瑞学问、文章、文人气节的仰慕，同时也将三公作为垂训后学的典范。

三　《海氏族谱》与族人祭祀

海瑞乏嗣，至于其灵柩回乡之后家人如何拜祭，由于资料阙如，难以追溯。但是近年发现的海南《海氏族谱》① 可以提供一点清代的线索。

梁云龙曾在《海忠介公行状》中追溯过海氏世系：

> 其上世以来未详，在国初以军功世广州卫指挥某者，隶籍番禺，今为番禺人。洪武十六年，答儿从军海南，著姓于琼，遂为琼山人。②

梁云龙的记录应该出自海瑞的自述，其中很重要的关于身份的追溯是海氏原为军籍。答儿即海瑞高祖。琼州的海氏至今仍遵从这一说法。

目前所存的《海氏族谱》编纂于光绪时期，体现的主要是清中后期的情况。发现者对发现时的状况有所说明，"此族谱手抄本，藏于琼山市灵山镇东头村委会拾桂村海行新家；还藏有海氏世系表，清道光、光绪年、民国期间部分收取田租的条据"。③ 谱、世系与田租条据可能是一组相互关联的档案。不过，总体而言，这套谱的字体和形制并不完全一致。收藏者大概也注意到其中的分别，于是将其重新分为七册。要了解海瑞家族的拜祭关系，需要很清楚地区分其所包括的两套体系。

---

① 《海氏族谱》为犹他家谱学会收藏，图书目录写"海氏族谱：7 册（525 页），1906"。
② 梁云龙：《海忠介公行状》，《海瑞集》，第 533 页。
③ 《海氏族谱》第 1 册，"扉页"。

　　第一册的封面有"光绪三十二年（1906）孟冬月裔孙祀生海对苏重修"的字样，包括邑举人李向桐（道光十四年中举）的谱序及谱图。全册无页码。第二册封面题"海氏答儿公族谱［卷之一］"。第二至七册字迹相同，然与第一册有别，每一册注明卷数，编有阿拉伯数字页码。其中，第二册（即《海氏答儿公族谱》第一卷）的目录说明该部分包括历代谱序、赞词、祭祀仪节、置产、家谱掌板名次等。第三册是合族世系行略。第四册是小宗世系行略。行略之后是海氏族谱世系图，注明了"公元一九八六年丙寅年重修总合族谱"字样。世系图，包括从一世到三世的合族宗图以及分别大小宗的支派图，至二十一世，与行略部分相配合。但是，这部分世系的记录与第一卷的谱图有相当大的分别。第五册是艺文，收集了与海瑞有关的诰、御祭文、行状、挽诗等。第六册和第七册也是艺文，为海瑞文集。虽然合为一套《海氏族谱》，但是显然有不同时代的材料叠加其中，既有光绪年间的内容，也有其后的增补与重整。

　　从形制上来说，族谱第一册有序有支派，是一个相对完整的架构。但是，第二册再次列出目次和序言。究竟册一与册二是不是一回事呢？根据前后文推测，册一与其后六册应该有两个编修来源。详见下文。

　　从谱图的世系来看，第一册与其后部分有相当大的分别。比如，第一册谱图并未分别大小宗，而大小宗的原则贯彻在其后数册的编修之中。又如第一册的谱图着重于海瑞这一支的传承，诸多旁系都注明了乏嗣，而第三、四册的世系图却将其接续了下去。可见，二者的重点有所不同。不过，二者最晚近的世系都远超了清末的十七至十八世，对于二十世或二十一世，显然谱图也一直顺应时间推移而增补。

　　如此，我们分别分析第一册与其后六册。在第一册中，族谱开篇即描画出"本家香火牌字"。香火牌分作两块：一块集中奉祀，包括门中先远历代宗亲之神位以及观世音菩萨、天后圣母、赵公元帅、车公元帅等各种神灵的神位；另一块单独奉祀的是"南京督察院右都御史赠太子少保谥忠介海公神位"。我们可以看到，在香火牌上祖先并没有分别昭穆，而是以历代宗亲的形式一体奉祀，祖先与神明也没有分别龛位供奉，这类似于家堂神的祭祀方法。而其中海瑞却独享特殊地位，近乎"不迁之祖"。①

李向桐的谱序交代了是次修谱的因由。他仍是追溯海答儿洪武七年从军海南的历史，并提到在老客、白沙等村，海氏子孙"皆散处也"。显然，散于各处的子孙当时还没有建立起比较完备的宗族组织。李氏曰：

> 邱海二公，吾琼之宗祖也。邱族尚繁，传有刻谱，而海氏独无耳。且闻先代有以养子从姓承嗣者，有以随母子之子承嗣者，觊觎祭田，互相争控。使公知之，应亦饮恨于九泉也。②

这里涉及两个问题：从李向桐的观察来看，此前的海氏没有刻谱，当然，这并不意味着此前没有手抄本的族谱。同时，在祭田确权的问题上，族人存在纠纷。

如果我们细读第一卷的谱图就会发现，乏嗣与过继立嗣相当普遍。③ 海答儿生四子，其中二子乏嗣，长子海福、次子海宁有传承。海宽生八子，四子乏嗣，其余三子也在传承数代后先后乏嗣，只有第八子海瀚（即海瑞支派）有所传承。海宁生海方，海方生三子，两子乏嗣，仅有海润有所传承，而传至数代后亦大部分乏嗣。

乏嗣是如此普遍，承传只有依赖过继。海瑞的系谱就有多代以过继

---

① 《海氏族谱》，无页码，排在第1页。
② 《海氏族谱》第1册，"序"。
③ 梁云龙《海忠介公行状》论及海瑞之立嗣问题时曰"从弟明，有仲子中适伦序应继公，虽未立，而起官时属以家，则继者必此子也"，若与族谱册一谱图比照，承嗣者并非中适。另外册四的《海氏族谱世系图》中，海瑞继嗣者的名讳与册一谱图也有不同。

立嗣。海瑞乏嗣以瑜公长男坤继，至海坤之子惟宗乏嗣，则以启科次子思贤承继，思贤乏嗣又以圣之三男起晏立继。① 海瑞后嗣虽然延续下来，但是变动数次。而在图谱中，除了海瑞，似乎其余支系均因先后遭遇乏嗣命运而极少传承。例如，海方一脉传至第九世海夔时，谱图中注明夔公有两子，亦乏嗣。不过，我们也注意到，虽然过继如此普遍，编纂族谱的人还是维持了宗祧的概念。如在夔公一脉旁边注有一行特别的小字，说明"甘那佬"廷枝乃是随母再醮，更姓改名，"冒姓海"，居天池村德兴图，"不可收入谱"。又如，在李向桐序的描述中海氏的传承中存在"宗子"：

> 自（海瑞）公而后，相传又十三代矣。族人有海充盈者以宗子携谱图来见，仅一纸耳，虫蚀迹污，难垂久远。②

海充盈所有的谱图看来规模有限，"仅一纸耳"，李氏对此似有微言。不过，十七世海充盈的名讳还是出现在这份谱中。③

面对"虫蚀迹污，难垂久远"的状况，李向桐不禁发出了感慨：

---

① 《海南日报》（2012 年 6 月 18 日）登载了《海门书香第　科甲之望族》一文，文章所记之事系记者陈耿拜访了海口市南渡江东岸的灵山镇新市村委会拾桂村的海行新老人（时年 70 岁），看到了他收藏的"《海氏族谱》和一张海氏世系表，以及一大叠清代和民国的土地出租契约和凭据"。这一描述与犹他家谱学会藏本封面上的描述一致。不过，该文说"海行新所藏的《海氏族谱》分别修于道光二十五年（1845）和光绪三十二年（1906），前者多处破损和被蚀，文意已经难以连贯，后者字迹清晰，承嗣关系明了；另有一张世系表，已然老旧，不知何时所写，宗族继嗣脉络也是一目了然"。又说："1906 年，十九世海对苏再续 1845 年的老谱，并请举人李向桐（道光十四年，即 1834 年中举）作序，手抄多份，分赠海氏族人，其孙子海行新现在珍藏的族谱中，就有这份。"该文中陈耿所列出的世系传承看来并不是根据光绪三十二年谱。由此可见，犹他家谱学会收藏的谱是陈耿所说"光绪三十二年"的部分。或者还有道光二十五年残谱，并未收入。由于笔者未见，因此仍以犹他家谱学会所藏谱进行分析。
② 《海氏族谱》第 1 册，"序"。
③ 从字迹来看，晚近代际很可能是其后增补。

谁谓（海）公无子，天下之子皆公子。况忝属同里，沐公之教，沾公之惠，岂可漠然？①

可见，第一册的谱图强调的是海瑞的传承，或者说可以在文字上证明海充盈及其近支与海瑞一脉相承的关系。但是，由于乏嗣的现象在这个家族中频繁出现，在具体的情况下传承并不容易维持。

第二册的序共计八篇，相当丰富。② 晚近的谱序写于光绪二十五年，包括姻亲吴丕照、吴登校，十五世孙海连天的序，其中还收入了乾隆五十年姻亲莫蕃、莫见龙，十二世孙海岱的序，以及明嘉靖壬辰年（1532）周鸣皋的序、康熙庚戌年（1670）十世孙海廷芳的序。根据光绪二十五年吴丕照序，忠介公"以一代伟人，但见勤劳于王家，而于族谱未暇修及，且嗣是而老成凋谢，子姓稀微，文献空存，书谱缺略，而合者不知何，分者不可复"。③ 吴序追溯了这一次修谱的缘由：

自明季以至国初康熙年间而十世考廉紫山公讳廷芳出焉。我想其人初十迁于德兴图天池村，揆文孟氏择邻，亦不过是，且恐世远年湮，支派必纷，薰莸莫辨，心是集大宗、小宗世系以联络之，序尊卑、判亲疏，前后潦如指掌。公之经营可谓有功之祖矣。④

这套谱的重修之意来自迁居天池村的十世海廷芳。海廷芳在序中说明了其与姻亲曾对谱就"宜宽宜严宜实"收入原则进行了斟酌讨论。⑤ 海廷芳草创之后，天不假年，因此美而不彰。至十二世海岱于乾隆五十

---

① 《海氏族谱》第 1 册，"序"。
② 在目录中还列有明天启科举人冯嘉遇序以及五世孙海瑚的序，在正文中未见。
③ 《海氏族谱》第 2 册，第 9 页。
④ 《海氏族谱》第 2 册，第 8 页。
⑤ 海廷芳：《重修海氏族谱序》（康熙庚戌年），《海氏族谱》第 2 册，第 19~20 页。

年在此基础上续修，进一步完备了体例。海岱序曰："数年以前，有志未逮。岁乙巳始聚族人而谋。"① 对于乾隆版族谱，吴丕照说："然此手抄笔记，而无版刊籍印，则百孔千疮，补罅缺漏，在所不免，距自今盖百有余年于此矣。"② 咸丰初年，亦有十四世子孙邀族人共同参与，然兄弟未许。亦不得成事。至光绪二十五年"族中父兄等谋终其事……袖其先世所藏之书，属序于余"。③ 可见，此谱起码从康熙朝开始就一再重修，其间也有联络兄弟等合族的活动。

在修谱的同时，海岱也曾建祠，因此在其述略中就留下了"建宗祠以妥先灵，修家谱以联宗族，亦族中之伟人也"的记录。④ 我们并不清楚宗祠的建筑规模，但是谱中记录的祭祀仪节显然经过了族人细致的考证，描述甚为详备，可印证该群体在祠与墓方面大概都进行过合族祭祀的实践。其中，在祭祖祠仪节中，祝文所告之祖先，从一世至十二世。还有一个特别突出的环节，即拜祭行人许公。海瑞归葬，许公功不可没。通过许公之祭，祠祭与墓祭联系了起来。可见，海瑞的事迹是仪式的重点。⑤ 族谱还包括滨涯村海瑞墓图、答儿公葬地图以及墓祭仪节。

让我们再一次对比第一册与其后各册。在第一册谱中虽有"宗子"之称谓，但是并没有清晰的大小宗之区别。而第二册谱的架构则是根据大小宗来划分。这个原则与祭田的"份"联系在一起。谱中详细地列出了"五世祖忠介公直置产在定邑积善图、石峡岭、西排破等"的具体土名。其中还有田产被注明了赋税所在，如"定邑积善图七甲外海介名下输纳"。至于祭田的性质，则有如下说明：

---

① 海岱：《重修族谱序》（乾隆五十年），《海氏族谱》第 2 册，第 16 页。
② 《海氏族谱》第 2 册，第 8 页。
③ 《海氏族谱》第 2 册，第 8～9 页。
④ 《海氏族谱》第 3 册（扉页记"卷之五"），第 43 页。
⑤ 《海氏族谱》第 2 册，第 33～49 页。

　　庄田系忠介公放合族，以为合族子孙大宗小宗八支轮流通营拜扫始祖答儿公并四祖瀚公填荣之资。日后合族子孙，不论何支，俱不得偷典偷卖肥己。有偷典偷卖肥己者，当祭墓期鸣鼓而攻，俱祭祠期，斥出不收。①

　　据梁云龙《海忠介公行状》载，海瑞回籍之时，曾为葬太夫人"置墓田数亩耳"。② 不过，这段记录强调祭田是海瑞为了祭祀答儿公以及其父海瀚所置，合族大宗小宗八支皆有份。在答儿公墓图上注明的"葬于定邑积善图马罗石峡大岭下"，③ 可能就是墓旁的田产。④

　　看来无论是光绪二十五年的重修，还是光绪三十二年的重刊，都与田产的维系与确权有关。比对第一册与其后各册，会发现都出自同源答儿公，但是修纂主持者与编修因由并不完全一致。第一册与其后各册几乎可视为两套有所分别又不约而同地涉及控产事宜的海氏族谱。但是在宗族萃聚的规模上，第一册所体现的活跃者的范围基本是从海瑞下来的继嗣支系，是确定海瑞支系承嗣身份的依据。而在其后各册中体现的是以廷芳为首倡者进行的更大规模合族活动，范围相对更广泛，包括了大宗、小宗各支系。当然，廷芳本身并不在海瑞的直接支系之中，在追溯系谱的部分，大宗八支瀚公支派（即海瑞一支）也只记录至第十三世，后则不载。可见确定直线承嗣并非重点。而从第二册中所列出的新续修掌谱掌板的名次⑤，可以看到这个群体以九部谱与一百九十二块板为基础，建立起一个同姓跨村落的松散家族联盟。

----

① 《海氏族谱》第 2 册，第 70～71 页。
② 梁云龙：《海忠介公行状》，《海瑞集》，第 541 页。
③ 《海氏族谱》第 2 册，第 51 页。
④ 参见阎根齐等《海瑞祖居祖墓调查报告》，《中原文物》2011 年第 6 期。
⑤ 包括天长村、文湖村、高朴村、高（金叉）村、花九头村、龙角村等，谱九部，板一百九十二块。

　　根据《海氏族谱》所包含的丰富信息，我们可以看到无论是在家堂供奉的香火排位，还是在祠祭和墓祭中，海瑞都被置于非常特殊的地位。他的生平以及以他的名义所置的墓田，仍然是海氏族人共同分享的经济文化资源。

四　海公庙

　　除了官员与族人，琼州府也有由他姓村民鼎建的海公庙。

　　嘉庆二十五年（1820），琼山县官隆一里青草村村民在该村的西边修建海忠介公庙。建成之时，当地的读书人王承烈作《海忠介公庙碑》。该碑首先讲述建庙缘由：

> 公抚吴时塞吴淞江口，开白茆河，三月成功，其利民之政，卓卓大著，世所共知。吴人春秋祭之，至今勿替。而于告养在籍时，凡清丈田亩诸事，有益于地方者，无不为当道言之。观其上唐敬亭太守诸书，指陈农田利弊，言详且尽。观其开官隆田沟，自昌华桥长坡前至鸡头墩逶迤十余里，灌田千百顷，民到于今受其赐。岂非士大夫居一乡则益一乡，居天下则益天下之善政哉？然公之广兴水利有益于天下者，人尽知之，至有益于乡里者，人不能尽知之。此吾乡官隆一里之建庙所以至今始创也。

　　王承烈说，海瑞在吴淞江开白茆河之功天下皆知。但是，大家却不知道他对官隆修筑田沟、疏浚水利的善政。为了昭示世人，官隆一里要建海瑞庙。

　　接下来，王承烈开始对一个问题做出解释：

> 且今日去公之世三百有余年，遗泽之在人亦三百有余年，何以

前人利其利而忘其利，后人利其利而不忘其利？岂民情有今昔之殊哉？

这既是他问自己的问题，大概也是他当时面对的质疑：既然官隆之人已经坐享其利三百年，为什么到这个时候才想到要拜祭海瑞，让天下知晓？王承烈的回答是："当时则忘，没世则思，势使然也。"

那么，这个导致官隆一里的人此时思之，念之，建庙拜之的"势"是什么呢？碑曰：

> 况今日人情日变，此疆彼界，有利于己者开之，不利于己者塞之，在所不免。今考公遗制，田原犹是，流水依然。及追远寻源，其上流已有时通塞，不能尽如当日开浚之旧。倘再经数传，安保能尽如今日哉？今建专祠，报公盛德。俾官隆之人，咸知田沟之利，出公手创，非人人所自私，而不敢阻塞。公在天之灵，实凭式之，庶人心知所畏敬而享其利于无穷也。①

这段文字隐约透露出当地存在水利的纠纷。王承烈在道光五年（1825）《官隆图田沟记》里将水利的纠纷说得更加明白：

> 琼之官隆图青草村地势高平。其田杂于坟衍者半，杂于原隰者亦半，非值盛潦则耕而不获。海忠介公为之经画，于田间辟地一弓，疏为水道，自乐万至鸡头等处，逶迤十余里，同资浸润。于是水源四达，年谷屡丰，瓯窭祝其满篝，农夫称为有庆。居其地者，实仰赖之。未几而附近农民坐争水利，闭渠塞川，使涓涓细流不能下导，虽大旱屡告而彼终莫之救也。向之称为原田者，几变为石田

---

① 王承烈：《海忠介公庙碑》，民国《琼山县志》卷17，第49页下～50页上。

矣。明嘉靖二十四年蒙县批开浚，又于隆庆五年蒙府委员临勘疏通，嗣后或壅或决，迄无定止，迤来二百余年矣，居民往往苦之。

正是在这样的情势之下，他们倍思海公之德。一方面，他们建专祠，报公德；另一方面，也希望上游之人，慑于海公在天之灵的威力，不敢阻塞。王承烈认为"青草等地，吾宗族之所处也"，也就是说，青草村的土地就是王氏家族的土地，海公庙就修建在村西，而海公庙的倡建者正是王氏家族的诸位伯叔。可以说，这场水利的纷争就发生在上游的人家与王氏家族之间。所以，王氏家族立在青草村的海瑞庙无疑向周围的人宣布了他们对于沟渠的权利。并且王承烈还说明，"开此渠者创自忠介，而余族从祖绩公与有力焉"。

不过立庙以后，纠纷并没有妥善解决。因此，王承烈又说明其后他们处理这一纠纷的办法：

> 爰合乡众谋思所以善处之法，佥曰：莫如报税。盖田须得水，则待沟也；沟而报税，则沟即田矣。浑沟与田而一之，彼继欲夺其利于附沟之田，而敢绝其流于即田之沟乎？此法行则吾侪共安乐利，而忠介公之遗泽亦永垂无穷矣。遂具呈于县，定其税，著为禁令。凡有高筑堤防，专事壅塞以致灌溉不周者，官治之。乡众以记嘱余。①

我们不知道沟渠周围的田亩究竟归谁所有，但是从碑文记录来看，在此之前，并未报税。王氏族人用向官府报税的办法确定了他们对沟渠沿线田土的所有权。

---

① 王承烈：《官隆图田沟记》，民国《琼山县志》卷 17，第 61 页下～62 页上。也可见于周文彰、周伟民编《海南碑碣匾铭额图志》（龙华·美兰卷），海南出版社，2015，第 244～245 页。

咸丰《琼山县志》"水利"中有"青草沟"条，其中记录：

> 青草沟，在城东南官隆一图青草村。前明嘉靖二十四年御史海忠介公到其地，同乡人王绩凿之。广一弓，长十余里，灌田二百余石，有案。[①]

可见，官隆一图王氏家族的确在官府有记录，并且此后不仅官府有案记录青草沟二百余石的税田，还记录了海瑞与王绩同开青草沟的故事。

至清末民初王国宪等编纂《琼山县志》时，官隆之水利仍在使用：

> 此沟水利灌溉官隆一里大丰洋田十余里，所关民生最大。今近田大路并筑以石，借便往来，下通水闸以顺流通，亦免泥崩塞沟，随时常有小为疏浚。[②]

除了青草沟的海瑞庙，在琼山县金花村（明代的下田村）海瑞故里还有海瑞阁。2002 年与 2005 年，笔者曾到访，据说此处即海瑞故居。正殿外墙嵌有两方碑刻[③]，一方是民国 9 年中华民国交通部部长赵蕃与督办海疆防务事宜的陕西省省长李根源所立，写有"明太傅特进左柱国武英殿大学士邱文庄，太子少保都御史兼吏部尚书海忠介故里"字样；另一方字迹模糊，乾隆三十四年由秦其煨立，应当是由广东布政使欧阳建题书"明海忠介公故里"。碑上还标明了四至：

> 此地乃海忠介公故址，东至北门街，北至牌坊路，西南至湖，

---

① 咸丰《琼山县志》卷 3，第 32 页下。
② 民国《琼山县志》卷 18，第 62 页下。
③ 周文彰、周伟民编《海南碑碣匾铭额图志》（龙华·美兰卷）也收入了这两块碑。

□□□四至□□□□□□。

不过值得注意的是，建筑的门额处当时悬挂的是写有"林大天君古庙"字样的匾额，正殿高坐着林大天君像，规模较小的海瑞反居于正殿的右侧，左侧则安放火雷娘娘与懿美夫人的神像。正殿前方还摆放着三座神轿，分别是"赵将军之神位""宪总领林大天君神位""金将军之神位"。为何海瑞阁内正中供奉的是林大天君？林大天君又是何许人氏？

传说送海瑞灵柩还乡的许子伟早已注意到海瑞家附近香火鼎盛的林公庙。咸丰《琼山县志》记载：

> 林公庙，一在西门外大路街，一在下田金花村，一在下田朱橘里，一在子城西南云路坊，而在大路街者，则元时所建。神即木坊人，林姓为雷化，故其庙号雷庙。祈祷多应，给事中许子伟议毁之，以神入梦乃止。①

这条记录显示林公庙早在海瑞辞世之前就已经存在了。至少在当地流传着一种说法，即许子伟曾议毁林公庙。从"议毁"的态度来看，当年的雷神林公当不是祀典祭祀之神。不过，400 余年后，当我们来到海瑞故居时，林公座前香火依旧。不同的是，这个时候庙里展现的林公似官员更甚于雷神。庙里的对联也并未提及雷神一说，而是将林公与明代任官福建且弹劾过严嵩父子的林润联系起来。

卜永坚《"苏海韩潮"中的"蛮烟瘴雨"——海南省海口市府城区金花村海瑞阁小考》② 对林公之身份以及海瑞阁与林公庙之关系做过详

---

① 咸丰《琼山县志》卷 5，第 17 页下 ~ 18 页上。
② 卜永坚：《"苏海韩潮"中的"蛮烟瘴雨"——海南省海口市府城区金花村海瑞阁小考》，《华南研究资料中心通讯》2003 年第 31 期。

细考证。卜永坚推测，海瑞阁之前身当为林公庙；林公当为雷神，而非林润。由"林大天君"而"林润"，由"林公庙"而"海瑞阁"，是"苏（苏东坡）海韩（韩愈）潮"对"蛮烟瘴雨"的节节胜利，也是地方文化对正统文化所做的回应。不过，卜永坚也同样观察到，林公庙虽然易名为海瑞阁，但是林大天君依然以正神身份居中，海瑞屈居其侧。

时至今日，当地人的祭祀活动仍绵延未绝。2005年考察之际，海瑞阁的外墙上仍贴着当年正月二十日他们延请正一道士打醮所张贴的榜文。榜文列出打醮奉祀的神明有境主林大天君、海忠介、火雷娘娘、懿美夫人、赵大元帅、李大元帅、张大元帅、金大元帅以及福德正神。另一面墙上则张贴着先贤海瑞诞期的捐款名单。

虽然民国9年的碑记指海瑞阁为邱、海二公故里，但是并未见有邱濬之神位受到供奉。此碑所言之"故里"当指下田村，而非仅指海瑞阁。邱氏故居距离海瑞阁仅有百步之遥，内有"琼山邱氏祖祠"以及"可继堂"。可继堂内供奉邱濬坐像，院落清静古朴，与海瑞阁对比鲜明。看来，虽然在三公祠的记录中邱濬与海瑞同样立祠祭祀，但是在地方民众的祭祀活动中，海瑞供奉在林公庙中，前来拜祭的乡民用对待神明的方式对待海瑞。而维持至今的邱濬祭祀主要在邱氏子孙中进行，所呈现出来的是祖先而非神明的形象。

可见地方上拜祭的实际情况远较文字叙述复杂、生动。

结　语

历史上的伟人既是家庭的一分子，也是民众敬仰的对象。对这些人来说，"家乡"可以是单一的也可以是多重的概念。海瑞辞世之际，得到万历皇帝隆重的褒祀，委派官员（也是海瑞的同乡）护送其遗体回乡安葬，又在其墓前立御祭碑。隆重的仪式将朝廷与家乡的荣耀联系起来。紧接着，官员鼎建海瑞祠，既彰显朝廷的恩典，也炫耀家乡的贡献。到了清代，从康熙年间开始，在重整地方风气之际，多任地方官员都曾重修海瑞祠，其间更将海瑞、邱濬与苏轼合祀一处，称"三公祠"。三公祠成为清代琼州文化与文人气节的象征，官府每年主持的拜祭成为制度。但是，海瑞本人并没有后人。因此，在他的家里，拜祭大概需要由过继传承者的后人负责。根据族谱的多种叙述方式，对于这种安排能够严谨地维持多少代，我们难以得知。

不过，传统乡村社会还是期望逝去的伟人也可以参与现世的建构。如嘉道年间，琼山县官隆一里青草村的乡民开始运用这一象征，立海公庙，追溯海瑞与他们的渊源，希望海公在天之灵可以帮助他们威慑对手，解决水利纠纷。依赖民间的春祈秋报，连同地方上的神祇祭拜，海瑞不仅是伟人，他亦跨越了神人之间的边界。不过地方的信仰也有其竞争的逻辑。在文化象征中举足轻重的海瑞，在与其他众神并祀的过程中，恐怕权威并非不会受到挑战。

海瑞辞世之后，如今我们看到的种种遗迹，包括墓、祠、庙，逐渐在琼州府建立起来。这些遗迹的建立、重整，一次又一次地被书写进地方志里，与明清时期的海南文化融为一体。

这是一个非常普通的故事。从离世的一刻算起，前后超过五代，世界上已经没有亲眼见过逝者生前模样的人了。但是，人死后，其历史记忆仍有生命。与死者发生过关系的地方，成为遗迹（今日称为物质文化遗产）；而死者的经历，则传承于历史中（今日称为非物质文化遗产）。辞世后的海瑞在家乡所具有的种种意义，在其他历史人物的身后也可以找到类似的痕迹。

《区域史研究》2021 年第 2 辑（总第 6 辑）
第 85～112 页
© SSAP，2021

清代中国陶瓷器的外销

松浦章 著　冯军南 译[*]

摘　要： 17～19 世纪，中国陶瓷器进入世界市场。特别是在清代，从广州前往西欧、美国的贸易船将中国陶瓷器运送至欧洲、北美等地，受到当地人的赞赏。在西欧，仿造中国瓷器的制造业发达，英国、法国、荷兰、印度、丹麦等国至今仍在制造众所周知的瓷器。然而，学界较少从贸易品的视角研究从广州外销的瓷器。因此，本文将从这一角度论述清代出口至海外，特别是欧美的瓷器。

关键词： 清代　景德镇　陶瓷器　贸易品　东印度公司

序　言

清代出口海外的瓷器，在西欧各国被称作"Chinaware"。明治时期，在中国担任领事的上野专一出版了一本有关贸易品的字典。其中，关于瓷器"Chinaware"记载如下：

瓷器在税目中分为粗瓷（Coarse）和细瓷（Fine）两种。江西省是制造瓷器最兴盛的地方。该省浮梁县景德镇政府设置瓷器制造

---

[*]　松浦章，关西大学名誉教授；冯军南，中国社会科学院中国边疆研究所助理研究员。

所，北京宫内使用的器具全部在此制造。烧制宫中用品的地方被称作官窑。在此制造的瓷器全部标记年号。这称作官印。制作普通百姓所需瓷器的地方叫做民窑。据说浮梁县内大约十万余人以陶业为生。①

上述记载表明，清代的外销瓷器在税目上分为粗瓷和细瓷。景德镇是最大的瓷器生产地。皇室御用的官窑和民窑并存于景德镇。据称这里有十万余人口以陶业为主。

关于光绪十一年（1885）景德镇瓷器的出口数量，上野专一记载：

> 景德制造的食器十二人份的为一组，一组八十九个，价格洋银六十二元至九十二元。此外，大型宴会使用的数量是二百七十六个，大约二十四人至三十人份，有的价格达到洋银三百三十元。1885 年，汽船满载一万一千〇七十六担二十八斤陶瓷粗品，从九江出发，价值关银三万九千三百〇九两。细品五千三百八十六担六十三斤，价值关银三万六千三百九十两。这是根据海关年报的数字，无法调查在此之外通过中国小船向各地运输瓷器的情况。②

景德镇制造的食器 12 人份为一组，一组 89 个，在大型宴会上使用的食器数量是 276 个。上野专一记录了中国海关统计的 1885 年从九江出口的陶瓷器数量。其中，粗品价值关银 39309 两，细品 36390 两。九江位于景德镇所在的江西省，是濒临长江的对外开放贸易港。中国帆船在中国国内的瓷器运输量尚且不明。上野专一还记载了景德镇以外的窑业情况：

---

① 〔日〕上野专一编《支那贸易物产字典　一名支那通商案内》，丸善书店，1888，第 45 ~ 46 页。
② 〔日〕上野专一编《支那贸易物产字典　一名支那通商案内》，第 46 页。

广州、汕头附近制造的花盆、茶壶等器物一年大概出口四万担。这些大部分为粗制品，许多被运输至香港、西贡、新加坡等地。粗瓷的出口税是每一百斤银四钱五分，细瓷银九钱。①

上述记载中提到的制造地位于广东省汕头附近，大概指广东省的石湾。②

关于清代的外销瓷，西田宏子《清代外销瓷——以面向欧美的制品为中心》③对各国博物馆藏品中的清代外销瓷，按照年代、器型加以分析，但没有从贸易品的视角进行研究。关于清代中国出口海外的陶瓷器，*Chinese Trade Porcelain*：*Patterns of Exchange* 以纹饰为中心，论述了中国陶瓷器对西欧的影响。④ C. J. A. Jörg, *Porcelain and the Dutch China Trade* 考察了中国瓷器出口荷兰的情况。⑤ 此外，中国学界关于古代外销瓷器也出现了一批研究成果：耶尔格《17 世纪销往荷兰的中国瓷器：贸易网络和私人企业》论述了向荷兰出口的中国瓷器；⑥张凯《清代外销青花瓷概貌与研究》研究了清代出口的青花瓷纹饰；⑦程庸《17 至 18 世纪中国瓷器影响欧洲概述》论述了中国瓷器对西方各国的影响。⑧

近年来，中国水下考古成果斐然。李庆新的《"南海Ⅰ号"与海上丝绸之路》⑨依据近年中国水下考古成果而完成。水下考古发现了海底

---

① 〔日〕上野专一编《支那贸易物产字典　一名支那通商案内》，第 47 页。
② 〔日〕北村弥一郎：《清国窑业调查报告书》，农商务省商工局，1908，第 76 页。
③ 〔日〕西田宏子：《清朝の输出陶磁——欧米向け制品を中心として》，《东西交流の陶磁器史》，中央公论美术出版，2008，第 245~271 页。
④ Le Corbeiller, Clare, *Chinese Trade Porcelain*：*Patterns of Exchange*, The Metropolitan Museum of Art, New York, 1974.
⑤ C. J. A. Jörg, *Porcelain and the Dutch China Trade*, Martinus Nijhoff, The Hague, 1982.
⑥ 冯小琦主编《古代外销瓷器研究》，故宫出版社，2013，第 231~241 页。
⑦ 冯小琦主编《古代外销瓷器研究》，第 269~280 页。
⑧ 冯小琦主编《古代外销瓷器研究》，第 391~405 页。
⑨ 李庆新：《"南海Ⅰ号"与海上丝绸之路》（中英），余成永译，五洲传播出版社，2010。

沉船，在船舶、装载货物的考古学研究方面得出了许多关于海上丝绸之路的新见解。

1987 年，在广东省台山市上川岛、下川岛附近海底发现的 "南海 I 号" 装载 6 万 ~ 8 万件货物，其中有景德镇窑、福建德化窑、浙江龙泉窑、福建泉州磁灶窑、广东潮州窑、广东省广州西郊外的西村窑等生产的瓷器。[①] 从装载的货物来看，"南海 I 号" 是南宋商船。据此可知，南宋时期中国陶瓷器被船运至西方各国。

2010 年在福建省龙海市半洋礁发现的 "半洋礁 I 号是南宋沉船"。[②] 1992 ~ 1997 年，在辽宁省绥中三道岗海域发现了元代沉船。2007 年在广东省汕头南澳海域发现了明代沉船 "南澳 I 号"。[③] 2005 年在福建省平潭碗礁发掘的 "碗礁 I 号" 是清代康熙年间的沉船。[④] 2008 年在浙江省宁波象山渔山列岛海域发现的 "小白礁 I 号" 是清代道光年间的沉船。[⑤] 这些沉船均载有大量瓷器。特别是明代沉船 "南澳 I 号"，清代沉船 "碗礁 I 号" "小白礁 I 号" 装载了大量的景德镇制瓷器。[⑥] 近年中国水下考古的成果证明了中国陶瓷器出口至西方各国的可能性，因此，本论文从贸易品的视角论述清代以景德镇瓷器为主的外销瓷的相关情况。

一　清代景德镇的陶瓷产业

江西省景德镇在清代隶属浮梁县，以生产瓷器著称。关于清代景德

---

① 冯小琦主编《古代外销瓷器研究》，第 69 ~ 85 页。
② 宁波市文物考古研究所、宁波中国港口博物馆、国家文物局水下文化遗产保护中心编著《水下考古在中国：专题陈列图录》，宁波出版社，2015，第 49 页。
③ 《水下考古在中国：专题陈列图录》，第 79 页。
④ 《水下考古在中国：专题陈列图录》，第 107 页。
⑤ 《水下考古在中国：专题陈列图录》，第 131 页。
⑥ 《水下考古在中国：专题陈列图录》，第 80 ~ 149 页。

镇的窑业，江西省轻工业厅陶瓷研究所①、佐久间重男②、梁淼泰③等的研究成果显著。这些研究详细论述了瓷器的制造，但是几乎没有涉及贸易品视角的研究。因此，以下试对景德镇陶瓷的外销予以论述。

先简单论述景德镇的地理概况。蓝浦《景德镇陶录》卷1《图说·景德镇》中有如下记载：

> 景德镇属浮梁之兴西乡，去城二十五里，在昌江之南，故称昌南镇。其自观音阁江南雄镇坊至小港嘴前后街计十三里，故又有陶阳十三里之称。水土宜陶，陈以来土人多业此。至宋景德年，始置镇奉御董造，因改名景德镇。元置本路总管，监镇陶。明洪武二年，《江西大志》作三十五年，就镇之珠山，设御窑厂，置官监督，烧造解京。国朝因之沿旧名。④

上文记载了景德镇的沿革及其作为经营陶业的城镇在昌江南岸形成、发展的过程，特别记载了明清在此设置御窑厂的情况。

蓝浦在该书卷1《图说·御窑厂图》中记载了御窑厂的位置与景观："厂跨珠山，周围约三里许。中为大堂，堂后为轩为寝，寝北有小阜，即珠山所由名，旧建亭其上，堂两旁为东西序，又东迤南各门，又东为官署，为东西大库房，为仪门，为鼓亭，为督工亭，为狱房，今废为陶务。"⑤（见图1）据此可知，御窑厂设置在珠山，方圆约三里。

---

① 江西省轻工业厅陶瓷研究所编《景德镇陶瓷史稿》，三联书店，1959，第1~434页。
② 〔日〕佐久间重男：《清代前期の景德鎮窯》，《景德鎮窯業史研究》，第一书房，1999，第224~255页。
③ 梁淼泰：《明清景德镇城市经济研究（增订版）》，江西人民出版社，2004，第1~495页。
④ 蓝浦：《景德镇陶录》，台北：文海出版社，1969，第24页。
⑤ 蓝浦：《景德镇陶录》，第28页。

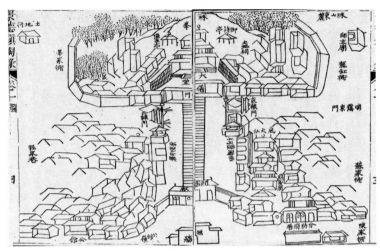

图 1　御窑厂

康熙十九年至二十五年（1680～1686），年希尧担任该御窑厂的窑务。他的报告提到"臣查十九年烧造瓷器，至二十五年工竣已逾五载之久，而烧成瓷器共得一十五万二千余件，动用江省钱粮银一万三百余两"。① 年希尧报告从康熙十九年至二十五年制造的瓷器达 152000 余件，这是御窑厂向朝廷内务府上交的数量。

三藩之乱（1673～1681）结束后，世态稳定，御窑厂产量进一步增加。雍正至乾隆初期，内务府员外郎唐英担任景德镇的陶务。关于内务府仓库中贮藏的瓷器，唐英记载如下：

　　将库贮康熙年号、雍正年号所有磁器数目，查明具奏钦此。查得库贮康熙年号完全瓷器二十六万四千二百余件，雍正年号有璺磁器十九万四千二十五件，雍正年完全磁器九万一千九百余件，有璺磁器四万八千八百二十四件。②

----

① 《年希尧至景德镇视察窑务折》（雍正五年三月初九），潘占伟、洪文雄编《唐英督陶文档》，学苑出版社，2012，第 30 页。
② 《内务府为唐英送变价脚货磁器折》，潘占伟、洪文雄编《唐英督陶文档》，第 34 页。

至乾隆二年（1737），内务府所藏康熙年号的完整瓷器是 264000 余件，雍正年号的璺瓷器是 194000 余件，雍正年的完整瓷器是 91000 余件，璺瓷器 48000 余件，以及其他的 597000 余件和 60 万件。不难想象，这些都是在景德镇御窑厂烧成的瓷器。璺瓷器是指多少含有瑕疵或者裂纹的制品。除璺瓷器外，康熙年号和雍正年号的完整瓷器是 356000 余件。这个数量是年希尧时期的两倍以上。

那么，清政府每年收到的景德镇瓷器有多少？唐英在报告中记载如下：

乾隆二年分选存二色琢元瓷器及估价黄册

内务府庆丰司员外郎臣唐英，今将乾隆贰年分选存贰色琢元瓷器估计价值，敬缮黄册，恭呈御览

计开

贰色琢器

第壹桶

哥釉收小一号四方双管瓶　壹件　价银陆两肆钱

均釉放大梅瓶　贰件　每件壹两算价银贰两

霁红收小梅瓶　拾陆件　每件捌钱产算价银捌两捌钱

哥釉玉壶春　壹件　价银贰两

霁红收小二号玉壶春　柒件　每件壹两算价银柒两①

据上述唐英的报告，乾隆二年"贰色琢元瓷器"，第一桶中可见 5 种瓷器制品。各制品记录单价和小计。这种桶共有 23 个，"以上共贰拾叁桶、计装瓷器陆千肆陆拾柒件、共估计价银贰百伍拾叁两七分玖

_____

① 潘占伟、洪文雄编《唐英督陶文档》，第 35 页。

厘"。① 这是乾隆二年从景德镇御窑厂运往北京宫廷的数量。从一年的数量即可以联想到常年运至北京宫廷中的瓷器数量和金额都相当大。

不仅宫廷中使用瓷器，而且清朝官员也都拥有瓷器。《清史稿》卷 339 中"乾隆季年，诸贪吏首亶望"，② 指的是因私欲在乾隆年间收受贿赂的最大贪官王亶望。关于他的资产：

小磁瓶磁壶　贰件　损　估银壹两　磁盆叁个　损　估银叁两

小磁器　　　贰件　损　估银贰钱　磁粗盘碗贰拾陆桶　估银

伍拾柒两贰钱

粗磁花瓶壹个　　　估银贰两肆钱　角蓝花磁盆壹对　损　估

银贰两陆钱③

进而，在调查与王亶望贪污案相关的官吏陈辉祖的家产时发现其家有"磁碗盏杯盘等共八百一十一件"；④ 同样，官员陈淮的家产中有"瓷器大小盘碗杯盏杂件共九百七十九件"。⑤ 这些均是抄家时发现的。虽然这只是调查贪官时发现的一部分资产，但是据此可以确知他们藏有大量的瓷器。进一步推断，一般的清官也多少拥有瓷器。

法国传教士昂特雷科莱（Le Pere d'Entrecolles，1644 – 1741）是最早详细描述景德镇生产瓷器盛况的外国人。他于康熙四十年至四十六年在景德镇居住传教。同时，他将考察景德镇瓷业的报告发回欧洲。昂特雷科莱出生在法国里昂的贵族家中，康熙三十七年三月作为耶稣会的中国传教士团成员之一到达中国。小林太市郎《中国陶瓷见闻录》中对

---

① 潘占伟、洪文雄编《唐英督陶文档》，第 40 页。

② 《清史稿》（全 48 册）第 36 册，中华书局，1977，第 11076 页。

③ 中国第一历史档案馆编《乾隆朝惩办贪污档案选编》（全 4 册）第 2 册，中华书局，1994，1929 页。

④ 《乾隆朝惩办贪污档案选编》（全 4 册）第 3 册，第 2593 页。

⑤ 《乾隆朝惩办贪污档案选编》（全 4 册）第 3 册，第 2782 页。

昂特雷科莱有详细论述。①

昂特雷科莱在 1712 年 9 月 1 日从饶州发出的书简中,记述了中国瓷器的世界名声、关于中国瓷器的文献、《浮梁县志》、景德镇瓷器的起源、景德镇瓷器的世界地位、景德镇盛况和天后庙、物价、窑数以及火灾、地势及治安等相关内容,还记载了瓷器具体制造过程、欧洲中国瓷器的价格、景德镇人的财富、法国王子的订购品、瓷器的纹饰和发货人、瓷业守护神、仿制品和赝品以及对瓷器产生的废弃物的处理。②

此外,昂特雷科莱在 1722 年 1 月 25 日从景德镇发出的书简中汇报了景德镇瓷器的金彩技法,釉药的技法,白瓷、白釉的技法,以及彩绘窑的装窑、烧成时的火候、青花的色彩、青料的制法等技术层面的详细情况。③

本文略微提及昂特雷科莱报告中关于景德镇瓷业的部分。昂特雷科莱记载景德镇四周无城墙,人口稠密,交通商业发达,“景德镇有一万八千户。富商的房屋占领了宽广的地方,其中包含许多匠人。数量令人瞠目。一般的说法是人口百万。每天消耗一万草袋米和一千头猪以上。此外,景德镇沿着美丽的河岸绵延不绝”。④ 18 世纪初的景德镇是俗称有 100 万人口的密集地区,这主要因为景德镇是特定的窑业地区。此外,“景德镇是无数贫困人家的避难地。他们在附近的其他城市是绝对不能生活的。在景德镇,不论是幼小之人,还是不太强壮之辈,都能找到工作”。⑤ 这表明景德镇是专门经营窑业的城市,在景德镇存在与陶瓷器相关的各种工作,不论年龄大小、身体强弱,均可从事与窑业相关的各种工作。因此,从各地前来寻求工作的人非常多。

---

① 参见〔日〕小林太市郎《中国陶瓷见闻录》,《小林太市郎著作集》第 8 卷,淡交社,1974,第 121 ~ 369 页;〔日〕小林太市郎《ダントルコール師の書簡と清初の景徳鎮》,《小林太市郎著作集》第 8 卷,第 371 ~ 388 页。

② 〔日〕小林太市郎:《中国陶瓷见闻录》,《小林太市郎著作集》第 8 卷,第 134 ~ 298 页。

③ 〔日〕小林太市郎:《中国陶瓷见闻录补遗》,《小林太市郎著作集》第 8 卷,第 299 ~ 340 页。

④ 〔日〕小林太市郎:《中国陶瓷见闻录》,《小林太市郎著作集》第 8 卷,第 155 页。

⑤ 〔日〕小林太市郎:《中国陶瓷见闻录》,《小林太市郎著作集》第 8 卷,第 158 页。

　　此外，这里聚集了众多经营景德镇陶瓷器的商人。蓝浦《景德镇陶录》收录的"景德镇图"中，图左边绘有徽州会馆、临江会馆、苏湖会馆等商人会馆（见图2）。如此这般，全国各地前来收购瓷器的商人聚集在景德镇，特别是距离景德镇较近、闻名全国的徽州商人还在此建设宅院居住。《景德镇新安书院契录》中可见一端。①

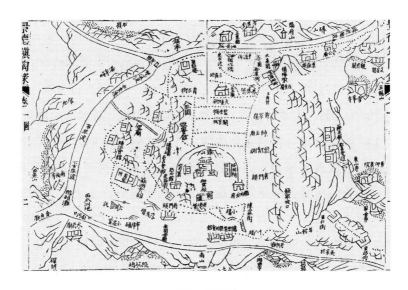

图2　景德镇

　　英国派遣的外交使节乔治·马戛尔尼曾请求乾隆帝开放中国的对外贸易。对此，《高宗实录》卷1435乾隆五十八年八月己卯（十九日）的记载中可见乾隆帝的回复：

　　　　又敕谕曰，尔国王远慕声教，向化维殷……天朝物产丰盈，无所不有。原不借外夷货物，以通有无。特因天朝所产茶叶、瓷器、丝帛为西洋各国及尔国必需之物，是以加恩体恤。在澳门开设洋

———————————

　　① 郑乃章编《景德镇新安书院契录》，江西人民出版社，2012，第1~285页。

行。俾得日用有资，并沾余润。今尔国使臣于定例之外，多有陈
乞。大乖仰体天朝加惠远人，抚育四夷之道。且天朝统驭万国，一
视同仁。即在广东贸易者，亦不仅尔英吉利一国。若俱纷纷效尤，
以难行之事，妄行干渎。能曲徇所请。念尔国僻居荒远，间隔重
瀛。于天朝体制，原未谙悉。是以命大臣等。向使臣等详加开导，
遣令回国。恐尔使……①

乾隆皇帝认为中国物产丰富，不需要从外国购入物品。但是，外国
对中国的物产，特别是茶叶、瓷器、生丝等需求迫切。作为恩惠，乾隆
皇帝许可英国在澳门通过广州十三行购买这些物品。瓷器是外国需要的
具有代表性的中国制品之一。

景德镇制造的瓷器，不仅在中国国内流通，也出口至海外。这可见
于蓝浦《景德镇陶录》卷2《洋器》："洋器专售外洋者，商多粤东人
贩去。与洋鬼子载市，式奇巧岁无定样。"② 据此可知，景德镇瓷业针
对外国制造的陶瓷器被称为"洋器"。专门经营洋器的粤东人，即广
东商人，是在广东从事外国贸易的十三行商人，③ 他们将景德镇瓷器
贩卖给欧洲人。这些形形色色的瓷器是按照欧洲的订单制成。④

二　清代中国陶瓷器向欧美的外销

《东方商业》由威廉·密尔本（William Milburn）著于嘉庆十八年
（1813），论述了东印度公司的亚洲贸易。该书由"东印度、中国以及

---

① 《清实录·高宗实录19》第27册，中华书局，1986，第185～186页。
② 蓝浦：《景德镇陶录》，第104～105页。
③ 梁嘉彬：《广东十三行考》，广东人民出版社，1999，第1～439页。本书于1937年初版。日译本见〔日〕山内喜代美《广东十三行考》，日光书院，1944，第1～481页，参考文献第1～6页。
④ 〔日〕小林太市郎：《中国陶瓷见闻录》，《小林太市郎著作集》第8卷，第267页。

日本主要地方的地理；农产品、制造品及贸易；从港口到港口的沿岸贸易或地域贸易；东方世界和诸多欧洲国家的贸易进展，特别是东印度公司的贸易，从发现好望角到现代公司的设立、收益、负债、资产等与本国和外国相关的报告"组成。该著作中也论述了中国瓷器。

关于东印度公司经营的贸易品"瓷器"，《东方商业》记载如下：

这种商品，如今在欧洲的大多数地方十分常见。然而，在古代不为所知。马可·波罗最早言及此事。葡萄牙人最初航行至中国后，不久开始进口此物。但是，至其大范围使用是花费了相当长的时间。迄今为止，该物品大量地被从中国带至英国，然而，需要缴纳非常高的关税，对我国制造业带来的最大进步是减少了我国对中国陶瓷器的需求。鉴定家将陶瓷器分为六种。即白瓷、古白瓷、日本制瓷器、中国制瓷器、中国人制造的日式陶瓷器，以及印度制陶瓷器等。这种分类的名称明确显示了它们之间的差异。①

该书"中国瓷器"（China Porcelain）中记载如下：

中国瓷器的釉药与日本的相比，特色在于带有青色，造型新颖、着色精良。胎体底色一般是白色的，更加细致。质地十分细腻，中国制造的胎体更加细薄。在中国制造的瓷器中，有一种十分古老。这种瓷器被施以霁蓝、鲜红、豆青等，造型粗笨沉重。一些胎质往往干燥且呈现棕色，其余的则发出清脆响声。然而，两者均追求透明度。它被作为古瓷售卖，最好的制品被认为来自日本。这种与其他瓷器的本质不同在于它的胎土坚硬结实，底部经常留有为防止在烧制过程中变形而放入的 3 或 4 个支撑物的痕迹。不是这种

---

① William Milburn, *Oriental Commerce*, Black Parry & Co., 1813, p. 502.

类型的瓷器则色纯质细，鲜少看到支撑物的痕迹，呈色清亮。制造
这种瓷器时易于操作，匠人的手在细腻的胎体上灵活顺畅地移动。
从造型、釉色、工艺、价格等方面而言，这类瓷器极其丰富。这些
在西欧广受好评。如同昂特雷科莱前述那样，这是西欧需求的中国
制品之一。[①]

(一) 东印度公司和中国陶瓷器

众所周知，英国东印度公司从中国进口陶瓷器。马士（H. B. Morse）
《东印度公司对华贸易史（1635～1834)》中可见英国东印度公司的中
国瓷器贸易状况。

康熙三十九年七月八日，英国东印度公司的麦克斯菲尔德号
（Macclesfield）满载 44928.64 两货物离开广州，其中各种各样用作容器
的陶瓷器价值 1147.46 两，[②] 约占装载金额的 2.6%。此外，在同年宁
波的 245500 两贸易额中，陶瓷器为 17000 两，[③] 大约占 6.9%。

康熙四十三年一月二十七日，东印度公司肯特号（Kent）离开了
广州黄埔，装载了 127000 两货物，其中装载的陶瓷器是 14000 两，[④] 约
占贸易额的 11%。

康熙五十七年，埃塞克斯号（Essex）装载了约 305000 个陶瓷器，
价值 22000 镑。[⑤]

---

① William Milburn, *Oriental Commerce*, p. 503.

② H. B. Morse, *The Chronicles of the East India Company Trading to China 1635 – 1834*, Vol. I,
    Oxford, 1926, p. 97.

③ H. B. Morse, *The Chronicles of the East India Company Trading to China 1635 – 1834*, Vol. I,
    p. 110.

④ H. B. Morse, *The Chronicles of the East India Company Trading to China 1635 – 1834*, Vol. I,
    p. 144.

⑤ H. B. Morse, *The Chronicles of the East India Company Trading to China 1635 – 1834*, Vol. I,
    p. 158.

雍正十二年（1734），英国东印度公司哈里森号（Harrison）和格拉夫顿号（Grafton）装载 296291 两的货物，其中陶瓷器大概是 240 大箱 240000 个，共 9000 两，[①] 约占装载总额的 3%。同时期法国船装载陶瓷器 154 大箱和 200 包，丹麦船装载 248 大箱，荷兰船装运 163 大箱回航。[②]

乾隆元年，广州十三行商人经营的贸易品及其贸易额见表 1。

表 1　乾隆元年广州十三行商人经营的贸易品及其贸易额

行商名	中文名	贸易品	贸易额（两）
Young Khiqua	少启官	茶叶、瓷器、南京布、黄金	50348
Amoy Joss	厦门菩萨	茶叶、瓷器	9265
Leunqua	黎安官	茶叶、瓷器	3513
Teunqua & Gowqua	田官·球官	茶叶、瓷器	486
Quiqua	葵官	瓷器	653
Timqua	添官	瓷器	389
Sinqua	先官	瓷器	53
Tuqua	条官	瓷器、西米	592
Manuel	万友义	瓷器	416
Rowqua	卢官	瓷器、茶叶	1422
Robin	罗宾	瓷器	216
Tequa	铁官	瓷器	186
Suqua	秀官	瓷器、西米	1056
Pinkey	秉记	茶叶、瓷器、西米	1540
合计（除瓷器之外还有茶叶等其他货物）			70135

注：关于行商的中文名，参照〔美〕马士《东印度公司对华贸易编年史》第一、二卷，区宗华译，中山大学出版社，1991，第 253 页。

资料来源：H. B. Morse, *The Chronicles of the East India Company Trading to China 1635 – 1834*, Vol. I, p. 255。

表 1 中的广州行商面向西欧经营的贸易品中确实有瓷器。经过徽州商人之手，这些瓷器从景德镇被运至欧洲。从景德镇到广州的瓷器运输

[①] H. B. Morse, *The Chronicles of the East India Company Trading to China 1635 – 1834*, Vol. I, p. 229.

[②] H. B. Morse, *The Chronicles of the East India Company Trading to China 1635 – 1834*, Vol. I, p. 229.

路线存在两条：一条通过民船从景德镇出鄱阳湖，经过九江进入长江，在长江河口附近经由沿海航路抵达广州；另一条由景德镇出发，通过民船从昌江到南昌，从南昌溯航江西省的赣江到达江西省的南部，越过江西省和广东省省界梅岭进入广东省，通过川船到达广州。① 其中，溯航赣江到达广州的路线与清代由广州出口至西欧的福建西北部武夷山山麓崇安茶叶运输路线是相同的。②

成书于民国 34 年的《番禺河南小志》卷 5 中记载瓷器如下：

> 瓷器　海通之初，西商来中国者，先至澳门，后则径趋广州。清代中叶，海舶云集，欧土重华瓷，我国商人投其所好，乃于景德镇烧造白器，运至粤垣，另雇工匠仿西洋画法，加以彩绘，于珠江南岸之河南开炉烘染，制成彩瓷，然后售之西商。盖其器购自景德镇，彩绘则粤之河南厂所加者也，故有河南彩及广彩等名称。此种瓷品始于乾隆，盛于嘉道。今日粤中出售之饶瓷，尚有于粤垣加彩者。因其杂用西洋彩料，与饶窑五彩稍异。间有画笔极工彩，亦绚烂夺目。与雍乾粉彩类似者。③

如《番禺河南小志》所言，经营西欧贸易的广东行商从景德镇订购白瓷，在广州的作坊中将白瓷施以彩色，彩绘之后再次烧制。这些制品被贩卖给西欧商人。因而，广州的作坊接受西欧商人的订单后，按照要求的设计、形式、数量生产瓷器。从表 1 可以看到十三行商人各自对应的西欧商人订单。

---

① Soame Jenyns, *Later Chinese Porcelain*, London, 1971, p. 10; Jean McClure Mudge, *Chinese Export Porcelain for the American Trade 1785 – 1835*, USA, 1981, p. 72.

② 〔日〕松浦章：《清代福建輸出茶の一集荷地・江西河口鎮：水運と陸運の接点》，《清代内河水運史の研究》，関西大学出版部，2009，第 213 ~ 242 页。

③ 黄任恒：《番禺河南小志》，《中国地方志集成・乡镇志专辑》（32），江苏古籍出版社，1992，第 635 ~ 636 页。

乾隆元年从广州出口到东印度公司的陶瓷器是 285 大箱，计 8097 两，[1] 平均每箱约 28.4 两。同年，该公司里士满号（Richmond）输送了 389 大箱陶瓷器，沃尔波尔号（Walpole）和威尔斯公主号（Princess of Wales）运输了 455 大箱。[2]

乾隆四年东印度公司的船从广州向伦敦运输陶瓷器。沃尔波尔号和霍顿号（Houghton）运输了 425 大箱陶瓷器，哈灵顿号（Harrington）向孟买运输了 280 大箱。[3]

乾隆五年东印度公司船只温切斯特号（Winchester）和阿米莉亚公主号（Princess Emelia）运输了 400 大箱陶瓷器。[4]

乾隆六年，有英国东印度公司船只装载陶瓷器 844 大箱、法国船 600 大箱、瑞典东印度会社船 800 大箱、丹麦船 400 大箱出口至欧洲。[5]

乾隆十五年至十六年，东印度公司带至伦敦 789 大箱陶瓷器。[6]

乾隆四十六年记载户部法令的《钦定户部则例》卷 87《税则·粤海关商税则例》是广东海关的税则。其中"用物税则"中有"瓷器"条目。这是在广东海关监督下的欧洲船在广州交易时的税则。"瓷器"条记载如下：

> 瓷器　洋瓷器、细瓷器每百斤各税三钱。中瓷器每百斤税二钱。粗瓷器每百斤税一钱。土瓷器每百斤税三分。凡瓷器不秤每十子作一百斤。又每一桶亦作一百斤不折算系古瓷器另算。[7]

---

① H. B. Morse, *The Chronicles of the East India Company Trading to China 1635–1834*, Vol. I, p. 255.
② H. B. Morse, *The Chronicles of the East India Company Trading to China 1635–1834*, Vol. I, p. 256.
③ H. B. Morse, *The Chronicles of the East India Company Trading to China 1635–1834*, Vol. I, p. 271.
④ H. B. Morse, *The Chronicles of the East India Company Trading to China 1635–1834*, Vol. I, p. 275.
⑤ H. B. Morse, *The Chronicles of the East India Company Trading to China 1635–1834*, Vol. I, p. 282.
⑥ H. B. Morse, *The Chronicles of the East India Company Trading to China 1635–1834*, Vol. I, p. 292.
⑦《钦定户部则例》（全 3 册）第 2 册，《故宫珍本丛刊》第 285 册，海南出版社，2000，第 404~405 页。

关于粤海关瓷器出口的税则，分为洋瓷器、细瓷器、中瓷器、粗瓷器、土瓷器 5 种，均以百斤为单位，约每 60 公斤课税。洋瓷器和细瓷器课税银为 3 钱，中瓷器 2 钱，粗瓷器 1 钱，土瓷器 3 分。这与英国东印度公司贸易记录中所见的课税对象相同。道光年间编纂的《粤海关志》卷 9《税则》中可见相同的内容。[1]

乾隆四十九年，英国东印度公司船从广州向伦敦运输了 962 担陶瓷器，约 61.1 吨，价值达到 2500 两。[2]

乾隆五十七年，由广州向西欧出口的陶瓷器贸易额见表 2。

表 2　乾隆五十七年广州出口至欧洲的陶瓷器贸易额

国名、船籍名	只数	陶瓷器贸易额（两）	占各国进口额的比例（%）
英国东印度公司船	20	3500	8.0
英国地方贸易船	20	30000	67.8
法国船	2	1500	3.4
瑞典船	1	480	1.1
丹麦船	1	450	1.0
荷兰船	4	600	1.4
美国船	4	700	1.6
托斯卡纳船（英国船）	1	7000	15.8
广州贸易瓷器的全部出口额		44230	0.591

资料来源：H. B. Morse, *The Chronicles of the East India Company Trading to China 1635 - 1834*, Vol. Ⅱ, pp. 203 - 204。

表 2 中的托斯卡纳位于意大利中西部，1737～1801 年是由奥地利的哈布斯堡 - 洛林家族掌控。该家族包下英国东印度公司船只进行对华贸易的可能性较高。

表 2 中列出了各国从广州进口的陶瓷器贸易额占各国进口额的比

---

[1]　梁廷枏总纂，袁钟仁校注《粤海关志》（校注本），广东人民出版社，2002，第 176 页。

[2]　H. B. Morse, *The Chronicles of the East India Company Trading to China 1635 - 1834*, Vol. Ⅱ, p. 95.

例。另外，表 2 中英国地方贸易船是指英国东印度公司在印度和广州之间进行垄断贸易的船只。通过这些贸易船可以看出大量的中国陶瓷器从广州出口至印度。同时，也可以推断出这些贸易船从印度进口大量的棉花、鸦片，[①] 回程所载货物大部分是陶瓷器。

（二）欧美和中国陶瓷器

17 世纪以降，欧洲诸国在东印度、西印度设立贸易垄断公司。不仅英国、荷兰，而且法国、瑞典、丹麦、普鲁士等也设立东印度公司推进亚洲贸易。在让－巴普蒂斯特·柯尔贝尔（Jean-Baptiste Colbert）担任路易十四时期的东印度公司财务总监之际，法国东印度公司（Cie des Indes Orientales）比较活跃。[②] 丹麦东印度公司在 1612、1634、1686、1728 年的贸易活动十分活跃。[③] 1732 年以后，丹麦亚洲公司（The Danish Asiatic Company，Asiatisk Kompagni）在印度和中国进行贸易。[④] 众所周知，丹麦哥本哈根的人十分喜爱中国陶瓷器。据哥本哈根垃圾场的发掘情况可知，1650～1760 年，市内大量消费中国瓷器，遗迹调查 90% 的陶瓷片属于中国陶瓷。[⑤]

普鲁士亚洲公司（Prussian Asiatic Company）也十分活跃。[⑥] 此外，西班牙王位继承战争后，神圣罗马皇帝查理六世（1711～1740）在西

---

① 〔日〕松浦章：《乾隆年間廣東貿易における外国産棉花の輸入をめぐって》，《関西大学東西学術研究所紀要》第 52 辑，第 125～146 页。

② E. E. Rich, ed. , *The Cambridge Economic History of Europe*, Vol. Ⅳ, *The Economy of Expanding Europe in the Sixteenth and Seventeen Centuries*, Cambridge U. P. , 1967, p. 27.

③ E. E. Rich, ed. , *The Cambridge Economic History of Europe*, Vol. Ⅳ, *The Economy of Expanding Europe in the Sixteenth and Seventeen Centuries*, p. 246.

④ Kristof Glamann, "The Danish Asiatic Company, 1732 - 1772," *The Scandinavia Economic History Review*, Vol. Ⅷ, No. 2, 1960, pp. 109 - 149.

⑤ Kristensen Sondergaad, Rikke, "Made in China: Import, Distribution and Consumption of Chinese Porcelain in Copenhagen c. 1600 - 1760," *Post-Medieval Archaeology*, Vol. 48, Issue 1, 2014, pp. 151 - 181; Hanna Hodacs, *Silk and Tea in the North*, *Scandinavian Trade and the Market for Asian Goods in Eighteenth-Century Europe*, Palgrve MacMillan, 2016, p. 13.

⑥ Michel Beurdeley, *Chinese Trade Porcelain*, C. E. Tuttle Co. , 1962, p. 109.

班牙领尼德兰设立帝国皇家东印度公司（Imperial and Royal East India Company），不久该公司作为奥斯坦德公司（Company of Ostend ） 而广为人知。① 各公司以亚洲为目标，进一步通过对华贸易入手中国瓷器。

1. 丹麦东印度公司和中国陶瓷器

丹麦于雍正九年设立东印度公司，与好望角以东各国进行垄断贸易，给予 Henril König 许可。丹麦东印度公司的船只被规定只能在丹麦建造。该公司每三年进行决算报告，在哥德堡设置丹麦东印度公司总公司。②

《皇朝文献通考》卷 298《四裔考六·瑞国》对丹麦东印度公司船只到达中国之事记载如下：

> 瑞国在西北北海中，达广东界俱系海洋计程六万余里……通市始自雍正十年后岁岁不绝，每春夏之交，其国人以土产黑铅、粗绒、洋酒、葡萄酒干诸物来广，由虎门入口，易买茶叶，瓷器诸物，至初冬回国。③

瑞国，即丹麦，距离广东海路 6 万余里。中国和丹麦的通交始于雍正十年。此后每年丹麦向广州航行贸易船只，带来该国的特产黑铅、纺织品、洋酒等，并从中国购入茶叶、瓷器等。《皇朝文献通考》成书于乾隆五十二年，明确记载了 18 世纪末中国和丹麦的关系。丹麦的博物馆收藏了许多中国制瓷器。④

丹麦东印度公司是欧洲重商时代具有代表性的外国垄断贸易公司之

---

① Michel Beurdeley, *Chinese Trade Porcelain*, C. E. Tuttle Co. , p. 120.

② Stig Roth, *Chinese Porcelain Imported by the Swedish East India Company*, Gothenburg Historical Museum, 1965, p. 5.

③ 张廷玉等：《清朝文献通考》（全 2 册）第 2 册，浙江古籍出版社，2000，第 7473 ~ 7474 页。

④ 夏鼐：《瑞典所藏的中国外销瓷》，《文物》1981 年第 5 期。

一。自雍正九年得到首次贸易许可,一直持续至嘉庆十一年。该公司正式解散于嘉庆十八年。① 中国制瓷器在这家丹麦东印度公司从中国进口的物品中占有重要的地位。②

丹麦东印度公司从广州进口瓷器。其中,中国制造的日用瓷器也被作为装饰品使用。丹麦领主宅邸的女主人在嘉靖二十三年的日记中写道:"桌上摆放着带有我的名字和徽章的杯子,这是一种习惯,一种骄傲。"③ 由此可知,对女主人而言,桌上摆放带有她名字和徽章的杯子是一种炫耀,甚至已经成为一种习惯。欧洲各国进口的中国瓷器大部分是日常使用。一般进口的瓷器大多绘有风景或自然植物样式的青花。④

从上述日记中可以看出,瓷器是根据欧洲的订单而制作。关于欧洲的订单,订购商一般交付版画委托生产,带有徽章的瓷器因此得以制作。⑤ 此外,也有委托制作组合设计的夫妻徽章的订单。⑥

丹麦东印度公司的商人从他们的顾客那里承包订单。乾隆十五年十月六日的书简记载,来自斯德哥尔摩的订单包含大型桌上使用的瓷器套装。这些瓷器呈八角形,色彩各异、金色镶边。另有大小不同的 11 个器皿、含汤勺的 24 个盘子及其他 84 个盘子组成的套装。⑦

2. 荷兰东印度公司和中国陶瓷器

不仅丹麦东印度公司,荷兰联合东印度公司也单独订购陶瓷器。这些订单要求根据样本的模型和设计图制造瓷器。⑧ 各种壶、杯、盘等形

---

① Eli F. Heckscher, *An Economic History of Sweden*, Oxford U. P., 1954, 3rd printing, 1968, p. 195.
② Stig Roth, *Chinese Porcelain Imported by the Swedish East India Company*, p. 10.
③ Stig Roth, *Chinese Porcelain Imported by the Swedish East India Company*, p. 15.
④ Stig Roth, *Chinese Porcelain Imported by the Swedish East India Company*, p. 15.
⑤ Stig Roth, *Chinese Porcelain Imported by the Swedish East India Company*, p. 24.
⑥ Stig Roth, *Chinese Porcelain Imported by the Swedish East India Company*, p. 26.
⑦ Stig Roth, *Chinese Porcelain Imported by the Swedish East India Company*, p. 33.
⑧ C. J. A. Jörg, *Porcelain and the Dutch China Trade*, pp. 94 – 112.

状不同的东西为一套，订单中可见绘有形状、纹饰的样稿。①

1729～1794 年荷兰国内贩卖的瓷器平均价格见表 3。

表 3   1729～1794 年荷兰国内瓷器制品的平均价格

单位：分

种类		1729～1734 年	1735～1745 年	1746～1756 年	1757～1765 年	1766～1774 年	1775～1783 年	1784～1794 年
茶杯和茶托	青花	8	8	9	7	6	8	7
	釉上彩	13	12	13	11	11	11	11
巧克力杯碟	青花	13	14	15	13	19	18	18
	釉上彩	22	20	22	17	25	22	22
痰盂	青花	—	28	31	33	31	32	36
茶盂	青花	22	12	11	9	10	17	16
	釉上彩	54	44	53	12	14	25	22
牛奶壶	青花	23	18	20	19	31	50	47
	釉上彩	31	20	22	25	36	58	61
餐盘	青花	11	10	11	11	17	18	18
	釉上彩	29	20	23	16	23	28	28

资料来源：C. J. A. Jörg, *Porcelain and the Dutch China Trade*, p. 121.

茶杯和茶托、巧克力杯碟、痰盂、茶盂、牛奶壶、餐盘等供日常使用，青花和釉上彩瓷器深受喜爱。特别是 18 世纪末，牛奶壶需求旺盛，价格高涨，这可能与牛奶的普及、干净瓷器容器受人喜爱，以及从美感而言釉上彩的牛奶壶更受推崇有关（见图 1）。

如上所述，欧洲各地现存在进口的清代中国瓷器。日本科学技术史专家吉田光邦在成书于 1974 年的《东欧的中国陶瓷》中描述苏联、东欧博物馆②时记录：

---

① C. J. A. Jörg, *Porcelain and the Dutch China Trade*, pp. 106, 109, 110, 112.

② 〔日〕吉田光邦：《東欧の中国陶磁》，《小林太市郎著作集》第 8 卷，月报 8，第 1～4 页。

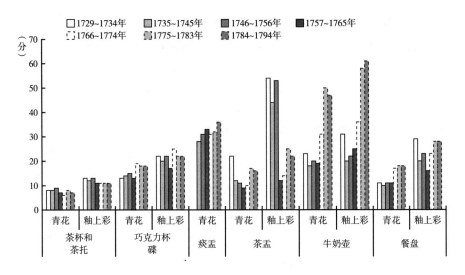

图 1　1729 ~ 1794 年荷兰国内瓷器制品的平均价格

　　在俄罗斯旧贵族的兴趣中，有这般喜欢收集中国陶瓷器的。特别是明清时期出口至欧洲的中国陶瓷器，昂特雷科莱所见的以景德镇为中心陶瓷器的数量是难以想象得多。从数量来看，不是十万、二十万，而是百万的订单。这从当时欧洲各国竞相设立各国的东印度公司的记录可明知。指定细节设计的订单产品特别多。①

　　由此可知，现代欧洲各地的博物馆中依然保存了大量在清代通过广州贸易出口的陶瓷器。

　　昂特雷科莱在"欧洲订购的家具装饰用瓷板"中记载："欧洲商人不时向中国商人订购瓷板。这是为镶嵌在桌子、椅子的表面而订购。此外又订购额缘。这些制作十分麻烦。"② 这表明欧洲的订单不仅有瓷器器具，而且也有被称作瓷板或陶板的装饰品。中国的窑厂接受从西欧而来的专门订购。

---

① 〔日〕吉田光邦：《東欧の中国陶磁》，《小林太市郎著作集》第 8 卷，第 2 ~ 3 页。
② 〔日〕小林太市郎：《中国陶瓷見聞録》，《小林太市郎著作集》第 8 卷，第 274 页。

3. 美国商船和中国陶瓷器

美国与中国的陶瓷器贸易也十分繁盛。在美国独立前的东部，中国瓷器深受喜爱。① 乾隆四十九年，中国皇后号（Empress of China）从纽约出发至广州，这是美国最早前往中国的贸易船。这艘船的船长格林（Green）的书记弗雷德里克·莫里诺克斯（Frederic Molineux）代替船长在广州进行贸易。② 1784 年 11 月 27 日，他购入 437.654 美元的陶瓷器；③ 12 月 18 日从陈源泉（Souchin Chowqua）处购入 56 美元的陶瓷器；同日又购入了 43.654 美元的陶瓷器；19 日从中国商人鑫泉（Syngchong）处购入 78.5 美元的各式陶瓷器。④ 虽然在美国的对华贸易额中，中国瓷器购买量所占比例并没有那么高，但中国陶瓷带来的美术冲击力却很大。⑤

中国皇后号在第二次航海中于 1786 年 11 月 16 日购入 243.5 美元的陶瓷器，18 日又从陈源泉（Souchin Chiouqua）处购入 215 美元的瓷器。⑥ 这两次的销售商 Souchin Chowqua 和 Souchin Chiouqua 是同一人。据此，Chowqua 是陈源泉、源泉行的可能性很高。⑦

之后，美国商船的民间商人继续进行对华贸易。⑧ 现有来自美国东北部新英格兰罗得岛州的贸易商于嘉庆二年在广州交易的瓷器清单。⑨

---

① Jonathan Goldstein, *Philadelphia and the China Trade 1681 – 1846*, *Commercial*, *Cultural*, *and Attitudial Effects*, The Pennsylvania State U. P. , 1978, pp. 20 – 21.

② Philip Chadwick Foster Smith, *The Empress of China*, Philadelphia Maritime Museum, 1984, p. 259.

③ Philip Chadwick Foster Smith, *The Empress of China*, p. 260.

④ Philip Chadwick Foster Smith, *The Empress of China*, p. 262.

⑤ Jonathan Goldstein, *Philadelphia and the China Trade 1681 – 1846*, *Commercial*, *Cultural*, *and Attitudial Effects*, p. 3.

⑥ Philip Chadwick Foster Smith, *The Empress of China*, p. 265.

⑦ 梁嘉彬：《广东十三行考》，第 278 ~ 280 页。

⑧ Jean McClure Mudge, *Chinese Export Porcelain for the American Trade 1785 – 1835*, p. 25.

⑨ Jean McClure Mudge, *Chinese Export Porcelain for the American Trade 1785 – 1835*; Appendix Ⅱ, *Price Current at Canton for Chinaware in 1797 from the Notebook of Anonymous American Trader of Providence*, Rhode Island, pp. 256 – 260.

其中，主要的商品名如下：

老式茶具和咖啡具　81 套

大瓮或花瓶，镀金，高 2 至 3 英尺

装饰着烟筒绘画的瓶子和大杯子　高 6 至 18 英寸，5 个 1 组

青花碗碟，带盖，3 个 1 组

蓝色圆形黄油盖碗　带盖子和台子

青色的鞋型器皿，带盖、把手

罐子，12、14 和 18 英寸高，正面典雅地装饰着联邦鹰　3 个
1 套

赤绘早餐杯子和碟子，镀金

赤绘茶杯和茶碟

铅笔和镀金的茶杯茶碟

青花茶杯茶碟

……①

　　清单中共记载了 50 余种商品名。从一直以来使用的茶具和咖啡具套
装到大瓮、花瓶、釉上彩瓶子和杯子、青花碗碟、茶杯碟等器皿，涉及
范围非常广泛。在这个美国商人的清单中，出现了茶具和咖啡具套装、
饮茶用的瓷器套装、器具和托盘等。其中，17 世纪后半叶以英国为中心，
为饮中国茶而使用的瓷器备受瞩目。这与中国茶叶的普及有重大关系。②

　　1856 年卫三畏（Wells Williams）《中国商业指南》中如下记述中
国出口商品瓷器：

---

① Appendix Ⅱ, *Price Current at Canton for Chinaware in 1797 from the Notebook of Anonymous American Trader of Providence*, p. 256.

② 李颖庄：《清代中国外销瓷对西方的影响》，《海上瓷路 Maritime Porcelain Road 粤港澳文物大展》，澳门博物馆，2012，第 276～282 页。

Chinaware or porcelain 是瓷器、tsz'ki，现在出口的大部分制品是便宜之物。东洋的作品最早被运至好望角以西时，中国的高级瓷器非常昂贵。这些最好的样本，逐渐不在中国制作完成。欧洲人学会制造陶瓷器后，开始自行制作，即可与中国匹敌。所有的最高级制品，是在位于江西省东北的景德镇制造。现在仍在生产……瓷器以整套出售，品种丰富。釉上彩以数十个为单位售卖。80 件构成的 12 人用的茶具套装，售价是 62 美元至 92 美元。70 件的早餐套装售价是 20 美元至 35 美元。大规模的宴会套装，例如 30 人是 276 个的套装，价格是 175 美元，如果是釉上彩，则售价 330 美元。112 件的大规模茶具套装，售价从青花的 43 美元至釉上彩的 116 美元。在宁波，并不能买到符合外国桌子的全部瓷器。花瓶、壶、Kwanyin① 的小像、卡牌、水果篮等高级瓷器的出口较多。虽然个别的交易不明，但是中国依然供给亚洲其他地方食器。②

这里记述了 19 世纪中期中国瓷器的贸易概要。据此可知，欧洲等外国商人订购瓷器套装，广州等地的商人也接受外国商人整套的订单，然后向产地订购，产地根据相应的个数、订购设计等制造瓷器。此外，宁波作为 1842 年《南京条约》中被迫开放的五港之一，19 世纪 50 年代在供应欧美商人喜欢的瓷器套装方面存在困难。据此可推知，宁波商人难以应对来自欧美商人的订单。

三　中国瓷器向东南亚的外销

通过广州贸易，瓷器外销至西欧。同时，通过沿海的中国帆船，瓷

---

① 中文名的英语表记。
② Wells Williams, *A Chinese Commercial Guide*, Canton, 1856, pp. 170–171.

器也被运至东南亚。以下就此予以论述。

1830 年 3 月 29 日，约翰·克劳福（John Crawfurd）在英国议会上称他有证据证明从福建厦门至新加坡的中国帆船装载着陶瓷器。

我（John Crawfurd）得到了从福建厦门而来的帆船装载货物明细一览表。这只船于 1824 年 1 月 25 日到达新加坡，需要 15 天航海日程。装载量是 200 吨至 250 吨。装载货物具体如下：

1824 年到达新加坡的厦门船的装载货物

陶瓷器各种形状和样式组成的 32 种　计 660250 个　地板瓷砖 10000 个

盖石 200 个　黑色光泽的纸伞 12000 个

带斑点的伞 3000 个　点心 30 盒　糖果 166 盒　干果 60 盒

kin-chin① 食用植物 12 把　干菇类　食用 6 箱　干菇 6 箱　干果 40 笼

砂糖点心 50 盒　面 8 箱　咸鱼 5 笼　盐津水果 100 壶　药 10 包

绢鞋 10 箱　布鞋 10 箱　草鞋 5 箱　香木 20 箱　灯油 20 箱

香烟　专供苏拉维西岛市场 350 箱　香烟　专供当地中国人 350 箱

梳子 10 箱　小楷笔 1 箱　干燥盐津蔬菜 40 壶　醋泡蔬菜 400 壶

南京棉花 100 捆　南京棉花 20 箱　南京木绵 20 箱　金银丝线 20 箱　茶叶 110 箱

以上装载货物的总额估计是 6 万西班牙银圆，或接近

---

① 具体指代不明。中文名的英语表记。

13000 磅。①

　　上述货物通过帆船从厦门运输至新加坡。这里值得注意的是：陶瓷器，各种形状和样式，共 32 种 660250 个，地板瓷砖 10000 个。其中，陶瓷器不仅供应居住在新加坡、东南亚各地的华侨，还是当地人日常使用的餐具。而地板瓷砖大概是被用来铺设富豪宅邸中的地板。这些未必是景德镇制品，是距离厦门比较近的泉州德化窑等窑厂的制品的可能性较高。

　　明治 40 年（1907），北村弥一郎在调查中记述了德化窑制品："过去的贩卖路线是以福建一带和台湾为主，此外也出口至新加坡及南洋。"② 这份报告指出了 20 世纪初德化瓷器在东南亚各地流通的情况。当然，清代主要经过厦门港将瓷器运往东南亚。由此可知，除了广州这一贸易窗口，沿海地区的贸易窗口也向海外出口中国制造的瓷器。

结　语

　　以上论述了 17～19 世纪中叶，从广州出口的外销瓷器情况。

　　中国最大的陶瓷器生产地江西省景德镇，不仅生产政府御用，即官窑烧制而成的瓷器，还有民窑制造的瓷器。产自民窑的瓷器不仅在中国国内流通，甚至出口至西欧。但是，这些瓷器未必都是在景德镇制造。在景德镇窑成形、烧制而成的白瓷被运至广州，在广州珠江岸边的作坊内被施以彩绘，经再次烧制成为釉上彩。之后，这些在当地被称为"河南彩"或"广彩"的釉上彩出口至海外。据此可知，清代向西欧出口的全部是在景德镇窑初步制成并在广州再加工的被称为"河南彩"

---

① 　First Report from the Select Committee on the Affairs of the East India Company（China Trade），8 July, 1830, p. 322.

② 　〔日〕北村弥一郎：《清国窑业调查报告书》，第 75 页。

或者"广彩"的瓷器。

中国生产的瓷器是西欧上流阶层憧憬之物。在 17 世纪以降的西欧，特别是英国盛行饮用中国茶叶。这与瓷器的普及有极大的关系。此时，"茶杯和茶托"作为饮茶时的常规器具，多为瓷器。从上述欧美的记载中可以看出，青花、釉上彩瓷器广受喜爱。从西欧各地现存的藏品可知，西欧名门望族盛行订购带有各家纹章的瓷器。

现存于欧洲博物馆等地的中国瓷器多数具有较高的艺术价值。然而，亦不难想象欧洲人、东南亚各地的人将中国瓷器作为日常餐具使用。1993 年，笔者在北京居住了半年。在去陶瓷市场参观之际，多次目睹来自中亚地区的人大量购入中国瓷器的情景。当今也有很多人购买中国瓷器。

《区域史研究》2021 年第 2 辑（总第 6 辑）

第 113～140 页

© SSAP，2021

地方传统与治理：明清云南基层联盟研究[*]

——以牛丛为中心

王　洪[**]

摘　要： 明清时期，云南地区普遍存在不同的社群联盟方式。明朝末年，面对卫所世军衰颓、西南地方土司叛乱等局势，国家基于云南当地社会的联盟传统组织了"牛丛"乡兵以自保。清朝康熙年间，云南卫所归并州县，部分土司改土归流，清朝开始向基层推扩事权，然而保甲制度并未真正展开施行，乡村自卫的"牛丛"组织代替了保甲行使地方自我管理职能。乾隆年间，清朝基于地方联盟传统设置了"仿保甲"，开始着重推行保甲制度，故而促使基于不同"故习"的"仿保甲"不断涌现。嘉庆之后，云南移民涌入，人口滋生，牛丛以及"仿保甲"私自处理基层治安问题成为地方不稳定社会因素而被国家禁止。明清不同时期对牛丛的治理方式体现了云南不同时期的基层治理逻辑。

关键词： 云南　牛丛　基层治理　联盟

---

* 本文获"中山大学历史人类学研究中心田野调查资助计划"经费资助。此文于 2020 年 8 月 10～16 日参与中国民族史学会、云南大学主办，云南大学历史与档案学院承办的"第二届民族史青年学者研习营"，在此感谢与会诸位老师的批评和指正，特别感谢大理大学罗勇老师对本文的点评。

** 王洪，中山大学历史学系博士研究生。

一　问题的提出

马健雄在《"外则朝贡出入，内则文武往来"：明清以来赵州坝子的社会重建》一文之中曾经提到："牛丛"在清中期曾十分盛行，主要是西南山区各地村民设立的非常军事化组织；另外，"牛丛"也对地方司法案件进行干预，并且常常不将其交给地方官审理，也不实行保甲，究其起源，是为云南山区传统的集体放牧合作组织。① 在文章中，马健雄引用《剑川县民族宗教志》的内容加以说明，认为牛丛即"牛赊"，也具有经济上"赊会"的功能，虽然在论述上他并没有解释牛丛与"赊会"的历史演变逻辑与过程，② 但提出了一个他饶有兴趣却未解答的历史问题，即牛丛组织是如何在清代发展成某种军事化组织的？这个问题实际上是基于牛丛本身是"放牧合作组织"的论述前提提出的，即从非军事化组织如何演变成军事化组织的问题。③

关于云南牛丛的解释，最早见于天启五年（1625）成书的《滇志》，其载：

---

① 马健雄：《"外则朝贡出入，内则文武往来"：明清以来赵州坝子的社会重建》，赵敏、廖迪生主编《云贵高原的"坝子社会"历史人类学视野下的西南边疆》，云南大学出版社，2015，第 10～11 页。

② 《剑川县民族宗教志》详细记载了白族的各种赊会名目，诸如栽秧赊、放牧赊、钱赊等，但是并未说明"牛丛"与各种赊会之间的关系。详见陆家瑞《剑川县民族宗教志》，云南民族出版社，2003，第 303 页。

③ 实际上，方国瑜先生在《永昌汉回互斗案节略》概说之中，就将汉回构隙的香把会追溯到王来仪对牛丛朋编的探讨，不过，方国瑜先生并没有阐述明清两朝牛丛的区别及其变化的内在治理逻辑。黎新（荆德新）曾在《云南回民起义时期的团练》一文之中对牛丛进行论述，但是也未考察牛丛在明清交替之际所表现出来的这种差异的内在逻辑。在西南民族、历史等诸多研究成果之中，虽也有不少学者对"牛丛"组织有所关注，但是多数学者都只是注意到"牛丛"在清末"回乱"时的集伙械斗，或是清末牛丛、火竿蜕变成秘密社会等问题。有诸多学者都提及西南地区的牛丛组织，如穆婷婷在《清代滇省军流犯之不法行为研究》中就提到牛丛在清末云南地方社会变化之中所起到的历史作用，也提到了牛丛在明时期的设立，但其间的历史演变过程却一笔带过。马诚也提及晚清时期牛丛、火竿会蜕变成为秘密社会，但是对牛丛与火竿会之间的关系、其演变过程也未能

> 滇之牛丛，即各省直之乡兵也。聚土著之民，使自为卫，非可
> 即驱之行阵者也。近日人情所向，渐修武备，以安人心，以实内
> 地，以备召募，以禁盗贼，计无有便于此者。今使村村有兵，各还
> 闾井，以事春田，使村屯，昼则器仗相望，夜则火锣相应。即昆明
> 一县胜兵无数，即有奸宄，何处窃发。[①]

这段材料是昆明县乡官教谕王来仪所呈《沿乡训练牛丛议》之中关于
牛丛最直接的解释。牛丛即为"乡兵"，同时，乡兵是"聚土著之民，
使自为卫"。我们也可以看到，牛丛的设立其实具有一定的社会基础，
即百姓"渐修武备"。牛丛最初的设立目标，是为"今使村村有兵，各
还闾井，以事春田，使村屯，昼则器仗相望，夜则火锣相应。即昆明一
县胜兵无数，即有奸宄，何处窃发"。因此，牛丛的设立最初主要还是
针对昆明县的防卫。但是，到清中期以后，牛丛已经不再是"乡兵"
组织，转而成为一种"恶俗"。

解释清楚。除此之外，周雪香在"纪念林则徐诞辰230周年学术研讨会"的论文之中也
仅仅提及林则徐处理云南回乱时关于"牛丛"的认识。胡兴东等学者关注明代牛丛设立
与清末牛丛之间的差别，但也未能进行深入的研究。牛丛组织对我们理解云南地方社会
的变迁与治理有着至关重要的作用，其间牵涉到基层管理、自卫组织方式、国家与地方
之关系等问题，也是本文所关注的重要问题。详见方国瑜主编《云南史料丛刊》第9卷，
云南大学出版社，1999，第15~16页；黎新《云南回民起义时期的团练》，高元发主编
《杜文秀起义论集》，云南大学出版社，1993，第71~83页；穆婷婷《清代滇省军流犯之
不法行为研究》，刘大炜、陈维厚主编《蓟门法学》第4辑，中国法制出版社，2015，第
348页；马诚《晚清云南剧变：杜文秀起义与大理政权的兴亡（1856~1873）》，四川大
学出版社，2012，"导言"；周雪香《从云南永昌民京控案看林则徐的民族政策》，中国史
学会编《林则徐与民族复兴：纪念林则徐诞辰230周年学术研讨会论文选编》，海峡文艺
出版社，2016，第446页；胡兴东《生存范式：理性与传统——元明清时期南方民族法
律变迁研究》，云南大学出版社，2013，第196页。
① 刘文征纂修《滇志》卷7《兵食志第五》，《北京大学图书馆藏稀见方志丛刊》第316册，
国家图书馆出版社，2013年影印本，第720页。

所谓牛丛者，连山接寨，约结党与，于深林孤庙杀牛饮血，相为盟誓，一人欲动，则登高吹角，角声一起，千百云集，拥其众以报复私怨，挟制官长，莫敢谁何。此俗岂可容于圣明之世？试取牛丛之首杀无赦，取吹角者杀无赦，则破其胆，败其谋，绝其盟，散其众，而俗一变矣。①

这种从乡兵到恶俗的变化使我们不得不问：牛丛究竟是什么样的组织？其和保甲之间又有什么关系？朝代更迭，牛丛组织又出现了什么样的变化？这种变化折射出地方社会出现了何种变迁？本文试图以这些问题作为出发点，探讨明清时期牛丛组织的变迁过程，以期折射出明清时期云南地方社会治理的一个侧面，以求教于方家。

二　组织朋编：明末卫所制度崩溃下的基层"乡兵组织"

就目前史学界关于卫所制度的研究来看，明中叶以后，卫所世军的废弛与招募的兴起在学术界已经成为一种共识。然而，就云南而言，正如《滇志·食货志》所言，除了募兵之外别有乡兵，"所谓牛丛也者，前抚沈公从郡人姑苏学博王来仪之议，行之会城，得兵近万"。② 所谓沈公即为当时云南巡抚沈儆炌，其于万历四十七年（1619）至天启二年在任。由此来看，牛丛最先由云南巡抚在云南会城进行朋编，那么，我们不得不问：为何会编立牛丛？其在明末的地方社会之中又产生了什么样的影响？

① 桂馥撰《札朴》卷 10《滇游续笔》，商务印书馆，1958，第 370～371 页。
② 刘文征纂修《滇志》卷 7《兵食志第五》，《北京大学图书馆藏稀见方志丛刊》第 316 册，第 593 页。

（一）黔蜀告急与牛丛设立

关于牛丛最早的记载应在明朝正德十五年（1520），时弥勒十八寨阿寺等起兵反明，为平地方叛乱，"指挥查俊督并土舍龙节、千夫长自那并各有名龙泉、赵成等量起兵夫、牛丛、火甲，亲诣十八寨等处有名贼巢"。[1] 牛丛此时已经作为一股军事力量出现在地方武装之中，且官方对不同的武装力量进行了有意的区分。隆庆五年（1571），广西府筑城时"括夷粮，增哨守，联属牛丛，而责御戍于土部千百夫之长，以威信其昔日之不率者"，[2] 在面对"土舍夷猡四面杂处，而沙夷犹称狂悍奋为，矣邦、生纳二村掌于十官"的局面时，"联属"而不是"上令"村寨牛丛进行城防，说明广西府周边的牛丛于隆庆时期可能并不被地方官员直接领导，而且土部与牛丛也并非同一股力量。地方联属牛丛的行为说明，牛丛已作为一股"中立"势力出现在当时云南地方社会之中。不过，因为云南"调集土兵，召募客兵，所以救一时缓急，然皆费糈，事后亦多费区画"的具体地方实情，[3] 编立牛丛开始被提上日程。

王来仪呈《沿乡训练牛丛议》时，其任职为教谕。据载，王来仪字仲威，为云南中卫人，万历四十三年任吴县教谕，直到万历四十七年方才升为嘉鱼县知县。[4] 不过，乾隆《重修嘉鱼县志》之中记载王来仪为天启二年任，[5] 故此，就其提议编立牛丛到沈儆炌落实的时间点来看，提议的大概时间应该在沈儆炌任云南巡抚的万历四十七年至天启二

---

① 何孟春：《何文简疏议》卷6《积年草贼疏》，《景印文渊阁四库全书》第429册，台北：台湾商务印书馆，1986，第141页上栏。
② 刘文征纂修《滇志》卷20《艺文志第十一之三》，《北京大学图书馆藏稀见方志丛刊》第319册，第280页。
③ 刘文征纂修《滇志》卷7《兵食志第五》，《北京大学图书馆藏稀见方志丛刊》第316册，第721页。
④ 牛若麟修，王焕如纂《吴县志》卷31，明崇祯刻本。
⑤ 汪云铭修，方承保纂《重修嘉鱼县志》卷3，乾隆五十五年刻本。

年。在《沿乡训练牛丛议》之中，王来仪对牛丛的编立进行了较为详细的叙述，并对牛丛的制度进行了一定的规划。王来仪认为，可以通过对村屯之中"有气力晓事，能号召众人、负膂力、豪健、不畏事，勇往之人"的号召和组织，将村分为大村和小村，民户分为上户和小户，进行朋编。

如一乡数百家、数十家、十余家，以小村附大村，从公听众推举某人为首，某人翼之，编定，大户不妨编三人、二人，小户不妨三户、二户朋编一人；于十人内，仍拣精壮可任守御者三人。人各具毡帽一顶，毡衫一领，长利刀一把，或枪一根，短刀、弓弩听随便一副，以候训练屯扎。余七人归农业，各出资帮助，应用不足。

如足三百人或五百人，择附近宽敞高阜去处屯扎，一营竖一高旗，上书"某村义勇"。有事常川演习屯扎，无事戒严。其训练，官为县赏格，募武弁、诸生、吏、农四民之精技艺行阵者，日给饷食以畀之，训练得秩，罚其不率教者，务禅习成。成日，诸生帮补，为官叙用，吏、农收参。四民愿冠带复役，各从其请。无能而糜官饷者，即行斥罚，别畀能者，若不相救应，遇警不用力用命，与无兵何异？甚之不公战而私斗，又为祸首，必申明约束。

如一处有警，昼烧烟鸣锣，夜鸣锣吹角，各营即行齐集，堵截邀击，以收全胜，有能奋勇杀贼，夺回所掠者，验实，请即以所夺赏之，仍于所救护地方出牛酒劳众，重赏首功者。考汉法：虏入驱，能止所驱者，即以所驱予之。官为赎其人民，故人人赴利，以一守尉，便当一面，今仿此意行之，其坐视误事者，轻重审的，按法行遣，第毋寝阁，使众日伺公门，以怠众志。有以私忿挟众至五人、十人者，重究毋贷。使百姓谓上令金石不移，自保身家，未有不争相劝为者也。①

　　按照王来仪的看法，就当时当地而言，百姓之所以乐意朋编，是因为想"夺回所掠"。而官府想将牛丛收用为"义勇"，也是因为当时官员看到了"沿乡遍举牛丛"的现象，而且这一时期牛丛主要分布在会城沿乡。因为缺少材料，我们已经很难了解到云南牛丛在地方社会之中发轫与形成的历史过程，但可以明确的一点是，牛丛曾是自发"日日防御盗贼"的地方组织，可见牛丛应源于自发的地方联盟传统。王来仪作为云南本地人，其基于当地的社会背景进行的分析具有一定道理，并"祈酌议以收实用"。② 王来仪因恐"无明文治兵"，"集众虑有后祸"，所以对牛丛进行了一定的奖罚规定。由此，可以招募"官"，但在训练之后也只是"诸生帮补，为官叙用，吏、农收参。四民愿带冠复役，各从所请"。同时，又恐地方私斗不公战、私忿挟众引起社会矛盾。这说明可能在提议编立牛丛之前，地方就已经有了类似的"私斗"冲突，所以给予了重视。不过，这种"上令金石不移，自保身家"的做法沿袭了当地社会的朋帮联盟传统，因此王来仪才肯定地讲百姓"未有不争相劝为者也"。于后，他的意见被采纳，遂在昆明县附近进行牛丛朋编，具体朋编规则为：

　　　　上户令出三丁或二丁，各备毡衫、毡帽、刀枪、弓弩，仍朋备旗帜、牛、酒合丛。上户无余丁，只有本身者，照众出；中户每户一丁，器械毡衣自备；下户三户四户朋出一丁，亦朋备毡与器械，皆免备旗帜牛酒。至村分窎远，愿每户一丁者，听仍令上户备旗

---

① 刘文征纂修《滇志》卷7《兵食志第五》，《北京大学图书馆藏稀见方志丛刊》第316册，第722～723页。

② 刘文征纂修《滇志》卷7《兵食志第五》，《北京大学图书馆藏稀见方志丛刊》第316册，第725页。

帜、牛、酒外，量为下户备器械以服其心；其中有孤儿、寡妇、老病、残疾者免编。①

这段来自《滇志》的材料不仅明确地告诉了我们牛丛朋编的具体细则，更有意义的是讲述了不同民户合丛的条件。其中，朋备旗帜、牛、酒合丛成为重要的条件，这或许是牛丛最初的含义，合丛才是官方所看到和运用的重要手段。朋编牛丛之后，《滇志》继续告诉我们：

> 前后二十七日，除唤之不至者，若小石坝，挫谷找村，官渡、罗街村，后所营，土坝、宴公庙，高垲之竹园、牛圈二村，北门之小站村，以道路迁僻，雨水农芒，不便编立，若密朗、清水关、土舍李国柱所辖二十三村未编，共编得精壮七十有奇，随其人户，分为队伍，每十人为一队，队择强健者为队长，满数十人或百人，择有身家知事，能号召众人者为把总或哨官，仍择巡视塘报数人，随即给示，分布屯扎要害去处，使为首者约束。②

根据这段材料，我们不仅能看出编立的组织规则，也可以看到这些村庄不参与朋编的原因，最重要的是土舍不参与朋编。这其实说明牛丛的朋编本身主要还是国家力量能够触及的"沿乡"，同时，土舍并未参与编立牛丛。综上我们可以肯定的是，牛丛至少在万历时期已经成为当地人护村的常规力量。

实际上，云南之所以急切地想编立牛丛收为己用，最直接的原因

---

① 刘文征纂修《滇志》卷 7《兵食志第五》，《北京大学图书馆藏稀见方志丛刊》第 316 册，第 725 ~ 726 页。
② 刘文征纂修《滇志》卷 7《兵食志第五》，《北京大学图书馆藏稀见方志丛刊》第 316 册，第 726 ~ 727 页。

是"今黔蜀告急，犬羊生心，所调用诸夷岂尽人人赤心"的地方局势。① 根据上文的讨论，从王来仪关于编立牛丛讨论的时间点来判断，我们可以明确此时期西南面临地方如"奢安之乱"等复杂的形势，而云南"从来用兵，所用皆土司兵"。② 因此，卫所衰颓背景之下，土司一旦暴乱，地方不得不寻求他法以自保，对牛丛的编立才变得如此急切。编立牛丛后，"即此附近尺寸之地，可得精壮万余，一以杜腹心之患，一以默止土夷之骄"。③ 牛丛从此成为"上令"设立的一种自卫武装组织，地方土舍所辖村庄并未能被编入其中或许也是一种"默止"行为。更为重要的一点是，百姓对于牛丛的编立并未如上文所讨论的那么具有积极性，依然有传唤不至的现象，而且与土舍未编立的村寨一体，并未出现任何关于不参与朋编的斥罚，这种"杜腹心之患""默止土夷之骄"的做法实际上是当时社会背景下不得已而为之的一种偏安一隅的选择。

明朝时期，放眼中国西南的地方社会，相对而言，云南牛丛的设立实际上并非独创。嘉靖时期，贵州与湖南的地方流官基于当地的苗乱，面对卫所兵丁逃离，在招募土兵增补卫所之前，也提到了"约束乡村，分投立寨，各自为兵"的计策，嘉靖《贵州通志》如是载道：

村寨地方约民立款，造报见存，即如别省保甲团结之法，并都匀、黎平等处牛丛、剁谕之约，若得著实遵行，则随处皆土著之兵，在官免召募之费，最为民间自保身家之计，无奈民间反肆喧

① 刘文征纂修《滇志》卷7《兵食志第五》，《北京大学图书馆藏稀见方志丛刊》第316册，第725页。
② 刘文征纂修《滇志》卷7《兵食志第五》，《北京大学图书馆藏稀见方志丛刊》第316册，第591页。
③ 刘文征纂修《滇志》卷7《兵食志第五》，《北京大学图书馆藏稀见方志丛刊》第316册，第725页。

议，竟莫遵行。固缘土旷人稀，势难团结，客多主少，鲜肯齐心。亦缘民自怯懦，顽愚相沿成俗，宁拼身家，与苗劫虏，甘心讲赎，绝无肯自作倡拼费一钱，肯自预防，各备一器，其尤可恶者。土官先自不职，不能倡率部民，强者假公营私，辄行科扰弱者，与民为伍，反被欺凌，节欲委官查催举行，又恐弊增烦扰，幸蒙钦差巡抚贵州右佥都御史刘大直近有通行宪案，亦为召募防兵，申明乡约二事。①

由此可见，贵州都匀、黎平等处也想借助牛丛与剁谕之约来节省招募之费，但并未成功。约民立款与牛丛、剁谕同时出现或许可以告诉我们，牛丛、剁谕与款或是某些相似的组织形式。所谓剁谕，即（苗民）"讲歹之时，两造苗民各踞两山之上，而立牛于其中，讲既明矣，一苗持刃从牛颈下屠牛，易如委土，于是两山之苗呼噪而集，各割牛肉一块，归而祭祖，若相誓曰：有负谕者，有如此牛"。② 这使我们看到，无论是立款还是剁谕抑或是牛丛，都是不同的村寨势力之间"讲和"的重要形式，牛丛和剁谕应该都是不同地方势力或者武装之间的讲和与合作方式，剁谕砍牛、牛酒合丛等都只是联盟的一种仪式，而官方通过这种仪式建立起为朝廷服务的地方武装组织，即为牛丛乡兵。由此可见，牛丛实际上是一种基层联盟方式，官府的介入使牛丛作为一种特有的村寨武装联盟得到承认。明王朝在卫所世军衰颓的局面下，基于其所能直接管控到的地区，因地制宜创造出来的地方联防自卫组织，形成了影响云南边防、地方社会的武装力量。

---

① 谢东山修，张道纂《贵州通志》卷 10，明嘉靖刻本，第 57 页。
② 陆次云撰《峒溪纤志》中卷，清陆云士杂著本，第 2a 页。

明末牛丛在当时官员眼中的地位，我们或许可以通过国子监祭酒陈仁锡在《贺云南李年伯晋封铨曹郎予袭世勋寿序》之中的表述窥探端倪。陈仁锡认为：

> 凡几疆以内，名抚而实叛，阳剿而阴纵，毒天下又凡几？有如滇，将士秉心，塞渊于贫薄之墟，此亦不可不熟计矣。若虚属主，爵佐统，均平衡。而旧游之地所为，集沙普劲兵，练广南铳手，储省城之三仓，张牛丛之万戟，壮猷卓然，必有为深山荒服辣矢桃弧树德焉，以传告种人者矣。①

这是一篇贺寿文，主要是歌颂铨曹郎李年伯的事迹，但是陈仁锡告诉我们，沙普劲兵、广南铳手、牛丛是治理云南深山荒服之地的三股重要力量。我们可以预见沙普力量被重视、广南武装被重视，而沙普劲兵受重用之后的叛乱也成为历史事实，由此可见明朝对于云南牛丛的重视。

（二）牛丛与土兵

根据上文的讨论，我们熟知明末所设立的牛丛实际上是区别于土司之兵以及卫所之兵的乡兵，且其分布区域主要是在昆明县周边。牛丛存在的地方在某种意义上代表了国家力量所能触及的基层社会，有别于土司羁縻。自牛丛设立之后，地方官员依靠牛丛，"捐俸募勇，御寇大有方略"，② 牛丛也渐渐成为一种"夷地"包围下的武装力量。但是，因为夷民也有一定社会基础的朋帮联盟习俗，故此，在国家不能深入触及的夷民社会，有了"夷地村哨谓之喧，喧犹寨也，保甲谓之牛丛"的

---

① 陈仁锡撰《无梦园初集》卷34《马集一》，明崇祯六年刻本。
② 马鉴修，寻銮炜纂（光绪）《荣河县志》卷11《艺文续》，清光绪七年刊本，第30b页。

说法。① 夷民将编立的保甲与牛丛等同，至少说明夷民保甲与昆明县附近牛丛制度具有相似之处，那些能直接参与朋编的地方可能就是推行保甲的地方，或即使没有参与编立牛丛，编保甲的地方也能直接被地方官员管理，牛丛和保甲兼有管理地方治安的职能。牛丛影响力的增加使其成为"内地"村寨的自保力量，故而有村有哨，保甲所组织起来的夷地，功能亦如牛丛。实际上，此时期土司下辖的很多地区并未实行牛丛，也未编立保甲。所以，在土司调兵参与明朝廷对地方"平乱"之时，出现了土司砍杀牛丛的现象。万历三十七年，广南府土兵奉命征缅回"内地"时，就屠掉了丽江鲁南三村的牛丛。

> 初滇南之役，百户赵存仁奉檄撤兵，乘机掠杀鲁南三村，乡导李志举等以广南偯兵弗谙内地村寨，指引滥杀，果东诸村枉死者九十六。兵部以存仁、志举当为首正法，土同知偯应祖治兵无律，指挥杨世恩、李大谏驭夷乖方，俱合行巡按御史分别奏夺，从之。②

实际上，从这段描述我们可以看出，乡导李志举之所以能够成功，主要是因为广南府偯兵"弗谙内地村寨"。关于这段历史的起因，据《明实录》记载，万历三十八年云南巡按邓渼奏：

> 上倚兵妄杀诸将领及土官罪状，初武寻叛贼猖獗，鲁南等处军民奉示会立牛丛，各于村屯防守。时临安卫指挥杨世恩统领广南府土官同知偯应祖兵，中军李大谏，左卫指挥速东升统官兵往，贼

---

① 谢肇淛纂《滇略》卷 4，《景印文渊阁四库全书》第 494 册，第 144 页上栏。
② 《明实录·神宗实录》卷 457，台北：中研院历史语言研究所，1962 年校印本，第 62 册，第 8620 ~ 8621 页。

败，奸徒李志举等冀乘机杀掠，妄称赵鸣鹤所集牛丛军民为贼，掩击之，毙鲁南上下二村多命，仍级房畜请赏，无辜诉院行府门报，间其沐总镇所遣试百户赵存仁统兵于嵩明、崛峰等处征剿，已撤回在道，奸徒徐敖等亦妄称鲁南甸中二村良民潘大学等为贼，存仁冀冒功掠财，以鹤鸣所寄官铳三座为脏证，杀掠其村，俘妇女牲畜请赏。大学妻沙氏声冤，因尽得其状。前按臣以二事闻，奉旨行巡按御史邓渼类鞫之，至是，渼论：指挥杨世恩、速东升钤束不严，依应祖知情故纵，杖流如律，以职官例，纳赎完日还职。赵存仁在监，李大谏在外，各毙免究，李志举、徐敖等立斩，余徒杖有差。章下所司。①

根据以上记载，我们大概能看到卫所统领土司兵进行征剿，而牛丛此时的职能主要是屯村防御、自保身家。而且，所谓的奸徒李志举是"乡导"，在撤回的过程当中，指引"掩杀"鲁南上下二村。李志举和赵鸣鹤之间是否存在个人恩怨，我们已经很难深究，但是所谓"弗谙内地村寨"其实主要是指对村屯牛丛组织的不熟悉，这也从侧面说明当时明朝廷可能并没有对作为土府的广南府进行朋编。另外，就算是"乘机杀戮"，也从一个侧面说明了国家编立牛丛的基层社会本身在面对土司之兵时并没有很强的自保能力。

不过，牛丛的设立是"奉示会立"，说明了当时国家对牛丛组织的重视，另外，"依应祖知情故纵"坐实了地方土司"冒功"的行为，相对应地，也体现了当时国家对土司的无可奈何。即使乡兵设立，云南对土司兵的依赖依然丝毫未减。可以想见，广南铳手、沙普劲兵与牛丛依然存在各种矛盾与竞争之关系。依应祖为广南府土司，广南府于洪武二十九年（1396）置有广南卫，永乐元年（1403）迁云南府城，所以，

① 《明实录·神宗实录》卷475，第62册，第8975~8976页。

侬应祖时期虽有广南卫，但不在广南府，明朝政府对广南府基层社会的控制相对较弱，对牛丛的朋编更无从谈起，广南府明显也不是当时所表达的"内地"。而牛丛成为"内地"村民"奉示会立"的地方武装，朝廷寄官铳给牛丛，也从另一个侧面反映国家对牛丛的支持。另外，我们也看到除昆明县外，迤西"内地"村寨也有了牛丛组织，乡村兼有了国家直接干预治策的影子。

综上，从正德年间开始，牛丛作为一股新兴的地方武装力量活跃于地方社会之中。卫所的衰颓与当时国内的地方动乱使得当地政府官员看到了这股地方势力的作用，并对其进行朋编。但是，其能朋编之处还是明朝力量所能直接触及的地方，先是会城附近，继而成为"内地"的一种自我防御组织。牛丛组织的设立在一定程度上维护了地方秩序安定，但是在征伐的过程当中，我们也看到了土司与牛丛之间微妙的关系，牛丛依然很难形成强而有力的军事力量，同时，地方之间借私公战寻仇也成为可能。

三　成为恶俗：清以降牛丛组织与秘密社会

明王朝败退云南后，截至康熙二十六年（1687），其在云南的卫所屯田一直未能得到有效处理。大致从顺治十八年（1661）开始，云南裁撤卫所，截至康熙二十六年，云南卫所全部裁并。[1] 但是，在卫所世军衰颓下形成的牛丛组织却未能得到清政府的重视，也未见对牛丛乡兵的处理意见。截至乾隆时期，清人依旧认为"村哨谓之喧，保甲谓之牛丛"，[2] 但是亦有"今云南人于神祠杀牛饮血，共相盟

---

① 晨曦：《清朝对明代云南卫所屯田的处置》，《云南民族大学学报》2006 年第 4 期。
② 屠述濂纂修（乾隆）《腾越州志》卷 11《杂记》，台北：成文出版社，1967 年影印本，第 166 页下栏。

誓，谓之牛丛"的说法，① 那么，同时期为什么会出现对牛丛不同的解释呢？

（一）牛丛与民俗：多样的云南社群结盟的组织形式

因材料阙如，我们已经很难窥视清朝在裁并卫所过程当中对牛丛的态度，但地方仅存的一些碑刻恰好为我们窥视牛丛此时期在地方社会之中的组织和表现提供了一个很好的视角。保山隆阳区汉庄镇左官屯立于乾隆二十三年（1758）二月初二的《永垂碑记》记载：

> 左官屯、西山村需次匪类有害二村。奉上明文，悉（息）盗安民，以宁地方事。二村合心立丛，以卫乡党，以杜后患。窃思古者相邻中出入相友，相望相助，疾病相抚，此醇（淳）厚之道也。今左、郭二村虽然两地，实唇齿相关，宜于有事协力合助。至于禾苗豆麦，上系官粮所需，又为养命之源，可不重哉？往往有无知之辈，辄放牛马六畜于田，践踏扰害，甚属天理人心不安。兹当立丛以后，凡有六畜伤损庄家（稼），不论牛、马、驴、骡等畜生，获一只罚钱五钱。更有远近贼盗偷二村财物、五谷、六畜等项，俱以角声为号，务须勠力捕捉，若一人不至，即与贼同谋，定许逐出，勿谓言之不早。凡我合心立丛，均归于好。二村合心□□，倘有牛、马、驴、骡卫情不罚者，罚银二钱；拿获贼盗不到者，罚钱贰两修理道路；拿贼不动手，□相情由者，罚钱五钱。各宜慎之，禀遵 为 幸。特立碑记永垂不朽云。②

---

① 桂馥撰《札朴》卷5《览古》，第149页。
② 中国人民政治协商会议保山市隆阳区委员会编《隆阳碑铭石刻》，徐鸿芹点校，云南美术出版社，2005，第279页。

根据碑刻我们可以看到,① 二村立丛的目的是"悉（息）盗安民，以宁地方事"，但是碑刻并没有对两村之间的协力合助传统进行说明，而是对"古者"进行追溯，即"出入相友，相望相助，疾病相抚"。那么可以推测的是，两村在此之前并没有立过丛，所以强调"凡我心立丛，均归于好"。联盟既有好处，同时也有义务，不参加缉捕盗贼的人员将被赶出成员之列。这种强制行为可能只是为了让村民不窝藏盗贼，但是可能也会导致为了不失去居住权而形成的一种"强制性从众"现象。立丛虽然是借助"上令"的"国家规则"来抵御外来的盗贼，但同时"不抵御"的成员也将作为外来"盗贼"而被逐出。因此，从另一个侧面而言，当时的云南地方，因为各种原因，村寨以及城镇并未具有很强的"开放性"，其所展示出来的是地方社会对资源激烈争夺和占有的事实。而"保苗"是因为"官粮所需"，成为"盗贼"也可能失去"国家"的庇护。根据上述碑刻我们也可以看到，虽然收缴罚款一方是谁并没有细讲明白，但是用于修路说明有一个群体在管理抵御盗贼之后的善后事宜，立丛也成为"公"所依托的组织方式。然而，民间对司法权和处罚权的部分获取，也对后来云南地方社会治理造成了不小的困扰。实际上，这块碑刻刊刻的目的可能并非表面上那么简单，因为在"乾隆二年（1737年）二月，刑部又议复河南按察使隋人鹏条奏，将雍正时期所颁律条之圣谕及刑部所开列的律例斗殴等条款通行刊刻，并令各省督抚饬令该管地方官'于凡讲约之所竖立牌坊，令约正先讲上谕之后，复行疏解，务使黎庶易于通晓'"。② 此时期出现的类似于息盗安民等

---

① 在这里，有一点需要说明：碑刻具有很强的展示性，其展示性直接强调了村寨想让别人看到和知道的事物，由此来强调这种事物本身的合法性与合理性。基于此，碑刻的内容虽然不一定具有真实性，但是假如碑刻时间并非捏造，那么其依旧能为我们窥视当时的地方社会提供帮助。

② 李相森：《明清法律宣教对女性法律知识的影响》，《人民法院报》2021 年 2 月 19 日，第 5 版。

碑刻，大都是在清朝极力加强地方社会治安治理的背景之下产生的。下文我们将看到，清朝极力加强地方社会治安治理的初衷也为这种立丛提供了土壤。

不可否认，保甲制度也有类似的职能，那么，牛丛和保甲有何区别呢？有学者指出，云南保甲制度的推行历经康雍乾三朝并不断深化，自乾隆起，"终清之世，云南的保甲制度就没有出现过太大的变动"。① 马亚辉在其文章之中曾总结云南保甲制度从康熙时期开始提出并推行，但是一纸空文，至雍正时期开始在一些州县试行，乾隆时期才进一步完善。② 所以，反过来，如果我们将牛丛作为参考变量放到保甲之中，就会发现云南的保甲制度实际上一直未能真正大范围地推行成功。马亚辉在其博士学位论文之中谈到雍正三年（1725）高其倬对云南保甲制度的奏报，其中言及元江、新平二处曾发生过"讨保"战争，毋论原因，国家出于对实行保甲地方的保护，对元江、新平二处"野贼"进行了剿除，"然彼地猡民染于故习，恐暗纠人众，出外妄为，臣令元江、新平将各村寨，仿保甲之意，编开人口数，令地方官于九、十、十一、十二等月不时巡查，如出外人多，即是讨保，务行根究，以杜奸宄"。③ 乾隆四年，因地方官员从不查阅保甲，保甲有名无实；从乾隆初期开始，又对云南保甲进行编开，其中也包括"管内夷民"。④ 实际上，雍正时期为了管控云南"猡民""野贼"，曾就"仿保甲之意，编开人口数"。这种编开并非真正意义上的保甲，而是"仿保甲"，其社会基础是"故习"。基于乾隆时期对雍正政策的沿袭和深化，这种建立

---

① 马亚辉：《康雍乾三朝对云南社会的治理》，博士学位论文，云南大学，2013，第69~78页。

② 马亚辉：《清代云南的保甲制度》，《西南边疆民族研究》2012年第2期。

③ 参见马亚辉《康雍乾三朝对云南社会的治理》，博士学位论文，云南大学，2013，第69~78页。核对中国第一历史档案馆编《雍正朝汉文朱批奏折汇编》，江苏古籍出版社，1991年影印本，第4册，第364页。

④ 马亚辉：《康雍乾三朝对云南社会的治理》，博士学位论文，云南大学，2013，第71~72页。

在地方"故习"基础之上的"仿保甲",官方称为保甲,对于地方而言还是"故习"。

但是,仿保甲原则上也是保甲,如果是地方社会基于"故习"自发建立的牛丛,并不受官方承认和保护,所以保甲与牛丛之间并不冲突,保甲推行的滞后反而会使牛丛代行保甲职能成为可能。乾隆四十四年十二月二十日,云南巡抚孙士毅在题为《审理阿迷等州县民潘鸣凤等设立牛丛烧毙窃贼王家栋卢布果二命一案依例拟斩立决等事》的奏折中如是记载道:于乾隆四十四年六月十三日,防有文山县民潘鸣凤伙同州民高以揽在石坝寨地方复设牛丛,将偷牛贼人王家栋、卢布果烧死。① 后潘鸣凤招供:小的今年五十六岁,是文山县三板桥人,设牛丛事,高以揽起意充作丛头,小的也在其内,凡遇人家打失牛马替他拿贼处治。② 根据孙士毅的奏折我们可以看到,石坝寨本有牛丛,所以才有"复设"牛丛一说,纵使该地方设有保甲,但"凡遇人家打失牛马替他拿贼处治"也说明地方百姓此时较多倚仗牛丛对地方社会秩序的维护,反而不依靠保甲,官方行政力量受到一定的排斥。但是,这种私自处治的方式并不受官方承认和保护。由此分析,牛丛在实行的过程当中,基于一定的地方社会传统,建立了各式各样的"纠察组织",其功能类似保甲。

虽然牛丛此时已为民间自发,保甲为官方组织,但保甲依照地方故习的做法正是明朝"夷猡"的"保甲谓之牛丛"在清朝的含义所在,并明显有别于明朝的观念,③ 同时这也正是"仿保甲"之意,是遵循地方社会联盟逻辑而造就出来的地方表达。除了保山之外,在普洱的江城县江边乡合作社也有类似的碑刻,这块碑刻常被研究哈尼族风俗文化的

① 中国第一历史档案馆藏,档案编号:02 - 01 - 007 - 023100 - 0001。
② 中国第一历史档案馆藏,档案编号:02 - 01 - 007 - 023100 - 0001。
③ 在明朝,牛丛是依据地方联盟传统进行编立,在清朝,保甲也是依据地方联盟传统进行编立。

学者提及。据《哈尼族文化大观》所录残碑记载，保甲制度本为"联此纠察，设立簿册"，"逮以世民，讹城市乡村既视为□文"，鉴于"以盗为美，亲谊残食，而以盗为能者"的现象，"故十家为甲，十甲为保"，但是后面提及"置一鼓而又难于响应，于不得已之中，众等约立秤杆，凡被贱者，以牛角十吹为号，即□□缉捕，□□以及打游伙之甚，于为盗者可以稍息，而弥盗之法或有补于万一为耳"。① 又据《江城哈尼族、彝族自治县志》补缺，"'间有一二君子'想予以惩罚，但'无势不能行服，即能捕杀，又恐将受其害，故十家为甲，十甲为保"。② 重要的并不是对保甲的阐释，而是对惩罚的解释，保甲则是联势而为以绝报复的行为。秤杆执法的"不得已"出现，让我们看到地方人群在实行保甲时具有自己的逻辑，这或许为我们理解为何立杆合丛提供了一定的可能（可能是基于秤的"公平公正"之象征），虽然在立禁约的同时没能看见惩罚，但是从可以捕杀的情况来看，其具有一定司法权和私自处罚的权力。这块碑刻时间为嘉庆十六年（1811），名为《牛宗碑》，另据《江城哈尼族、彝族自治县志》记载，洛洒乡洛洒寨的惩罚措施有"一治偷牛盗马者丢江；一治挖壁洞者挖眼目；一治非控打钉锤送官；一治有药有鬼放火烧；一治偷鸡摸鸭宰指头"等条目。③ 综上，无论是保山的罚钱、驱逐，还是江城的丢江、火烧等惩罚，其实都是基于地方社会传统而形成的"仿保甲"的延伸。

　　但是，清政府很快就意识到了问题。私自处罚引起的社会矛盾和社会治安问题频出，重新定义保甲并将保甲权力掌握于官方手中成为必须尽快解决的问题。而作为一种"公"的组织方式，随着社群联盟

---

① 史军超主编，云南省民族事务委员会编《哈尼族文化大观》，云南民族出版社，2013，第401页。

② 云南省江城哈尼族、彝族自治县志编纂委员会编《江城哈尼族、彝族自治县志》，云南人民出版社，1989，第226页。

③ 《江城哈尼族、彝族自治县志》，第226页。

的不断形成，虽然各个地方表现出了不同的形式，但都出现了象征的或者是现实存在的"公"的场所。无论立丛、牛宗是否为牛丛，此时名称已经不再重要，因为牛丛已经成为一种社群之间的无差别联盟，相应地，外来"盗贼"也可以自发组织牛丛。所谓无差别，即一旦社群之间构隙并私自处罚，村民参加的无论何种联盟方式都可能被称为牛丛，牛丛被广泛指代使用。而部分基于"仿保甲之意"建立起来的保甲，虽然与国家前期的政策相符，与牛丛性质不同，但是基于不同组织机制而形成的社群之间产生构隙并私自处罚之后，官方在处理之时很难分辨是牛丛还是保甲。乾嘉之际，随着清朝参与基层治安管理的不断深入，戴泽三看到了宜良牛丛的惩罚行为，即"每村设一棚厂，名曰牛丛，获窃贼不报官，集众诣牛丛焚之"，于是他"谕毁牛丛"。①道光年间，杨炳堃任迤东道［道光二十年（1840）任］时说"云南向有牛丛一项，本为禁约盗贼而设，厥后借此名色，欺压平民，挟仇攀害，大为地方之害"，并指出立杆合丛，烧焚"盗贼"等项。②无论是棚厂还是立杆，都成为一种合丛之中"公"的场所，并在此进行合丛和惩罚。随着国家对地方治安的深入管理，原本作用于地方社会秩序的"牛丛"和"仿保甲"开始被官方排挤，牛丛也因此转而成为一种恶俗。

（二）恶俗：社群冲突之中的地方话语

屈斌在其博士学位论文《16～19 世纪甘边、青海地区的国家、部落与寺院》之中指出："至乾隆末年，清廷已基本完成对帝国内部社会秩序的重新整合，这一秩序是以'修其教不易其俗，齐其政不易其宜'为根本方针的，而作为因应，全国各地不同地方的人群也在积极构建以

---

① 曾国荃撰（光绪）《湖南通志》卷 175《人物志十六·戴泽三》，《续修四库全书》编纂委员会编《续修四库全书》第 616 册，上海古籍出版社，2014 年影印本，第 396 页下栏。
② 《中议公自订年谱》卷 4《五十六岁》，哈佛燕京大学，1932 年影印本，第 7 页。

‘地方神祇’为中心的社群组织，如福建的‘乡族’、华南的‘宗族’、华北的水利组织、信仰组织等等，诸如此类。然而，随着这一形塑机制渐趋崩溃，地方人群之间的资源竞争与争夺问题也随之凸显，缺乏强大组织支持的地方人群，也势必寻求新的联合、合作途径，他们通常从一些宗教神话或历史中寻找合法性。而拥有话语权的士绅或组织，习惯利用官方的话语将它们指为不合礼法、不遵法律的‘秘密教派’。所以，嘉道以降秘密社会的复兴，不只是一个社会问题，更是一种‘话语’。不同的人群基于相同或相反的目的，给这些新兴的人群组织以‘教’的标签。”① 屈斌的总结其实不无道理，基于不同地域所形成的社群组织，因时空之问题也具有不同历史轨迹。牛丛在嘉道之后出现的“话语”转折过程如何，还需下文深究。

　　经过上文的分析我们可以得知，乾隆时期之所以也说“保甲谓之牛丛”，主要是因为保甲基于地方传统，即“仿保甲”的出现，而牛丛之所以有不同的阐释，则是因为其具有不同的社会传统组织原则。嘉道之后，为了加强地方治安管理，私自处罚成为被定义为牛丛的重要内容和原因之一，因此，具有私刑权且不报官的由不同组织原则所组织起来的联防、联盟甚至是保甲，都会被认为是牛丛，这些都导致了对牛丛不同现象的描述。关于清中叶以后保甲和牛丛区别最好的案例，来自道光十三年保山七哨汉民与回民之间发生的冲突事件。当时官员认为冲突的原因是保山七哨汉民“私设牛丛”一直未能得到有效的解决。② 保山七哨一直承充官役，在遇到“大猺”的时候，衙役让各哨发丁夫时“则苛敛民财，和雇以应，而短其值，应役者逃去之，则又勒派之”。③ 这

---

① 屈斌：《16～19世纪甘边、青海地区的国家、部落与寺院》，博士学位论文，中山大学，2019。
② 《清实录·宣宗成皇帝实录》卷432，中华书局，1986年影印本，第39册，第408页上栏。
③ 郭嵩焘撰《养知书屋诗文集（二）》卷17，台北：文海出版社，1972年影印本，第999～1000页。

让我们看到，"和雇以应"的这种朋帮性质其实是七哨汉民与回民的区
别，"应役"将回民与七哨汉民分开，出现了"你我"之分，而回民还
具有另外一个组织方式，即"自治的寺坊"。① 哨民因徭役而形成的朋
帮催生了回民对七哨汉民私设"牛丛"的定义，杜文秀与丁灿庭的控
告以及林则徐对此次冲突因"私设牛丛"的回应就说明了这一点。所
以，官方看到了地方所呈现出来的基于不同组织规则的群体发生的冲
突，七哨汉民的联盟成了"私设牛丛"。而"著贺长龄督率所属，严禁
牛丛，力行保甲，凡土著民人，无论汉回，悉联为一体"的说法，② 也
让我们看到了汉回在此之前并没有联合编立保甲，反过来亦说明了七哨
汉民未编立保甲而私自联盟的事实，所以才希望通过汉回"保甲一体"
的统一规则，实现汉回联合。

　　随着移民的涌入和地方人丁的增长，加之云南山区的开发，各人群
之间寻求按不同的组织原则形成联盟以争夺地方资源。立秤杆、设棚厂
和丛祠等不同的立丛方式涌现，成为各式各样的"俗"，但同时，这些
联盟组织也逐渐为地方土豪、士绅等人所控制，因矿场、山场、田地等
资源争夺而产生的械斗时有发生，往往酿成巨祸。所以，当时官员将禁
化"牛丛"提上了日程。道光二十四年春，何绍祺任滇南广通县令，
在"禁化牛丛论"之中谈道：

　　　　道光二十四年春，余为滇南广通令，下车问俗，未尝不痛恨于
　　牛丛也，既而思之，咎不在民而在官。次年仲冬，郑大中丞仁政
　　行，而始有牛丛之禁。考三代时，以比闾族党治六乡，以邻里酂鄙

---

① 马雪峰认为，云南穆斯林传统社会结构的特征是自治的寺坊，人们的认同也是地域性认
　同。又因婚姻、商业与宗教网络，交流逐步向外延伸，但是"共同体"的范围还是"步
　行一日"的区域。详见马雪峰《从教门到民族——西南边地一个少数社群的民族史》，社
　会科学文献出版社，2013。
② 《清实录·宣宗成皇帝实录》卷432，第39册，第408页上栏。

县治六遂，族师鄙人以下，使民兴贤出使掌之，不必大夫士也。而有读法纠慝之任，民俗以醇。三代以下，啬夫里长诸职，与今保正百长同，牧令所自为使也。①

如何绍祺所言，牛丛作为一种俗，在合丛的过程当中，私自处罚使得民与民之间相互仇杀。究其原因，"牧令所自为使也"，在上文保山碑刻的分析中，"奉上明文"或许正是为这种现象开了先河。何绍祺甚至讲到牛丛"揭竿路隅，各隶其长，或借护耕牛，或椎牛为誓"。② 由此看来，联盟组织原则的选择因生产生活方式、地域的不同，表现也有所不同，如阿迷州朋帮放牧之现象，也可能成为合丛防盗的组织原则之一。③ 然而，"……所杀者或因之以报仇"，滥杀成风，联盟组织成为报复工具。正如江城牛宗组织模式一样，其立杆虽有寄于保甲的规制，但实际上，这种"仿保甲"并非道光之后极力想收回保甲处罚权力而倡导的保甲制度，这才导致何绍祺说"不尤民以制民，殆宜化牛丛以为保甲。今之保甲，虚贴门牌，隐匿不知，迁徙不问，徒饱胥役"。④ 实际上，当时何绍祺已经看到保甲制度在基层式微，给予了牛丛得以产生的空间。综上，官方对民间自发性联盟私自处罚等行为的深恶痛绝，使得那些有权实行私刑而不报官的保甲也会被定义为牛丛，"牛丛"成为一种话语。

胡兴东在《生存范式：理性与传统——元明清时期南方民族法律变迁研究》一书之中从司法的角度分析了道光时期禄劝一个知州颁行保甲制度的法令碑，并录入其中一段碑文。碑文载："兹查滇省以公同

---

① 盛康辑《皇朝经世文续编》卷 80《兵政六·保甲》，台北：文海出版社，1972 年影印本，第 2199 页。
② 盛康辑《皇朝经世文续编》卷 80《兵政六·保甲》，第 2199 页。
③ 王民皞纂修《阿迷州志》卷 24，台北：成文出版社，1967 年影印本，第 258 号第 2 册，第 508 页。
④ 盛康辑《皇朝经世文续编》卷 80《兵政六·保甲》，第 2201～2202 页。

拿盗贼之良法，不鸣之曰保甲，而鸣之曰牛丛，往往设立丛杆烧尸灭迹，致干宪禁，自取罪名。"碑文后续对该现象进行分析道："律载罪人持械拘捕者，格杀勿论。又例载，事主殴伤贼犯至折伤以上者勿论，登时事后，概乎勿论，谓事主毫无一点罪名也。殴瞎两眼，折断盗贼手脚者一体勿论，亦毫无一点罪名。此系钦颁律例，开载堪明，尔等愚民切勿疑虑。"① 又解释如果折伤、殴瞎两眼、断了手足，要到乡保甲"具秉，奔逐查核，申详立案"。所以，牛丛和保甲的区别就在于司法能不能被有效控制，故此，何绍祺才说"私刑收而公论出矣"。② 于是，何绍祺重新编立保甲，将汉回夷民 9657 户分为 52 甲，不任胥役，"无复立牛丛事"。③

杨炳堃任迤东道时曾印发"俚言告示"给百姓，禁化牛丛恶俗。这份告示对于保甲和牛丛的关系直言不讳，其中说道："这（指牛丛）原是团练的意思，与保甲相为表里，倘不违条犯法，彼此守望相助，此是最好的事，官府又何必禁止他呢？只为丛有丛头，丛有丛弊，每逢些小偷窃，捉住贼人送到丛上，以为人赃现获，罪无可逃，即时鸣锣传帖，按户出人，大家拿了一块柴一把草，齐集数十百人将贼人一烧完事，此等贼人究竟不犯死罪，烧了之后有个亲人出头控告，官府不能不问，惟有按名查拿，照律严办，到了审问明白，死的果真是个贼人。那动手烧人的亦应问个擅杀罪人的罪。"④ 告示还指出牛丛被村霸把持，为害乡里，而且因受夷俗焚烧病故惨亡之人禳祈祸福仪式的影响，形成了"烧人"以作惩罚的现象，并有栽赃陷害他人、烧尸灭迹之举。最主要的是其要求乡里提选乡老在抓贼后要送案

---

① 胡兴东：《生存范式：理性与传统——元明清时期南方民族法律变迁研究》，云南大学出版社，2013，第 196 页。
② 盛康辑《皇朝经世文续编》卷 80《兵政六·保甲》，第 2202 页。
③ 盛康辑《皇朝经世文续编》卷 80《兵政六·保甲》，第 2203 页。
④ 《中议公自订年谱》卷 4《五十六岁》，第 6b ~ 7a 页。

究办，不许私刑。① 据此我们发现，对于牛丛的废除主要还是通过加强对地方司法权和处罚权的管理，即便是实行保甲的地区亦如此。所以才出现了两种不同的做法，一种是到案究办，不许私刑，一种则是允许私刑，但是要到乡保甲报备。

综上，清以降，云南在未废除牛丛的基础上推行保甲，但雍正以前，云南地方保甲并未推行开来，使得不同社群之间组成联盟来维持地方社会生产生活与社会治安。乾隆时期，保甲和牛丛具有相似之处，保甲在云南的缓慢推行给地方牛丛的兴起提供了可能，同时部分地区也因由故习建立了保甲且并未禁止私自处罚的现象。然而，乾隆年间对司法权与私刑权的允许，为地方的联盟冲突埋下了导火索。嘉道之后，基于当时云南的社会背景，清朝意图重塑保甲之权，将地方社会治安管理权重新收回官方手中，但也因此，基于不同原则所建立起来的可私自处理地方治安问题的联盟或保甲都被冠以了"牛丛"的称呼，"牛丛"一词被广泛指代使用。地方基于不同的结盟形式，出现了各种牛丛，如上文的立秤杆、设棚厂和丛祠，以及林则徐所提及的香把会，② 罗次县知县王同春提及的结社不等。③ 嘉道年间，伴随清王朝试图向基层推扩事权而来的社群联盟之间相仇引发的社会问题，无论基于何种组织原则而结盟形成的地方武装，都将被官府视为牛丛而禁止。

余论：牛丛组织模式的延续

道光之后，许多就任云南的官员所面临的问题就是恶俗"牛丛"，

---

① 《中议公自订年谱》卷 4《五十六岁》，第 9 页。
② 林则徐撰《林文忠公政书》卷 10《云贵奏稿》，台北：文海出版社，1972 年影印本，第 1635 页。
③ 叶觉迈修，陈伯陶纂《东莞县志》卷 71《人物略十八》，台北：成文出版社，1967 年影印本，第 52 号第 4 册，第 2733 页。

所以"何以渐化牛丛",① 如何"察牛丛踪迹，重惩之",② 如何化牛丛为保甲等一系列问题成了当时官员们很头疼的问题。最迟至咸丰年间，包括明朝时期未实行牛丛的广南等地区，都是"遍立牛丛"。除此之外，如开化、临安，以及广西州属弥勒、师宗、邱北等县都设有"牛丛"，甚至把持街市，为所欲为。当时官员认为，牛丛的设立"似宜官为之主，化作保甲团练之法",③ 重新回到了对牛丛编立和管理的讨论上来，同时也让我们看到了另一个侧面，即基层社会是"民为之主"，而"禁化"牛丛则是想"官为之主"，所以，基层基于不同社会组织原则而形成的联盟被看成一种社会问题。道光二十八年，吴文镕在《复邓子久太守》之中表达对邓子久处理牛丛问题的看法时如是载道：

> 另纸所云，借牛丛而正用之，将机就计，亦真善于用因者。大约贵辖腹地各属，鄙意筑堡设关一层，且姑置之；即练丁习技一层，亦可作后图，所汲汲者。编查保甲本系应为之事，民亦不能谓苦，官亦不能辞责，须切实周到，除去差保各弊，则收效大矣，如此则内匪不待清而自清矣。④

根据邓子久的建议，吴文镕认为办理好牛丛，则联村、练丁、驱盗都能收到实效，所以如果能"暗袭其迹，而明革，以嘉名"，那么牛丛的弊端革掉，就可以通省示之。⑤

上文我们曾提到的两种不同的收回司法权和私自处罚权的做法，其

---

① 李星沅撰《李文恭公遗集·奏议》卷 12《苏抚》，《清代诗文集汇编》编纂委员会编《清代诗文集汇编》第 596 册，上海古籍出版社，2010 年影印本，第 473 页下栏。
② 王赠芳撰《慎其余斋文集》卷 8《行状》，《清代诗文集汇编》第 539 册，第 601 页上栏。
③ 何桂珍撰《何文贞公遗书》卷 2，台北：文海出版社，1974 年影印本，第 108 ~ 109 页。
④ 吴文镕撰《吴文节公遗集》卷 67《复邓子久太守》，《清代诗文集汇编》第 575 册，第 444 页下栏。
⑤ 吴文镕撰《吴文节公遗集》卷 67《复邓子久太守》，《清代诗文集汇编》第 575 册，第 445 页上栏。

实是对牛丛和保甲不同的界定所导致的。"不鸣之曰保甲，而鸣之曰牛丛"的说法其实也是对牛丛和保甲的界定，不同的界定体现了不同的"话语"，不过有一点是相同的，即收回私自处罚的权力，直接掌管地方社会治理权并参与治理。但是，"暗袭其迹"的做法得到了推广。今富宁县那耶老人厅内的《永垂固疆碑》立于光绪二十二年（1896）八月二十日，该碑如是载道：

> 团练务须联络各郡村寨，击□相通，每团制号炮，每甲制铜锣，每村每家制木梆，遇有盗贼，警一家鸣梆，□应□鸣梆，众村鸣梆，该甲长保团长而鸣锣放炮，集众团击，乡团示放炮鸣锣，拼力兜捕。如能获盗贼真赃送案……通有边警巡边之团，务须助援防守，内地各团示应挨次接应，并防扎要隘，清查内奸。如游苗各匪窜入内，即□加堵击攻击，无论生拴格杀。出力之人，……奖赏……因循贻误，致外匪撞入踩璜地方，定将该头目等从重治罪。①

实际上，保甲团练沿袭了"牛丛"的组织模式，并一直延续至清末。因此，相对而言，清朝在试图向基层推扩事权的过程中还是部分遵循了地方的社会逻辑，这也使"牛丛"得以栖身于基层社会的朋帮民俗中，呈现出同名却不同形式的民风民俗。如今富源县每年全村集资购买黄牛，于六月二十二日举行"打老黄牛"的"牛丛"；② 阿昌

---

① 前笔者在富宁田野调查期间，有幸得到富宁县县志办马正坤主任、那耶村委会杨仕兵的帮助，在此致谢。碑刻文核对后转载于政协富宁县第十届委员会编《富宁文化遗产》，云南人民出版社，2018，第41页。
② 国家民委《民族问题五种丛书》编委会编《当代中国民族问题资料·档案汇编》第5辑，第103卷，中央民族大学出版社，2005，第409页。

族每年农历五月二十八日的献庙依然叫牛丛会，同时也叫保苗会;①
新平县有"朋帮买一牯牛，全村母牛均得牯牛"的牛赊会;② 阿迷州
的"对于牛羊马猪，往往联合一村之所畜，日则放牧山场，夜则关闭
于圈内"的朋帮放牧，也是后来"牛丛"的另一种表现方式;③ 还有
剑川白族的各种"约赊"，如栽秧赊、放牧赊、钱赊、米赊等。④

　　这种朋帮民俗的延续使我们不得不重新思考宗族势力相对薄弱的西
南地区，其超越家庭本身的基层组织和联盟规则应该存在自身的内在发
展逻辑，在国家与地方的互动之中不断发展和变化。也正如刘欣所
言,⑤ 学者多关注宗法家族较为发达的内陆地区，对于云南这种多民族
聚居的边疆地区则较少关注，乡规民约所体现出来的地域性也正是笔者
力求讨论的主题。就本文而言，牛丛等基层组织是否和西南地区宗族势
弱存在联系还有待进一步讨论和研究。

─────────────

　　① 中国社会科学院民族研究所编《南方民族的文化习俗》，云南人民出版社，1991，第 32
　　　　页；云南省梁河县志编纂委员会编《梁河县志》，云南人民出版社，1993，第 741 页。
　　② 吴永立修，马太元纂《新平县志》卷 17《礼俗》，民国 22 年石印本。
　　③ 王民皞纂修《阿迷州志》卷 24，第 258 号第 2 册，第 508 页。
　　④ 陆家瑞主编《剑川县民族宗教志》，第 303 页。
　　⑤ 杨福泉主编《中国西南文化研究》，云南科技出版社，2013，第 279 页。

《区域史研究》2021 年第 2 辑（总第 6 辑）
第 141～186 页
© SSAP，2021

阎闾之痫

——陕西刀客的组织形态、生计模式及集团化问题（1830～1928）

王　旭[*]

摘　要：作为中国的内陆省份，晚清之后陕西的民间秘密结社与底层微观景象具有传统的农耕文化特征。乾嘉年间，关于刀客的踪迹零散记载于文献之中。道光之际，刀客成员数量骤增而集聚无常，劫夺阎闾，在逐步组织化的过程中形成刀客会。基于复杂的地域形势，刀客在关中地方械斗、陕甘"回乱"与晚清民变风潮期间，结连各色地下势力，纵横捭阖，构筑起不同于以往的强大势力，形成了一个地方武力集团。辛亥革命时期，刀客势力游离于几省之间，在助力革命的同时也显著地影响着革命的结局。民国建政之后，不断转型蜕变的刀客会又成为地方政治力量重组和社会治理的重要因素。本项研究通过对刀客组织历史演进的梳理，能使我们观察到近代陕西底层结社的地域性特征和基层治理的微观状貌，也可以由此透视出民间结社发育、扩张及官方因应的一般性机理。

关键词：陕西刀客　组织形态　地方秩序　林则徐　革命党

---

[*] 王旭，复旦大学马克思主义研究院讲师，复旦大学历史学系博士研究生。

前　言

刀客是清代陕西地方社会所形成的一个民间群体，刀客会是主要由刀客组成的地域性组织。该组织的生成主要源自民间经济互助结社、陕东私盐贩卖产业之雇工与乡村的回汉械斗力量，大致发轫于乾嘉年间，成熟于道、咸之际并规模化结社，而后逐次盛于陕甘"回乱"、清末民变风潮与辛亥革命之中，成为地方社会不可小觑的武力集团。民国后期其势力逐步消退，在几省间活跃了百多年之久。清季官方文献中一般称其作刀匪、刀痞、匪徒、恶党、伙党、巨匪、会匪、匪党、刀寇、刀贼之类，抑或一概而论统称其为"莠民"。[①]

刀客会根植于基层社会，与地方社会失序和政局动荡密切关联。至晚于道光年间，"西安同州府辖二十余县，在清末季，尝有所谓刀客者，栖息于斯"。[②] 同时，刀客成员数量显著增多并在陕东集聚，逐步组织化，形成刀客会。[③] 从已有文献看，"刀客一名，可以说与关中不可分称，是关中独有的一种风尚，含有明显的地方特色。而客即有行止不定、无恒定职业之意"。[④] 道、咸、同三代，刀客虽然流窜范围比较广泛，但主要源于陕东及三省交界地带，大的团伙分布于关中平原地区，民间常以集聚地称呼这股势力，故在文献中又名关中刀客、陕东刀

[①] 所谓莠民的含义，包括争斗、暴动、盗匪、造反四类。参见萧公权《中国乡村：论 19 世纪的帝国控制》，台北：联经出版事业股份有限公司，2014，第 495 页。

[②] 退藏：《纪刀客王狮子》，《京沪周刊》第 1 卷第 22 期，1947 年，第 11 页。

[③] 退藏所撰《纪刀客王狮子》一文，是目前关于陕西刀客活动重要的文献之一。经笔者对比资料与多方考证，作者退藏即严庄，字学茂，1886 年生，陕西渭南孝义镇人，曾留学美国，与张奚若关系密切，是刀客王狮子徒弟严飞龙的同宗亲属，1961 年卒。严氏 1912 年加入同盟会，继入国民党。先后任财政部西安监理、陕西省临时议会议员、太原省长公署矿务工程师、陕西省政府建设厅厅长、徐州贾汪煤矿公司总经理、南京实业部劳工司长、南京监察院监察委员等，退藏的笔名有任闲职、郁郁不欢之意。

[④] 杨怡鲁：《刀客之称谓》，中国人民政治协商会议陕西省富平县委员会文史资料委员会编《富平文史资料》第 16 辑，内部出版，1991，第 36 ~ 39 页。

客、东府刀客、同州刀客、渭北刀客、夹滩刀客。光绪之后，随着组织扩大，刀客会以关中为核心地带向外辐射，底层成员及组织根株蔓延，基层名目变幻不定，"贩运私盐、私茶或给个别商家保镖，抽取些保镖费"，[①] 在地方上与私盐贩售、保镖运输和贸易活动建立起复杂的联系，势力渐张。一些刀客首领的事迹，口耳相传，"光绪季年居关中者，多能道其梗概"。[②] 辛亥革命之时，这一群体在陕、豫、晋、甘、川等省起义中发挥了一定的作用，又使得这一群体流布和影响不仅在关中的范围之内，故又被合称为陕洛刀客、陕甘刀客，也有民众习称其为川陕刀客、西北刀客。

以事实而论，刀客会在具备传统民间互助结社的特征之外，后期显著受到了天地会－哥老会系统的影响，有初步的山堂架构和首领体系，存在一个会党化的组织过程。在晚清几次大的政治变局之中，均有刀客势力的干涉。但从学术角度来说，陕西刀客早期的组织形态不甚明朗，成员界限和身份认同亦有争议。由于官方资料（《清实录》、《清史稿》、档案及其他官方性质的文献）记载相对粗疏，地方文献零散且不易获取，加上史实复杂、厘定不易之故，目前对于这一问题缺乏系统性探讨。[③] 关于刀客会之起源、组织、分布、生计究竟如何，几是人云亦云甚至知之甚少的状态，各类论著的说法也不统一。本文立足于重建史实，试图运用多重资料，集中于刀客的组织模式、分布空间、职业生

---

① 李仲三等：《关中刀客》，中国人民政治协商会议陕西省委员会文史资料征集研究委员会编《陕西文史资料选辑》第 1 辑，内部出版，1961，第 112 页。

② 退藏：《纪刀客王狮子》，《京沪周刊》第 1 卷第 22 期，1947 年，第 13 页。

③ 就笔者目见可及，有李之勤《也谈陕西刀客的起源》，《西北大学学报》1979 年第 1 期；王旭《清代陕西刀客起源考论》，《清史论丛》2018 年第 2 期；程森《光绪初年关中刀客的活动与卤泊滩土盐禁采》，《中国经济史研究》2019 年第 4 期；丁守伟《刀客与陕西辛亥革命》，《贵州文史论丛》2012 年第 1 期；史向军《关中刀客与陕西辛亥革命》，《陕西档案》2004 年第 5 期；白赵峰《关中刀客与关中社会文化》，《渭南师范学院学报》2014 年第 10 期；等等。以上成果由于史料挖掘不足，加上论述重点和文章性质不同，基本属于一般性描述或事件史路径，无系统性分析，甚至存在不少谬误，尚有继续探讨的余地。

计，以及与清末民初陕省地方政局之间的互动关系做一论证，以期大致勾勒出清中期至民国早期这一百多年历史长程中刀客会的活动图景。

一 刀客的组织形态、活动轨迹与职业生计

自道光初年始，刀客大伙横行，流行于下层社会，危害地方秩序，引发了地方官相当的注意。1830～1911 年，先后任陕西省巡抚者共有 55 人（包括实授、署理、护理、护授），而明确有"肃缉刀匪""剿抚并重"行为者，据不完全统计，至少可达四成。① 除此之外，任职或分巡陕西的布政使、按察使、御史及州府县长官、佐贰（典史、巡检司、长随）、地方名流文论中亦多有"刀匪"活跃之记录。

（一）组织模式与刀首来源

同属于民间秘密结社，刀客会与天地会、白莲教、拜上帝会、小刀会、义和团有别的是，他们未引发足以撼动统治基础的大规模骚乱。刀客组织名目繁多，立命于乡村社会，即国家治理体系的边缘地带，具有显著的地区性特质。《陕西省志·民俗志》中记载："刀客会是关中地区下层人民中特有的一种侠义组织，又叫大刀会。"② 地方志中的描述带有显著的通泛特征，实际上，刀客会与哥老会、啯噜的组织模式类似，有各种地方化、方言性称号，"佩戴刀械，三五成群，偷摸绺窃，昼为红签，夜则黑签"，③ 但规模小于哥老会与啯噜，多则上百，少则数人，被朝廷称为"匪股"，而民间俗称"一摊"。

---

① 钱实甫：《清季职官年表》第 2 册，中华书局，1980，第 1677～1755 页；赵燕：《晚清陕西巡抚群体研究》，硕士学位论文，西北师范大学，2013，第 16～22 页。

② 陕西省地方志编纂委员会编《陕西省志》第 77 卷《民俗志》，三秦出版社，2000，第 319～320 页。

③ 朱寿朋编《光绪朝东华录》第 2 册，中华书局，1958，第 2343 页。

从称谓而言，刀客是一种地区结社的民间泛称，土匪、奸民、贼寇、匪徒是一种具有反面意味的政治指称。能够推断的是，刀客在被地方政府严密注意之前，已经出现并得到了初步的发展。同州府与凤翔府是嘉道时期刀客的主要聚集地。道光二十二年（1842）九月，湖南人李星沅奉旨授陕西巡抚，二十三年抵达陕西任上，下令严治"刀匪、咽匪"，屡擒其魁置之法，以安乡里："同、凤一带多刀匪，带刀游荡，名曰刀客。又有红钱、黑钱等名目。忤法肆劫掠，民苦之。府君以匪徒狡横，非军民协缉不可，乃出示申言禁约。合力兜擒，尽法诛殛。非特永无后患，亦且各有优赏。檄行各属粘贴，赏罚随之。是以陆续擒获巨匪二十余人。又通饬所属严科差役诈贼毙命罪，刁风稍止。"① 李星沅的传记称"陕盗曰刀客，久为民害，公皆尽法惩之，擒禽其尤，置重典，凶魀用戢"，② 提出治理刀客必须"亟刑处之"，才能遏制地方不正风气。

土客、回汉之间的细故/矛盾是"刀匪"势力扩张的因素之一。刀客往往身带一种名为"关山刀子"③ 的武器，"出门必携刀枪，号为刀客者以为此"，④ 故又名刀子客。临潼县民风悍刁，"性刚尚气，微细之故，相斗相生"，⑤ 往往"睚眦细故，拔刀相向，民莫敢较"。⑥ 况且关中一带多回汉杂居，仅渭南县回民达三千多户，回汉械斗有着长期的地域性传统。高陵县与"回民杂处，颇为强悍"，⑦ 常因口角琐碎之事械

---

① 李星沅：《李文恭公遗集》卷1《行述》，台北：华文书局，1968，第234页。

② 李元度：《国朝先正事略》下册，岳麓书社，1991，第753页。

③ 俗名关山叶，此刀多是临潼县属的关山镇或华阴柳子镇制造，长约三市尺，宽不到二寸，形制特别，极为锋利，既可用作自卫武器，也用来报仇搏斗，"有千家铁匠，做刀剑剪斧之用，天下士大夫共索，以为转相赠予者"。参见李可久、张光孝修《华州志》卷9《物产述》，光绪八年合刻本，第169页。

④ 退藏：《纪刀客王狮子》，《京沪周刊》第1卷第22期，1947年，第11页。

⑤ 卢坤：《秦疆治略》，台北：成文出版社，1970，第17～18页。

⑥ 李之勤：《也谈陕西刀客的起源》，《西北大学学报》1979年第1期。

⑦ 卢坤：《秦疆治略》，第28～32页。

斗成风。清人张集馨在其文集中记载："陕西临潼县，回汉素不相能。回庄报赛演戏，汉民往看；及汉庄演剧，预帖告条，不准回民往看，回民竟不往观。"① 与此同时，刀客时常"散居各邑市镇，交接捕役，为气力财贿"。泾阳人徐法绩（1790～1837）在其文集中言明刀客之迹："刀客有头目，有绰号。若暗中访闻，严其究治，则其党自散而之他，前者郭兰坡明府访拿多名，出示招告，纷纷逃散。"② 道光十年，徐法绩在奏折中直指刀客群体兴盛乃是"奸民得所依仗，良民被其逼胁"。③ 实际上，所谓好勇斗狠、奸民作乱、良民被裹挟、风俗颓败，是政府文书一向的叙事程序和修辞，而民匪杂居、混淆不清的事实应是无差。

这股势力聚散不定，地方严拿时便"均尚敛迹"，难以纠治。各级官府一时间无法彻底肃清，徐法绩辛辣讥讽道："倘非有司循隐捕快分肥，何以任其猖獗如是。"④ 揭露了基层社会治理的真实情况。

刀客根植于基层社会，亦为地方文化所影响。他们往往三五成群，习拳练刀，长于技击，拉伙结派，集聚之后渐结成大帮，与早期地方武术家关系密切。刀客组织化之后，存在一个类似于首领的人物，名曰刀首、刀头、刀客头，或简单地仿照袍哥组织称为"某某哥"，且多起具有地方文化和民间戏剧特色的江湖名号（见表 1）。这类称呼（绰号）的生成与地方社会的习俗惯制、职业特征和民间文化息息相关，而地方政府多称其为匪首、首恶、恶党、巨奸、恶佞、匪勇。部分刀客势力或源于或波及陕南几省交界之地。林则徐是一名精于治理的官员，任陕之时对此有清醒认识："陕省民风，向称淳朴，惟东北毗连晋、豫，西南

---

① 张集馨：《道咸宦海见闻录》，中华书局，1981，第 241 页。
② 徐法绩：《徐太常公遗集》卷 2《书函》，民国 14 年铅印本，第 6～7 页。需要说明的是，该书乃早期同盟会会员、陕西泾阳人柏堃所编的泾阳文献丛书之一种，收集了清代陕籍官员徐法绩生平奏稿、诗文、书信等，收藏于国家图书馆古籍馆，是了解早期刀客活动重要的文献之一。
③ 徐法绩：《徐太常公遗集》卷 1《奏疏类》，第 7 页。
④ 徐法绩：《徐太常公遗集》卷 1《奏疏类》，第 7 页。

壤接川、甘，道路纷歧，奸宄易于出没，如佩执凶器之刀匪，此拏彼逸，最为民害。"① 三省交界处土客籍民杂居，不免成为"盗贼逃亡渊薮"，游民众多，例归山防之内，"产铁矿之地则甚多，听外间客民就地炉冶，雇募工作"。② 严如煜指出基层管控繁难，"保正甲长，相距恒数里、数十里"。为提高行政效率，清代早期一度在此设置散厅以专管。而且客民众多，动辄跨越两三省，难以界划。各地移民良莠不齐，《三省边防备览》提出安流民之法：川陕边徼，土著之民，十无一二，湖广客籍居五，广东、安徽、江西各省居其三四，五方杂处。且土客、客民之间时常对立，彼此之间往往纠集匪众，因事械斗，滋扰地方，增加了地方政府的治理难度。

表1　部分刀客姓名及其江湖名号

刀客姓名	江湖名号	刀客姓名	江湖名号	刀客姓名	江湖名号
王振乾	王狮子	李满盈	李牛儿	王守身	黑脊背
杨虎城	杨九娃	张明轩	牛刀客	严纪鹏	白翎子
石象仪	冷馋	石象坤	仄楞子	麻振武	麻老九
樊茂胜	飞腿	王银喜	王银娃、飞虎	党玉昆	党跛子、党拐子
马正德	马老二	段三多	草上飞	段学义	四煽狼
于敏忠	铁匠老于	刘发明	鸭子粪	贾怀德	甜罐罐
严孝全	飞龙	严锡龙	野狸子	胡彦海	胡老六
蒋明礼	半斤	柳红	红老九	朱佩贞	军浪子
杨鹤龄	白煽狗	李云龙	径儿老四	李仲三	黑李逵

　　资料来源：主要来源于《清实录》，林则徐、杨以增等地方官文集、奏稿、文史资料，兼与地方志书、碑刻等资料参照比对。

在三省交界处，动乱易发，地方势力联同啯噜往往"聚乌合之众而役之，皆无赖也。饥甚则食力，稍饱则醉斗奸赌，无所不至。其人皆无名，以形之长短，面之黑白光麻为名"。其行皆由盟会，非同胞族姓

---

① 中山大学历史系中国近代现代史教研组、研究室编《林则徐集·奏稿下》，中华书局，1965，第931页。

② 严如煜：《三省山内风土杂识》，中华书局，1985，第32页。

之次，名行固不足据，即姓亦多子虚。① 一些有名的刀客常以面容特征构名，如澄城县"北坤儿"号称麻子老八，流窜作案，"在陕罪发则遁川，在川罪发则遁陕"。陈庆镛最后指出：吞舟之鱼，屡经漏网，则胆益大而心益野。一些官员为免上司责罚，虚报地方安谧，李星沅初到陕西布政使任，查到定边厅公牍中记录"地方有刀匪，白书行劫之事，严笞行查禀复"，② 以杜绝因循之禀告。官府抓捕通缉刀客时难以尽知其名，在奏疏、移文中经常出现一人多名、据音（方言乡音）错译等现象，如刀客王敢鸣（王改名）、严纪鹏（白翎子、培林子）、严孝全（阎孝全、严小泉）、李福盈（李福营）等。又如党玉昆，字宝珊、宝山，乳名根宝，称为根宝老四、党跛子，文献中又有党毓昆、党雨昆、党玉坤、党玉琨等写法；严纪鹏，号称白翎子，又有文献作培林子，疑为时间久远，转音以致音似而用何字已不明确。刀客这种江湖名号和兄弟排行给官府抓捕造成了极大的困难。

在刀首以下的人都是所谓兄弟班子，平素围绕刀首活动。部分刀客自称孝义家、凭信家、刀门家等，形成"一摊"，"宰鸡滴血，传授口诀，绰号排行，与会匪无二"。③ 他们散居各处，每一招呼，百十为群，行动时以成股的形式出现。刀首拥有松散组织内朴素的司法权力，可要求其成员遵守一定的道德要求与江湖规约，如通过简单的"约法几章"可以对刀客成员施行惩罚；刀首与刀客之间存在朴素的等级之别但没有绝对的人身依附。某些刀首以收义子为喜好，如王狮子收严飞龙（孝全，字子青）为义子在其娃娃剧团学戏。不仅如此，刀客的省际联合亦由来已久，朝邑县刀客王狮子是山西、陕西、甘肃三省的大刀客头，仅在陕西东部，党羽就遍布十几个县。④ 每有刀客杀人出逃、仇家相逼

---

① 蒋维明编《川湖陕白莲教起义资料辑录》，四川人民出版社，1980，第 20 页。
② 李星沅：《李文恭公遗集》卷 1《行述》，第 230 页。
③ 朱寿朋编《光绪朝东华录》第 2 册，第 2342 页。
④ 退藏：《纪刀客王狮子》，《京沪周刊》第 1 卷第 22 期，1947 年，第 11～13 页。

的情况，王狮子往往施行庇护。道光年间，林则徐在陕缉捕刀客时，常须移文至邻近省区以联合清剿查办。从已有文献看，刀客会没有固定的信仰和帮会仪式。各个组织崇尚侠义，为招募成员，许以衣食，并模仿哥老会，采取开山立堂、叩拜宣誓、结盟拜会的方式；看重同乡、同业之谊，在组织上采取大家长制结构，同时他们通过拜把子、结盟等手段虚构成员彼此间纵横的血缘关系。富平段学义、杨鹤龄、段三多、柳红自称王寮镇四刀客。一般来说，白日间工作、耕地如常，夜晚专人联络，互通情报。刀首鼓吹普通刀客之间要忘生轻死，奉行所谓"拿命帮"精神，成股行动时号称替天行道、劫富济贫，有一定道德预设和信义要求。

刀客组织具有显著的互助特征。部分刀客头由于在地方社会的亲缘与地缘关系，自觉地维护自身的名望与威信，王狮子"家有薄田数十亩，可资以不冻馁"，"人无衣食无给求助者，无不慷慨解囊"，且"无论识与不识，狮子必礼遇之"，[①] 颇有群众基础和乡土侠名，设山堂、收兄弟，被民众尊称为"王先生"。[②] 不少人因身受诉讼之苦加入刀客会。道光年间的刀客王敢鸣在蒲城县私设南衙，断理民事、受理诉讼、维持治安，"民与匪往来自保"，且擅自收税；王被剿杀后，方"本地年漕银无缺"。[③] "不扰民、不奸淫、不背叛"，刀客领袖严孝全曾说："谁替老百姓办事，我们就跟谁。"[④] 有少数刀客犯事时遵守光棍犯法，自绑自杀之惯习，内部有一套管理规范。渭南刀客头赵银娃手下的阳生，"因做了坏事，赵就对他严肃地说：'你是知道的，该怎么办！'随即给小刀一把，令其自处，阳生坦然回答：'大哥你要活的，还是要死的？'说着，从自己腿上割下了两片肉，撂到地上喂狗吃"。[⑤] 虽类似于小说家

---

① 退藏：《纪刀客王狮子》，《京沪周刊》第 1 卷第 22 期，1947 年，第 11 页。

② 退藏：《纪刀客王狮子》，《京沪周刊》第 1 卷第 22 期，1947 年，第 11 ~ 13 页。

③ 中华书局编《清史列传》卷 76《循吏传三》，中华书局，1987，第 6263 ~ 6264 页。

④ 中国人民政治协商会议陕西省委员会文史资料研究委员会编《陕西辛亥革命回忆录》，陕西人民出版社，1982，第 275 页。

⑤ 渭南县志编纂委员会编《渭南县志》，三秦出版社，1987，第 534 ~ 535 页。

的表述，亦可见刀客之惩治习惯。清末刀客群体扩展至洛阳等地，底层民众依旧对其充满赞佩，"刀客如何义气，如何同情穷人"，① 民众中存在一些对刀客的美誉。王狮子所居之地一度成为底层民众的庇护之所。

> 盖狮子寨居在县北乡金水沟，迄合阳县界，寨设堡垒桥栅，守备颇严密，非数百人莫能攻克。故关中刀客，群视为避案所，而狮子亦以此闻名遐迩间。狮子愤恨清政不纲，尝怂恿其党徒，劫掠标款，洗劫税卡，尽夺其钱财。有时其党羽被捕后，率厚赂差吏，以减轻其罪犯。差吏恒慑于狮子之威望，亦力为缓颊。故虽有犯案累累者，刑系颇轻微，稍缓则纵释之，比比也。同朝韩合蒲渭各县，狮子之力尤称著。②

地方戏曲、武术传统、太平革命和亲缘地缘关系显著影响了刀客的组织扩张，刀客整体文化素养较低，但对瓦岗、水浒、杨家将等民间故事耳熟能详，这从刀客的江湖名号可见端倪。一般来说，民间结社多传布于"下级社会贩夫游子之间"，③ 有明显的江湖混合特征。根据清代地方官捉拿刀客的记录，"刀首"多来自贫苦下层民众、逃军、僧道，"其人多不知书，而好勇斗狠成习性"，④ 也有不少衣衿绅士之族，呈现出一种多元性结构。道光年间，渭南"刀匪"赵恩科子、史双儿等人先后听从武生马得沨、马得全等"夺犯拒捕"，被林则徐所剿。⑤ 光绪三年（1877），《清德宗景皇帝实录》中记载，蒲城刀客头目屈继仁，原本武生出身，后被革除功名。丁戊奇荒之时其与张大娃杀官攻府，为

---

① 中国人民政治协商会议洛阳市委员会文史资料委员会编《洛阳文史资料》第9辑，内部出版，1991，第20页。
② 退藏：《纪刀客王狮子》，《京沪周刊》第1卷第22期，1947年，第11页。
③ 萧一山编著《近代秘密社会史料》，岳麓书社，1986，"自序"。
④ 退藏：《纪刀客王狮子》，《京沪周刊》第1卷第22期，1947年，第11页。
⑤ 《审拟马得沨等纠众夺犯伤差案审明定拟折》，《林则徐集·奏稿下》，第936~938页。

谭钟麟消灭。王狮子为陕西东路刀客之首，"好为乡人解纠纷，见不平辄为排除"，曾中武秀才，有田数十亩。其父王祥，为朝邑县衙班头。①辛亥革命中对白水光复起到重要作用的刀客高峻，是地方豪强团绅，在当地组织团练武装，后成为靖国军将领。严孝全（号称飞龙）在地方上与民团势力联络颇密，负责地方保安事宜。严纪鹏同样也是地方民团首领。耿直，字端人，陕西澄城县人，中农出身，十四岁因家贫辍学，考入地方警察训练所，十六岁为地方办警察，进入公职系统，与郭坚（原名振军，字方刚）等人私募刀客。陕西革命党人井勿幕胞兄井岳秀，人称井十，以刀客头目行走江湖，喜好武术，乃清末武庠生。

　　事实上，这部分人与无以谋生、流离失所的游民、流民是不同的，在阵痛中实现了自身的阶层流动，走向下层社会。刀客逐步参与到地方权力结构的形成之中，地方营勇甚至与之同谋，"吴复来纠同营勇刀匪失银六七千两之多"。② 刀客会没有固定的内部形式与严密的纪律，组织规设与界限意识模糊，一个组织之内、组织之间、个体归属往往没有绝对的分别。甚至有刀客成员常常同时归属于多个组织，如白河县刀客钱鼎（字定三），同时是刀客会、同盟会陕西支部、哥老会、陆军同学会、战友社成员。其弟钱甲自称钱长毛，以示革命之意。同官县刀客白喜同时也是哥老会成员，社会成分相当复杂。可见，刀客会兼具会党组织与民间互助性会社双重性质。

（二）活动轨迹与空间分布

　　由于地理条件、行政管控和社会环境的区别，刀客会组织规模大小不一，以关中东部地区为核心分散在陕西各处，"蔓延至甘肃、宁夏以及河南西部的部分地区"。③ 严如煜在《三省山内边防论三》中论及陕

---

① 退藏：《纪刀客王狮子》，《京沪周刊》第 1 卷第 22 期，1947 年，第 11 页。
② 樊增祥：《批华州唐牧禀》，《樊山政书》卷 7，中华书局，2007，第 207 页。
③ 周育民、邵雍：《中国帮会史》，上海人民出版社，1993，第 348 页。

南四川交界地带的情形："山内痞徒，闲游城市者，统谓之闲打浪。此辈值有军兴，则充乡勇营夫，所得银钱，随手花消。遇啯匪则相从劫掠，值兵役亦相帮搜捕，不事生业，总非善良。闲打浪既久便成啯匪，啯匪之众即为教匪流贼。"① 刀客活动相当机动，如县令严明则不敢入境。或招告搜拿，遂相率迭审。道光十年三月，《大清宣宗成皇帝实录》卷 166 指出，刀客常常在西安府属之临潼、渭南，同州府属之大荔、蒲城、朝邑一带毗连之处，此起彼伏。

1846 年，林则徐接任陕西巡抚后，即指责先前地方官对刀匪放纵：讳饰因循，渐至养痈遗患。林则徐指出刀客的地理分布："陕省之渭南、富平、大荔、蒲城一带，久为刀匪出没途径。缘此数处，回族最多。素以争斗为能，抢劫为利，与刀匪互相勾结，势焰益张。攫财物则彼此分赃，闻缉拿则纠同抗拒。有窝巢以为藏身之固，有器械以为抵御之资，不独兵役避其凶锋，即州县官员亦望而却步。勾结匪类，伺劫掳人。"② 李星沅指出了地理环境与刀客猖獗之间的关系："查陕西大局，西、同、凤三属地势平衍，俗厚民淳，向多汉回杂居，久已相安无事。惟汉、商等属之南山，延、榆、绥等属之北山，路径丛深，易滋伏莽，而北山土硗霜早，较南山生计尤艰。至甘肃、四川交界地方，间有贼人阑入，如红钱、黑钱、刀客之类，节经就案惩办，仍当认真严饬查拿，不准稍为松劲。"③ 实际上，清代中期渭北地区由于治安不靖，各处防御性堡寨林立，是历任地方官的管理症结所在。至今，关中仍有土匪出自两华县（华县、华阴）之说。清末樊增祥在陕任职时，时常焦虑于"二华刀匪充斥，为害至深"。④

随着组织扩展，刀客经常省际联合，伙同作案，大致分布于整、

---

① 蓝勇编注《稀见重庆地方文献汇点》上册，重庆大学出版社，2013，第 373 页。
② 来新夏：《林则徐年谱新编》，南开大学出版社，1997，第 628 页。
③ 《附奏陕西地方情形片子》，《李星沅集》，岳麓书社，2013，第 34 页。
④ 樊增祥：《批华阴县刘令详》，《樊山政书》卷 4，第 88 页。

鄂、乾、武、扶、郿、岐、凤、宝、陇、华、潼等十数县，应属无疑。
清末辛亥之际，刀客波及邻省，成为各派拉拢的对象。至晚于道光年
间，刀客已经扩展至河南与湖北。道光二十八年，湖北咸宁人樊琨
（字玉农）由中牟县迁知安阳县时，正值水旱交至、民益大困之际，刀
客随之猖獗："安阳民素雕悍，有红衣而带刀者，曰刀客。横行闾里，
为良民害。公捕其尤悍者，数人杖毙之，余皆易逃去。"① 道、咸、同
年间，陕西人口数量增长至于空前，刀客亦随之激增，可占所统计刀客
的 30% 以上，刀客会逐步形成。通过对刀客空间分布的考察，可以看
出早期刀客在陕影响之大（见表 2）。

表 2　清中期以来刀客主要分布区域及代表人物

分布区域	代表人物
蒲城县	王敢鸣、屈继仁、张大娃、张二娃、抖化儿、金祥、杨虎城、郭坚、郭东生、鲍盈娃、董七娃、夏娃老四、尉姓刀客十余名、史双儿、孙之玉、惠牛儿、段道士、王来幅子、任收娃、洪大吾儿、郭尚名、王兴奎、杨才、程太和、王涣儿、张会儿、吴犬儿、吴春友、张新儿、李升、杨双道、吴聪贞、曹根友、曹兔儿、权禄儿、刘伏儿、刘魁儿、陈来儿、张小九儿、曹友才、张映魁
富平县	王守身、严锡龙、张登山、马长命、马正德、马豁、党玉昆、王绪朝、党海楼、奕茂胜、许天彪、魏庚娃、路占丁、王碧海、杨衮、段学义、杨鹤龄、段三多、柳红、石象坤、石象仪、崔式卿、考娃、润娃、陈老九、田梦麟、贾怀德、孙坤
朝邑县	甲午儿、王振乾、严飞龙、王银喜、杨恩贵、纪儿老四、张同甲、温寿娃、宋牛儿、樊太、喜儿、雷怪
渭南县	严纪鹏、赵银娃、阳生、朱佩贞、朱佩朝、石冷镜、邓树林、李照祥、蒋明礼、贾海彦、马步月、马金玉、马得沨、马得全、马黑娃子、李狗娃子、赵恩科子、余二丫儿、蓝山儿、杨赛福、惠栓儿、孙万英、刘狼胜、李收心、曹育生、麻振武
大荔县	李满盈、李福盈、郭秃娃、唐怀儿、丁六八、丁五三、丁来成、丁培娃、丁沙噶儿、丁囊壶、丁六儿、丁双受
阎良县	张明轩、张兴五、张凤鸣、丁增华、南明祥
临潼县	于敏忠、李云龙、李垛落、冯烂毛、张宝、吴赖、刘四娃、刘春成
华阴县	郭秀娃、魏康兴

① 俞樾：《河南府知府樊公传》，顾廷龙主编，《续修四库全书》编纂委员会编《续修四库全书》第 1550 册，上海古籍出版社，2002，第 378～379 页。

续表

分布区域	代表人物
兴平县	刘三、刘坎坎
澄城县	大麻子、北坤儿、刘四序
白水县	石谦、高峻
白河县	钱鼎、钱甲
合阳县	赵孝信儿、李凤娃、吴鸿顺、李海山
同官县	白喜
洛南县	牛万里、黄辛卯、刘石头
洛川县	赵有绪
洋县	朱溃秀

资料来源：整合自清中期以来多个官方文献、书信文集、报刊资料等文本，兼及地方志、文史资料等辅证。县名采用清代名称，不再附注。

刀客会众之间没有严密的禁规，凡意气相投、品行相近、彼此熟悉者，皆可称兄道弟，草根特征比较明显。彼此之间构筑关系网络，互相介绍会众，采取介绍入会制，如关山铁匠于敏忠给杨虎城推荐了刀客李垛落作为心腹。富平人武鸿钧（观石）数嘱刀客胡彦海等人与党玉昆相识，结为兄弟；党玉昆同时混迹于东府刀客杨生娃部，打家劫舍、杀人越货。不同刀客集团彼此常有联合，如严飞龙、王银喜、杨虎城、大麻子等刀客组成十三太保，秘密合作。1912 年春，李云龙、丁增华、南明祥、张明轩、张凤鸣等组成渭北刀客，独树旗帜，后来组织了"十八娃造反"。[1] 若遇官府追剿，如林则徐之言，"攫财物则彼此分赃，闻缉拿则纠同抗拒"，[2] 团伙之间互相支持，"其规模之大者，有聚众二三百人，枪刀相对垒，俨若正式战斗，有三数日争战不已者"，[3] 可见其势力之巨。

---

[1] 中国人民政治协商会议陕西省蒲城县委员会文史资料研究委员会编《蒲城文史资料》第 3 辑，内部出版，1987，第 4 页。

[2] 《请鼓励渭南县知县余炳涛片》，林则徐全集编辑委员会编《林则徐全集》第 4 册《奏折卷》，海峡文艺出版社，2002，第 1736 页。

[3] 退藏：《纪刀客王狮子》，《京沪周刊》第 1 卷第 22 期，1947 年，第 11 页。

一些刀客结交地方乡绅与基层胥吏，如徐法绩指称他们时常自发地交接捕役。同时因回汉杂居，矛盾四起，故而械斗成风："向来地方官偏袒汉民，凡争讼斗殴，无论曲直，皆压抑回民，汉民复恃众欺凌。"刀客流散过程中与回民械斗不断。高陵县"接壤回民，杂处颇好斗狠"。① 同治元年（1862）五月间，"泾阳和三原官绅曾重金罗织收买刀客中的败类与团练势力，欲屠杀辖区回民"。② 同治元年，三原县刀客联合本地劣绅、团绅发动洗回运动：大部分回民男女集中在清真寺里，门口安置两尊土炮，用以自卫。五月十三日宋成金指挥刀客包围礼拜寺，初想攻寺门，因炮火齐发，攻不能入。于是刀客在寺周围纵火，把礼拜寺烧了。③ 咸同年间，刀客的组织力量逐步扩大。由于回汉冲突不断，一些刀客与回民势不两立，在争斗中无形中扩张了势力。东阿居士《秦难见闻记》中称：渭南刀匪冯元佐与本县富豪赵姓及大荔之李姓共相唱和，潜行传帖，声言奉旨洗杀回民，愚民不知，从而信之，于是自潼关以西，凡往来回民非锄即杀，无得免者。④ 刀匪（同时也是地方团总）冯元佐与赵、李两姓勾结，攻击良善回民，破坏回汉关系，使得民族矛盾激化。马长寿在针对陕西回变的社会调查中写道：于是纠合多人手执扁担、棍子，一齐打进去了。进去以后，打散了四十多名刀客，还把赵老爷拉下打了一顿，但并没打死。⑤ 汉回日常生活中多有纠纷。回族参与刀客者，清廷称为回匪。

分布于各地的刀客，以陕东为核心向外扩散，活跃于省际管理繁难之地。同治九年，李鸿章致信湘军将领郭子美，提及刀客缉捕之事：鄂

① 卢坤：《秦疆治略》，第12页。
② 汪澜：《陕西"隐型文化"初探》，《唐都学刊》1988年第2期。
③ 马长寿：《同治年间陕西回民起义历史调查记录》，《马长寿民族史研究著作选》，上海人民出版社，2009，第332页。
④ 马霄石：《西北回族革命简史》，上海东方书社，1951，第93~94页。
⑤ 马长寿：《同治年间陕西回民起义历史调查记录》，《马长寿民族史研究著作选》，第428~429页。

边现无军事，惟刀客、会匪时虞窃发，大树威名，暂劳坐镇，楚疆之福，不仅家兄得资臂助也。① 同治十年十月二十九日，李鸿章致信南阳军政："南阳为鄂豫连界，刀客土匪时有出没。"② 同样，《周盛传北山迭胜折》中也提到：并获著名刀客王马成，夺器多件。各任地方官为了达到治理目的，往往不惜将刀客就地正法，处以严刑或锁系巨石、铁杆，惩罚重却收效甚微。光绪年间，渭南县令尹长龄捉到一个刀客，为惩戒故，在他头上套了个猪尿脬：刀客说我不怕杀，只怕此法。③ 但其只是临时性、非制度化的处置，往往风头一过，刀客群体又成为下任官吏的心腹大患，屡经整饬而未曾根诛。

（三）职业生计与地方产业

将某种特定身份或从事一些固定职业的群体称为某客，是陕西一些地区方言构词的一般性习惯。与盐客、烟客、镖客、赌博客、麦客、货客、边客、碗客之名相比，刀客称呼并非单指一种具体职业，而是清中期之后陕民对流窜乡里、结社伙行、手持关山刀这一游荡群体的总称，"从前贼匪以刀为利器，故名刀匪"。④ 道光十五年，黄爵滋在《敬陈六事疏》中指出：民有正业，皆管于正业之中，而有所托以得食。无正业，则无所托以得食，遂去而为枭棍，为盗贼，为邪教。一倡而十和，十倡而百和，日积月多，多有业者亦且为所诱胁而从之。⑤ 黄氏所言从生计角度指出了民间结社群体集聚的原因。传统自然经济逐步瓦解加上

---

① 《复郭军门》，顾廷龙、戴逸主编《李鸿章全集·信函二》，安徽教育出版社，2008，第145 页。

② 《复署河南南阳镇台崔》，顾廷龙、戴逸主编《李鸿章全集·信函二》，第361 页。

③ 马长寿主编《同治年间陕西回民起义历史调查记录》，陕西人民出版社，1993，第188 ~ 189 页。

④ 中国第一历史档案馆、北京师范大学历史系编选《辛亥革命前十年间民变档案史料》上册，中华书局，1985，第242 ~ 243 页。

⑤ 中国社会科学院近代史研究所《近代史资料》编译室主编《鸦片战争时期思想史资料选辑》，知识产权出版社，2013，第10 页。

陕西地区相对小块的土地耕种模式，买卖率低，租佃关系不发达，基层社会的普遍贫困化，民变、秘密社会、土匪活动互相交织，反过来促成了底层民众的结合和集聚。农民破产之后成为刀客，为求生计，离村、离籍迁移且部分走向市镇，不断流动，一定程度上破坏了以往的社会生态。在天灾人祸的夹击下，如林则徐所奏：西安、同州两府属因雨水短缺，秋麦未能遍种，粮价不免增昂，尤恐匪徒以荒歉为名，乘机抢扰，仍谆饬各府县营汛督带兵役，加意访缉。[①] 灾害频仍是民众结社的重要变量，民国《续修陕西通志稿》称：光绪丁丑，戊寅奇灾，道殣相望。陕西省大量农民、手工业者、盐工等弱势群体纷纷失业和离籍，在毫无政治保障的情况下，只有组成群体或结成帮派，互相认同，才能在动荡不安的环境下站稳脚跟。

刀客结团之后，时常借助庙会、集会和街市从事一些商业活动。渭北名邑关山镇就是刀客的聚居地之一，他们经营茶叶、煤油、食盐、卷烟、绸缎、扫帚、煤炭等货物。道光十六年，徐法绩在家丁忧，有杂诗一首形容关中刀客之滥："同州刀客昔无之，近日成群市上嬉。夜间作贼日间赌，大伙横行官不知。"[②] "夜间作贼日间赌"是刀客生存模式的生动写照。徐法绩继续写道，刀客时常驻足街市，"黑烟争说闹排场，到处开灯劝客尝"，[③] 即所谓烟客。《大清宣宗成皇帝实录》卷387道光二十二年十二月下记载：据称川西北州县，近有烟客、刀客两种匪徒。生计模式的不稳定性使得"刀首"主动与地方官、士绅结连，听命于官或效力于绅，进行各类经济活动，以确保自己的生计来源。刀客头目王狮子保商之名，黑白两道皆熟知。1910年，王狮子被华阴巡防队联合捕杀后，官府布文称之为巨奸：

---

① 《林则徐全集》第4册《奏折卷》，第1759页。
② 徐法绩：《徐太常公遗集》卷4《诗》，第8页。
③ 徐法绩：《徐太常公遗集》卷4《诗》，第8页。

王狮子名振乾，朝邑北寨子人。父王祥，为朝邑之班头。振乾幼习武，为清武生。身高，面白净，为人豁达好施与，喜结交当时豪侠。清光宣间，道路不靖，王辄护运商货为保镖。其徒樊太、喜儿，皆孔武善斗，舟车所至，匪人畏王名，不敢犯；关卡皂役亦慑其威，多予便利。王亦以此家渐富，陆行有四套大车两辆，大河以上有船二艘，用以贩运河东潞盐及茶叶。王所运盐、茶，闯关夺卡，偷漏厘税，官方莫可如何，但积恨日深。从此名渐噪，结交益广。蒲城李满盈（名得升，字子高）、李福盈弟兄、郭东生（亚雄）、朝邑甲午儿，皆其朋侪。①

王狮子一身多业，既可组织戏班演唱，也可行私贩、保镖之事，同时拉拢基层官员，与地方绅商交游亦甚密切。主导捕杀王狮子的朝邑县令李焕墀因请求省府行文河南、山西两省出兵镇压，久居西安不敢回县城。辛亥之后被会党势力徐少南、刘勤甫宣布为"诛王首恶"，家人亦遭凌辱。②

刀客群体缺乏正常的谋生手段，为维持生活，渐渐形成多元的生计模式，时常结伙相伴从事一些雇佣性、临时性、寄食性职业，而非一种固定性的阶层化存在。清代中后期，里甲逐步为保甲所取代，保甲功能之一便是"谋安定社会之一端"，③ 游民带刀闲游原为保甲禁约，陕西省渭南县《光绪廿一年保甲章程十二条》第十条"严除莠民"称：著名"刀匪"光棍，曾经犯案，差缉未获者，若能捕获一人送案，必立于重赏。其未经犯案，而带刀横行，鱼肉乡里，或开场诱赌；骗取财物；或骑马持刀，蹂践田禾者，准由各甲长告知里正，或自行捆送，或指明禀究。④ 这里虽

① 中共陕西省委党史资料征集研究委员会编《辛亥革命在陕西》，陕西人民出版社，1986，第 253 页。
② 退藏：《纪刀客王狮子》，《京沪周刊》第 1 卷第 22 期，1947 年，第 12 页。
③ 闻钧天：《中国保甲制度》，商务印书馆，1935，"自序"。
④ 渭南县志编委会编《渭南县志·第七编·军事志》，内部出版，1984，第 12~13 页。

主要言及保甲与民团缉捕之责，也从侧面透露出刀客在地方上设立赌场等事的蛛丝马迹。

无独有偶，退藏《纪刀客王狮子》中指出了刀客设赌之事：此辈常以赌博为生涯，每遇迎神赛会，不远数十百里，必结党设博场，借得十一之头钱，以资其用渡。[1] 更为显著的是，某些刀客之名便有鲜明的职业特征，如王守身是煤炭工人，常背炭下山，脊背发黑，故绰号黑脊背；刀客石象仪职业为石匠，绰号冷錾，錾是敲击石头的工具。刀客具体的职业与生计分类，可见表3。

表3 刀客主要职业与生计及代表人物

构成	职业与生计	代表人物
盐客 （盐匪）	盐工占据相当比例，在富平与蒲城比邻的卤泊滩，抵抗盐勇，以贩私盐为生，维持自身生计及组织运转	王狮子、樊太、喜儿、胡彦海、马正德、马长命
镖客	为谋生计，三三两两，携带关山刀子，行保镖与贩运诸事。护送当地或过往商旅，防止路遇盗匪劫货，通称保镖，主要在茶行、水烟行、米行、粮行居多。如山西潞盐商、湖南砖茶商常常雇佣刀客保镖，同时也可减少关卡官兵的盘剥。刀客抽取保镖费、护卫费等作为收入来源。有些刀客在保运的同时，偶尔自己也贩运些许烟土、茶等，闯关夺卡、偷漏厘税	金祥、王狮子、王敢鸣、牛腿、韩秃子
赌博客 （赌匪）	又叫骨碌子。每逢集市庙会，摆摊设赌，大则设赌棚，小则排赌摊，掌红吃黑。招赌窝窃，抽头分赃。弹钱赌博，一人赢得钱文，随时分用，不计确数。有些刀客在赌博中很讲信用，绝不输打赢要	张兴五、马得全、李奴儿、李喜勾儿、李四九儿、李二撒、秦四儿、蓝三猴儿、沙满儿、马葫芦儿、禹省城儿
土匪、 游寇	未被刀客组织吸纳，落草成匪。拦路抢劫、破门入户、抢劫商旅过客、破坏民财	李垛落、粘眼老常、李老四、刘春成
其他	铁匠、煤炭工、地方胥吏、团绅、私塾教师、道士、艺人、农民、民团等	于敏忠、王守身、高峻、赵恩科子、王铭丹、段道士

资料来源：主要根据杨怡鲁《刀客之称谓》《关中刀客之富平盐客》，兼与地方文史资料及其他文献比对整合。

根据表3，刀客职业、生计之庞杂可见些许端倪。刀客难以集中占据生产资料，与依附于土地或固定产业的群体不同，只能以雇工作

---

[1] 退藏：《纪刀客王狮子》，《京沪周刊》第1卷第22期，1947年，第11页。

为主要的生计模式，尤其在灾疫之时，"在野多一雇工，即在途少一饿殍"，[①] 彼此间互济互助。在地方经济运转中，刀客承担一种游离性的社会角色。而为了避免民匪杂居，地方官及保甲乡约常约束产业，禁止雇佣刀客，实行一些严厉的经济统制。在陕西省铜川市雷家坡炭窠神庙中有一块道光二十八年十月立的《窑规碑》，其上记有同官县煤窑招工须警惕刀客之事，可见刀客规模与流窜范围不小。碑文中如此描述：

> 至于接待工人尤不可无规，遇面貌凶恶，语言狂悖支离者，非逃匪即刀匪，不可招纳。果系本分受苦，须遵县主谕帖，查清来历姓名住居，着乡约登记注清。[②]

清代中期，关中刀客崛起后被山陕商人雇为保镖，以避免贸易沿途各地税局的额外勒索和非难。陕西东部与晋豫交界的朝邑黄河滩和以卤泊滩为中心的私盐熬制场地，加上接近河东池盐（潞盐）的运转通道，为刀客集聚提供了生计基础，逐步形成刀客的早期聚居地。以刀客中盐客为例，无论是出于"保盐"还是"产盐"之目的，所需之人都不在少数。卤泊滩系古代卤阳湖遗址，明代末年湖水逐渐浓缩成滩，为私盐产地，"卤泊滩共约盐棚二百余家，每个盐棚有盐锅二至三口，共有盐锅五百余口。每口盐锅一昼夜出盐一个，以 540 个计，每个盐平均重 160 斤，共日产盐 86400 斤"。[③] 山西潞盐商雇佣刀客保盐过卡，陕西东府的私盐商亦主动结连刀客。清代卤泊滩未曾获得单独引岸，大部分时间以私盐面孔出现。早在乾隆年间，富平县周边居民私行占地熬煎已非

---

① 《林则徐集·奏稿下》，第 951 页。

② 吴晓煜：《中国煤炭史志资料钩沉》，煤炭工业出版社，2002，第 321～322 页。

③ 杨蕊：《官盐私运与私盐官营：清代陕西卤泊滩土盐驰禁之争及其与地方社会之关系》，《中国社会经济史研究》2013 年第 3 期。

一日。地方官也注意到"蒲城滩及卤泊池，地属陕省，私盐出没"。①
陕西巡抚谭钟麟奏曰："窃照陕省向有带刀游荡之匪，以蒲、富、临、
渭四县交界之盐滩为窟穴。"②

官府允许私盐贩运时，盐客以盐为业，正常运营；地方急禁私盐
时，盐客又抵抗盐勇，携贩私盐，维持生计。盐客作为关中一股势力，
或加入刀客组织，或与刀客合作，影响地方社会。程森注意到刀客与私
盐之间的密切关系，指出"在卤泊滩进行土盐的生产与贩运是维持刀
客生存的主要方式。山、陕地方对卤泊滩土盐的打击变本加厉，刀客与
官府的矛盾不断加深，这应是清末关中刀客产生反清意识并附着革命的
缘由之一"。③蒲城刀客王敢鸣就曾在卤泊滩井家堡集合刀客，坚壁深
壕，抵抗官兵之缉捕。清末河南禹县因采煤与刀客势力相争：西山富煤
矿，矿户常数百家，矿夫以千计，依矿为生者又倍矿夫焉。其民去治远
而性悍，当承平时，横眉之桀，好勇疾贫，睚眦必报。白昼入市杀人，
神垕、文殊店、方山、白沙诸镇所习见也，谥曰刀客。④刀客依赖地方
经济产业，亦因生计模式而形成以盐场、煤矿、石矿、铁矿为活动空间
的集聚。如王狮子贩卖私盐、烟土，建立类似商帮的结社团体。

> 狮子本人，常携私货走甘凉，归则载烟土十余车。经关中东西
> 关卡，贿赂税吏差弁，至山西运城一带，售购私盐，再运至渭北发
> 卖。三省关吏，以既得贿赂，又不触狮子怒，遂令通过，狮子亦以
> 此，不几年成巨富，益豪纵不羁，近邑党徒，多至六七百名。⑤

① 王庆云：《酌拟留商改票疏》，于浩主编《稀见明清史料丛刊》第33册，国家图书馆出版社，2009，第136页。
② 谭钟麟：《蒲城刀匪戕官劫狱剿捕情形折》，《近代中国史料丛刊》第33辑《谭文勤公奏稿》，台北：文海出版社，1969，第221页。
③ 程森：《光绪初年关中刀客的活动与卤泊滩土盐禁采》，《中国经济史研究》2019年第4期。
④ 王林琴等：《禹县志》卷3《山志》，民国20年刻本，第361页。
⑤ 退藏：《纪刀客王狮子》，《京沪周刊》第1卷第22期，1947年，第11页。

刀客从互助团体到地方匪徒的演变是一个明显的趋势。民国之后，不少刀首趁机敛财，鱼肉乡里。阎良的刀客老五（张兴五）为牛刀客张明轩之弟，借亲属之权谋取私利，成为当地一霸，在乡里网罗爪牙与打手 30 多人，控制地方产业，破坏乡村秩序。其在阎良镇有商号 6 座，经营棉花、粮食、百货等日用商品，操纵阎良镇的经济。同时，他在乡镇大摆赌场，见十抽一，大发其财，基本控制了阎良镇公所。① 以刀客为首领的地方小股军阀，收税派款相当严苛，横行一方，基层官绅职员无不笑脸相迎。1918 年，韩城民众合力击毙刀客"野狸子"严锡龙事件，对此是一个很好的脚注。严氏时任地方军阀王银喜②的部下，赋役严苛，常下乡派款。民间有"委员到县，百姓打颤；委员下乡，百姓遭殃"之俗语。当年十二月，南乡三团（孔乐团、勇盛团、公益团）团正与当地村民密谋袭击严氏，致使其当场死亡。

陕西地方文人高士龙作《严锡龙见毙于韩民论》一文，言及韩城民众受刀客剥削之苦已非一日：身之亡也，以作恶亡，亡有余责。严锡龙位过营长，行类盗贼，贪恋财宝，殆有甚焉。③ 死有恶名，以合天理之昭彰。严氏既为刀首，也是地方士绅，仗势欺压良民而堕落成劣绅匪徒。这一类人非出于生计或生存之故而为害一方，富江湖流氓习气，恶

---

① 陕西省临潼县志编纂委员会编《临潼县志》卷 36《人物志》，上海人民出版社，1991，第 1134 页。

② 王银喜，别名王飞虎，字子风，朝邑人，原为关中著名刀客，当时任革命军第十标一营营长，驻扎在陕西朝邑（1958 年并入大荔县）一带。其治军不严，祸乱一方。因此，其上级机关游击队司令部襄佐军务的常自新（字铭卿，陕西蒲城人，曾任同盟会陕西东路支部支部长，系井勿幕的好友）致函井勿幕，汇报了这一情况。井勿幕当时在西安因公务繁忙，不能立即去朝邑处理，于是复函谈了自己的看法，委婉地表明治军之法：子风名满关中，治军所短。得足下启导之，同属黎民幸甚。且子风以符之旅，得今之名，设能折节为善，即使白抬逍遥，亦足不朽。君之爱人以德，诚不愿彼以富贵暴恶终也。参见张应超《井勿幕致常自新的一封信》，《人文杂志》1996 年第 3 期。

③ 李国英、冯光波、吉绍廉：《南乡民团击毙"野狸子"》，中国人民政治协商会议陕西省韩城县委员会主编《韩城文史资料汇编》第 2 辑，内部出版，1983，第 96 页。

名流传，不受陕民待见。当地人憎其不法行径，称其为"伪侠、贼棱子或仄楞子"，^① 以示厌弃。

二　刀客集团、辛亥革命与地方秩序的微观图景

与受制于各色行政体系的编户齐民不同，游民是地方政府管理症结之所在。对于朝廷的科层管理来说，基层社会以士绅教化为主，除非出现团伙作乱，一般来说具有较强的自治性。刀客作为特殊的社会群体，同时也是地方社会重要的武装力量，其在晚清地方民变风潮和辛亥革命中相当活跃。刀客势力兴盛之后，地方名流士绅在拉拢"刀首"的同时，也扩大了自身的影响力。作为潜在的革命力量，至辛亥前，有刀客势力参与的地方权力格局初步形成。民初政局稍定，变动时代中的刀客成为过渡时期一个游离的群体性象征。当刀客势力与地方士绅渗透交错，可以想见的是：他们殊途同归，影响了地方政府的权威，促发了基层权力秩序的重构。

（一）刀客、民变风潮与地方政府因应

刀客群体在晚清民变风潮中，在参与群体方面具有聚合性，往往一股勃兴，随者影从，与地方灾荒或抗捐、抗税、交农等运动相伴而生，成为一种社会现象。道光二十六年，由于灾荒缺粮之故，西安府所属八十九厅州县收成仅有六成。朝邑县刀客李牛儿率饥民起义，来势汹汹，"不独兵役避其凶锋，即州县官员亦望而却步"。^② 道光二十三年，李星沅对于处置刀客一事如此记载："富平县张其翰辞见，谈悉该县多刀匪。拟示劝村民团结，有匪即擒，擒者重赏，亦诘奸之一道，较胜壮役

---

① 杨怡鲁：《刀客之称谓》，第 42～43 页。
② 《请鼓励渭南县知县余炳涛片》，《林则徐全集》第 4 册《奏折卷》，第 1736 页。

滋扰。"① 不仅如此，灾疫之凶加上躲避官府缉捕，到 1847 年 9 月底，刀客伙同青莲教大有向邻省蔓延之势，流至甘、豫毗连之处。朝邑大儒李元春②给护理陕西巡抚杨以增（1787～1856）上书，极度担忧刀客"或聚众黑夜抢劫，或结伙白日乱扰"，袭击炭厂，夺取财资诸事。③

灾荒加剧了地方势力的扩张。光绪三年底，山西省灾荒严重，阎铭敬奏称民间实况："省南一带，伏莽多矣。西则界连韩、蒲，刀客则啸聚靡常，东则错处修、济，枭徒之揭竿迭起。"④ 曾国荃的《抚恤阳曲等厅州县加赈口粮疏》奏报从另一个侧面也说明了灾荒期间刀客在秦晋之地的猖獗："惟是晋省既苦旱荒，秦、豫又皆灾歉，邻封会匪、刀客、教匪与饥民勾结滋事之案，动辄数百人、千余人不等，抢劫乡村，时虞不靖。晋省内防伏莽，外御强梁，兵勇无多，实属不敷分布？其无兵抵御之处，而又不得不设备者，于是责成州县略知兵事之员，就地招募壮勇，以杜窜入之路。"⑤ 由于刀客猖獗，陕西地方官曾大规模地捕获刀客，以三次清剿运动和三次刀客活动为例，这些数字或许不尽精详，但亦可约略看出刀匪组织的规模及其变化（见表4）。

表 4　清廷缉捕刀客数量及刀客活动规模

时间	涉及人物	数量
	官府清剿	
道光二十三年(1843)	李星沅	46 人
道光二十六年(1846)	林则徐	56 人
道光二十九年(1849)	张祥河	105 人

① 李星沅：《李星沅日记》，中华书局，1987，第 477 页。
② 李元春（1769～1854），嘉庆三年即 1798 年中举，曾任大理寺评事，加州同衔，后因母年迈，辞官回陕事亲讲学。
③ 李元春：《桐阁文钞》卷 6《上护院杨至堂大人言救荒书》，朝邑同义文会刻，1884。
④ 朱寿朋编《光绪朝东华录》第 1 册，第 515 页。
⑤ 《曾国荃集》第 1 册，岳麓书社，2008，第 216 页。

续表

时间	涉及人物	数量
	刀客活动	
光绪三年（1877）	谭钟麟	200～300 人（屈继仁、张大娃等人为首）
宣统三年（1911）	井勿幕	6 营约 3000 人（北山招集刀客、游侠等）
民国 5 年（1916）	胡景翼	富平兵变中刀客、豪侠 1000 余人

资料来源：根据《清实录》、《清史稿》、任陕官员文集和文史资料中相关内容汇总而来。

  秦晋两省毗邻，因饥生出民变诸事，在陕西蒲城则直接表现为已革武生屈继仁和张大娃、张二娃、抖化儿等刀客杀官焚署、击毙县令黄传绅的恶性事件，"渭南、富平、蒲城各县刀匪头目，密约伙党数百人，夤夜爬城而入，劫狱戕官"。① 1904 年 3 月 25 日，陕西省兴平县赵村的刀客刘三及乡民刘坎坎等人在与官府对抗中身亡。咸丰二年（1852）曾擢陕西巡抚的张祥河奏称：陕西兴安等地毗连楚境，应举行团练，择要防堵。唯乡勇良莠不齐，易聚难散，不如力行保甲，为缉奸良法。他指出保甲的弥盗功用强于团练。在地方官府的运作体系中，平日为防刀匪，不过"设立保甲，发给门牌，慎选良民充当甲长。地方官随时稽查，不许容留匪徒，则民安耕凿矣"。② 徐法绩在《复毛明府书》中建议，"每堡每村轮流支更，面谕乡约保甲人等，令其认真传语委员抽查"，③ 并且须赏罚分明，善加引导和鼓励捕役用力。地方政府借助于保甲民团和传统的户口控制模式，以求"游民无所容留，奸匪借以敛迹"。④ 对于徐法绩所言之刀客大伙横行官不知，官府其实并非全然不知，只是缉捕靡费耗力，难以奏效罢了。此类断断续续且力度不一的官方查禁，从客观效果来看，对于刀客势力无疑是一种纵容。

---

  ① 江人镜、张元鼎修《增修河东盐法备览》卷 4 上《律例·禁缉扼塞》，光绪八年（1882）木刻本。

  ② 卢坤：《秦疆治略》，第 19～20 页。

  ③ 徐法绩：《徐太常公遗集》卷 2《书函类》，第 7 页。

  ④ 卢坤：《秦疆治略》，第 6 页。

清代地方政府对于刀客的处置有两个倾向：运动式清查和从重治罪。《清文宗显皇帝实录》第八十八卷上谕指出：土匪啸聚成群，肆行抢劫，地方官于捕获讯明后即行就地正法，以昭炯戒。该上谕还饬令各属团练、绅民合力缉拿，格杀勿论。刀客结伙作乱酿成大案之后，由于地方不存在独立的治安体系，纠治"刀匪"往往是上司的临时性决定和县级兵勇的突击性行动，因此常查常办亦常废常止，事过政息，流于形式，出现大的变故之时方募集乡勇、集合民团除害，严行保甲，时时派员劝导，不过是治标不治本的临时策略。上司不纠时便因循了事、阳奉阴违、刻意回护，或锁拿一二生事之徒，缉捕效果与地方官个人性格与行事作风息息相关。道光十年，徐法绩奏称陕西捕役废弛、盗贼横行，痛斥道："盗贼之作，由于失业者半，由于纵容者半，而纵容者又失业之渐也。盖缉捕尽力盗贼所容，则失业之人亦必转而自谋生业。若官自讳盗，吏复豢盗，盗有利而无害，虽不盗者亦将习于盗。"① 徐法绩对地方治理中的"因循浇风"做出批评，显示出官府查究刀客之难局。

鸦片战争后林则徐受屈入罪，来陕后相当实干，多次因"刀客作乱事"上奏朝廷。他鼓励地方官实施治奸民、以民统民之策，联十村为一保，每户拔一人组成乡兵，由士绅带领，平日种田，若遇刀客，即鸣钟集合以驱之。同时下恤民生，对游荡的刀客群体进行初步救助与收容。为提高效率，林则徐命地方官严办刀客之事，根据查办刀客的表现给予奖励或惩处。当林氏在陕严令缉捕刀客，悬赏购线，设法侦拿时，蒲城县地方官员方才"于境内应拿要犯咸能不事回护，陆续缉获多名，力除从前粉饰瞻顾积习，似捕务较有起色"。② 而且，"刀匪"势力与地方官僚、胥吏的关系相当暧昧，彼此虚应故事、暗通关节，"刑狱问胥

---

① 徐法绩：《徐太常公遗集》卷 1《奏疏类》，第 6 页。
② 《林则徐全集》第 4 册《奏折卷》，第 1759 页。

吏，盗贼问胥吏"，这种制度性原因，使得地方秩序难以安宁。地方官面临"刀匪"作乱，"虽访知著名恶党亟应搜捕驱除，而转思惜费惮劳，不如省事。……且即破一巨巢，获一大伙，而又虑及在逃余犯或设计报复，或捏控抵制，其为后累者正多。并又惮于吏议之严，因起获火器刀矛而转咎其从前之失察。是畏累之心愈甚，即缉匪之劲愈松，讳饰因循，渐至养痈贻患"。① 官员之因循和治理惯性使得民间结社无法从根本上被清除。但即使如林则徐之类的名臣干吏，也不免只能悉心开导、破除锢习、迁延者问罪而已。

　　据不完全统计，1874～1911 年，在陕西发生之民变多数与哥老会和刀客会有关，不少被列为刑部重大项目，其中牵扯刀客的案件被称为"刀案、刀犯"。② 在基层村落，由于刀客的猖獗，地方士绅不得不联合协同治理。在蒲城县西乡，"少年佩刀者，群乎为刀客，率其属横行村市间，众莫敢睥睨，恒取人牛马限日使赎，逾限则杀而食之，或鬻之远方"，商人雷廷珍"与乡人约社，各举二长，统司其事，一家有失，三社共纠之。令大户先出赀为纠者费，失者还主人，偿大户赀如数，部署定，贼闻而裹足"，因对抗盗匪建立乡村的自卫机制。实际上，雷廷珍已直接参与、掌握了对基层社会的管理，"凡三社争辩事皆质诸君，即妇孺谇诟亦奔诉于君。君一一评论，无不折服"。③ 无独有偶，大荔县"刀匪劫掠行旅，杨村设鸿义局"，举士绅李坤元"为总绅练团防剿"。④ 通过防治刀客，地方权力结构发生了某种微妙变动。事实上，刀客游离于官府纠治与放纵之间，自有微妙的生存之道。

---

① 《请鼓励渭南县知县余炳涛片》，《林则徐全集》第 4 册《奏折卷》，第 1736 页。

② 退藏：《纪刀客王狮子》，《京沪周刊》第 1 卷第 22 期，1947 年，第 11 页。

③ 路德：《柽华馆文集》卷 6《雷聘侯墓志铭》，转引自钞晓鸿《生态环境与明清社会经济》，黄山书社，2004，第 263 页。

④ 聂雨润等修，李泰等纂《大荔县志稿》卷 10《耆旧传上》，台北：成文出版社，1970，第 155 页。

县捕追逮，多逃匿他县。或捕力微者则拒之，常夺捕者之枪械。捕亦多知不能与之死斗，辄令逃脱，以了其公事。且县捕每多与此辈有往还，非追比过急，绝少有捕获者也。各县刀案犯重大，追捕特急时，皆尝投奔。①

严孝全遇官府捉拿，即"走匿甘肃"，②刀客首领针对官府追捕形成了一套微妙的智慧。随着经济来源的相对稳定，刀客的武器装备，由于同治回乱、太平天国之后民间武器的大量遗留，加上土法制造、自发购买，并非落后与不堪一击，时常"有窝巢以为藏身之固，有器械以为抵御之资"。③早在道光年间，一些刀客组织已经具备了鸟枪、抬炮等热武器。道光二十一年四月，江苏华亭人朱大源迁知蒲城，《清史列传》记："蒲城多盗，有刀匪，其首曰王敢鸣（改名），聚众屯井家堡界，蒲城富平临潼渭南四邑间，匪坚壁深，濠备火器拒捕，民与匪往来自保。"④王敢鸣伙同手下刀客自备火器对抗官府，有狗娃炮（生铁小炮）等，刀客组织的装备水平可见一斑。直至甲午战争期间，樊增祥仍以缉捕刀客为要务，将其作为政绩之一，并多次指示地方官如何惩治"刀匪"之事。⑤陕西举办警务之后，民政司多次指令各地警务要严办刀匪，合阳县警察局报告：刀匪李凤娃等开山放票，造谣谋逆，劫掠客

---

① 退藏：《纪刀客王狮子》，《京沪周刊》第 1 卷第 22 期，1947 年，第 11 页。
② 《陕西辛亥革命参加者事略》，陕西省文史资料数据库，http://www.sxlib.org.cn/dfzy/wszl/sxswszlsxg/zhl_5207/ryzzqkyhyjy_5210/201701/t20170122_608685.html，2020 年 10 月 3 日检索。
③ 《请将渭南知县余炳涛量加鼓励片》，《林则徐集·奏稿下》，第 938 页。
④ 《清史列传》卷 76《循吏传三》，第 6263 页。
⑤ 仅《秦中官报》所载就有六条，分别是：《藩司樊批渭南县张令禀获刀匪王有善即南山王讯明拟办情形一案由》《藩宪樊批华州知州唐松森请示刀匪范集团向范恒茂坐车未允枪轰范恒茂伤平可否将该犯锁系禀》《抚宪升批华州禀报刀匪骞五儿等屡次抢夺滋事拟办一案》《抚宪升批华州知州唐松森具报刀匪魏康兴即魏冻冻诱拐周陈氏为妾已成于堂讯责饬后在押患病身死一案禀》《抚宪升批临潼县拿获刀匪孙天保设赌查讯明确可否锁示做禀》《臬司锡批驳洋县会匪杨树存因路遇索欠口角起衅被刀匪朱溃秀等共砍戳伤身死一案详文》。另外，樊增祥的《樊山政书》《樊山判牍》中涉及更多。

商，已属法所不宥。复盘踞武帝山岭，召集党羽，警扰阎闾，更见胆大妄为，憨不畏死，该局长等督率巡捕队，集合乡团上山攻击，毙匪二十余名，夺获马匹票布多件。① 陕北宜君县、洛川县报告刀客活动的情况，在规模上也与此基本类似。② 到了宣统三年，河南巡抚兼河工事务臣宝棻奏报，刀匪波及邻省："河陕汝一道，南阳一府，刀匪蔓延几同流寇。从前贼匪以刀为利器，故名刀匪。今则多携快炮，犷悍更异于前，不惟乡民望而生畏，莫敢谁何，即队役亦多退缩。"③

民国初年，大部分刀客以枪代刀，基本完成了从冷武器向热武器的初步转型，这也是其能与官府对抗的实力前提。刀客的扩散对河南影响至深。陵川县刀匪时常出没，县议会商议招募壮丁组成联保团以补巡警兵力不足，同时与周边县份协作共同防范，保护本土平安。④

（二）刀客与辛亥革命

晚清之际，"刀首"政客化并联同数量可观的刀客演变为不可小觑的绿林集团，成为地方格局中难以剥离的痼疾。所谓关中大侠严孝全联合渭北蒲城刀客杨虎城，号称十三太保，与清军同州巡防营管带屈登甲100多人激斗三天三夜，全身而退，成为继王狮子之后的刀客领袖。辛亥革命前后，关中会党已有"成一有体系之潜在力量，号召之力倍于恒人万千"。⑤ 1905 年，刀客钱鼎在白河县趋向革命，广为宣讲：

　　　　与二、三同志演说革命宗旨于水田河，环而听者数百人，神为

① 《民政司指令第三百六十一号·令合阳县警察局》，《秦中公报》第 277 号，1913 年 2 月 17 号，第 6 页。
② 《民政司指令第三百六十九号·令宜君县》，《秦中公报》第 277 号，1913 年 2 月 17 号，第 6~7 页。
③ 《辛亥革命前十年间民变档案史料》上册，第 242~243 页。
④ 《筹办边界之办法》，《警务丛报》第 1 卷第 33 期，1912 年，第 27 页。
⑤ 陕西革命先烈褒恤委员会编《西北辛亥革命事略》，甘肃人民出版社，2011，第 11 页。

之悚。白河风气，自此打开，秘密结社始兴。白河同志意图暴动，鼎编《爱国团草章》一册，以孝悌忠信礼义廉耻纪团次序，嘱友人黄宗榘编制成团，每团额定 126 名，待省上招兵陆续入伍，以作事先准备。①

刀客组织在地方上不是完全孤立的社会群体。一些知识分子时常模仿刀客行径。如临潼治理学的王云璋（铭丹）先生，经常备着一把关山刀子，出外时命学生郭希仁替他背着，之后更是有意识地结识同盟会会员井勿幕、李仲三（绰号李逵）和胡景翼等人，② 可见刀客在地方影响之深。正如郭希仁所说，陕西辛亥革命是"革党与会党联合之力也"。③ 辛亥革命时期，大批刀客参加革命，接受同盟会领导，多次参加武装起义，成为陕西光复的重要力量。刀客结连陕西各色地方势力，在陕西同盟会与会党首领的引领下，彼此道义相喻，携刀从之，回应革命："一时泉涌风发，如铜山西崩，洛钟东应，关中四十余县数日之间，莫不义旗高揭矣。"④ 时人以"如春草之怒苗、如初潮之湃动""其迹似各不相谋，其心则彼此互照"来描述这一盛况，⑤ 由此酿成社会之激变。

辛亥革命前后，陕西主要有两大地下组织，即哥老会和刀客会，"党羽遍及渭河一带"。⑥ 西北哥老会舵把子分布甚广，有太白山、提笼山、秦凤山、定军山、墟泊山、贺兰山、通统山堂等。⑦ 刀客会势力逊于哥老会，成为革命党人积极争取的对象，逐步被引导和塑造为反清团

---

① 杜元载主编《革命人物志》第 8 集，中国国民党中央委员会党史史料编纂委员会出版，1971，第 209～210 页。
② 李仲三等：《关中刀客》，第 113 页。
③ 《辛亥革命在陕西》，第 452 页。
④ 陕西革命先烈褒恤委员会：《西北革命史征稿》上册，上海书店，1990，第 44～46 页。
⑤ 《西北革命史征稿》上册，第 18 页。
⑥ 章开沅、林增平编《辛亥革命史》中册，人民出版社，1980，第 334 页。
⑦ 全国文史资料研究委员会编《辛亥革命回忆录》（5），文史资料出版社，1981，第 104～105 页。

体。正因为刀客群体具有这样的革命性,刀客组织才有了参加辛亥革命、反清统治的可能。同盟会策动西北革命,"士兵多属哥老会,西安同志久与之结识。惟恐无知识,信念难坚,易改变,乃决联络刀客,以为我用"。① 借助革命的东风,到了宣统三年,陕西新军中的革命党人与各色地下势力已经暗通关节,陕西政局已经显现出复杂多变的形势。武昌起义爆发后,陕西在第 12 天就宣布起义,成为北方回应武昌起义的第一个省份。在辛亥革命中,革命派注重借助会党与新军的力量。在1905 年之后的几年间,会党等地下力量几乎成为反清运动的主力军,演变为革命风潮的关键助推力。在清末排满革命的风气下,亦有部分刀客提出为汉人办事、举义排满、与汉人商民无关的简单口号。而清政府则在河南发放布告:"陕省素号野蛮,会匪、刀匪遍地皆是,在朝廷久以化外顽民视之。今复假革命之谬词,逞排满之毒手。穷凶极恶,罪不胜诛。"② 清廷迅速派兵从东线而来,以免"陕西土匪分窜,界连豫省",③ 实际上是指起义军。刀客组织参与辛亥革命也与同盟会和孙中山的西北策略相关。同盟会会员井勿幕自 1905 年秋从日本归国后,受孙中山委托,与胡景翼共同策划陕西的革命运动,是一个关键性人物。胡景翼早年师从魏金钟习高家拳法,结识了一批富平刀客,在联络陕西各色力量上厥功甚伟。在药王山起义之时,胡景翼所编三个营营长基本都是刀客。

同盟会与哥老会、慕亲会、刀客会等地下组织结合组成同盟堂,成为陕西会党合流的秘密组织。④ 1906 年春,井勿幕、李仲三在三原北极

---

① 退藏:《纪刀客王狮子》,《京沪周刊》第 1 卷第 22 期,1947 年,第 12 页。

② 马玉贵:《秦陇复汉军粮饷总都督马玉贵动员民团并力攻敌以保桑梓告示》,《国民新闻》,1912 年 1 月 29 日。

③ 中国史学会编《中国近代史资料丛刊·辛亥革命》第 6 册,上海人民出版社,1957,第107 页。

④ 政协陕西省委员会辛亥革命史料组:《陕西辛亥前革命思想传播和同盟会的初期活动》,《辛亥革命在陕西》,第 198 ~ 199 页。

宫某宅召开会议,决定联合刀客组织。此时刀客已经恶名在外,同盟会员多是缙绅贤达、在野名流、承学士子、学堂教授,认为刀客"若辈行为不检,难于为伍,力反对之",井勿幕在众情反对之下,"未再多言",① 联合刀客会的计划也暂时搁置。② 各方掣肘与革命党人的理念差异,使得联合地下势力的计划收效甚微。1908 年 9 月,陕西省同盟会员遍及关中各地,正式成立同盟会陕西分会。井勿幕以"稔知孙黄初提倡革命时,亦尝联合洪门、致公堂、三点会诸团体"的典故为例,③说服会众,通过了与刀客"化除其私见,以开释途辙"之决议,"井勿幕联结三秦游健者,由是秦中革命潮流趋合为一",④ 包括刀客在内的"渭北潜势力以成",进而"推动革命,以与全国形势相配合"。⑤ 1910年春,井勿幕召集同盟会、哥老会、刀客会于泾阳柏家花园,樊毓秀、王守身等刀客参与了这次集会。1910 年 7 月 9 日,各个组织领袖在西安大雁塔歃血为盟、共图大举,结盟者称三十六弟兄。李仲三、胡景翼、尚武、尚天德、寇遐、冯子明、王绍猷、郭希仁等人穿针引线,结连渭北刀客、哥老会等力量。据张奚若的回忆,那时的哥老会人物和刀客看见井勿幕这样一个张子房式的白面书生居然也会各种武艺,而且有时候比他们还好,对他很钦佩,情愿服从他的领导。⑥ 在革命党人的居中斡旋下,陕西辛亥革命结成了同盟会 – 新军 – 哥老会 – 刀客会等多种反清势力的政治联合与起义结构。

万木无声待雨来。1911 年 10 月 22 日,众流汇合,群情一致,各种江湖势力集合,号"通统山、同盟堂、梁山水、桃源香",西安光复,

① 赵其襄、高又明:《辛亥革命前的井勿幕》,《辛亥革命回忆录》(8),文史资料出版社,1982,第 159 页。
② 《西北革命史征稿》上册,第 21～22 页。
③ 陕西革命先烈褒恤委员会编《西北辛亥革命事略·辛亥革命纪事》,甘肃人民出版社,2011,第 13 页。
④ 杨怡鲁:《刀客之称谓》,第 42 页。
⑤ 《辛亥革命在陕西》,第 198 页。
⑥ 张小劲、谈火生主编《张奚若文集》,清华大学出版社,2019,第 393 页。

攻入八旗及其家属的驻地满城，革命方得以成功。正如 1909 年 8 月 25 日《汇报》所言：陕西关中的刀客、哥老会、义和拳党羽，布满渭河一带，邠、乾、武、扶、郿、岐、凤、宝、陇、华、潼等东西十数州县。[①] 陕西辛亥革命依赖各色力量，地方势力盘根错节，可见一斑。一些有觉悟的刀客，如王狮子、王一山、高峻、王绪朝、党玉昆、党海楼、白喜、马长命、马豁、崔式卿、杨衰、王兴奎、曹育生、李兆祥、胡彦海、胡应文等，联合沈河川李家坡江湖会头目李世昌，直接或间接参与了辛亥革命，有的还加入同盟会。不少刀客组织及支派在革命前就建立据点，喂养战马、制造炸弹、积蓄军备，为起义做先期准备。

1911 年 10 月 27 日，陕西成立了秦陇复汉军政府，设立西南北各路安抚使与招讨使、东西路节度使。刀客集团中，东路节度使陈树藩所属朝邑刀客严飞龙、渭南刀客严纪鹏的两个标，北路招讨使井勿幕部、胡景翼所属富平曹村镇刀客王守身、胡彦海、马正德、石象仪、王绪朝、党玉昆、党海楼及零散刀客等营，均参与了辛亥革命。胡景翼创建的渭北复汉军，兵源也大多是富平刀客。蒲城县刀客鲍盈娃、董七娃等人，招兵七百人，编为五哨，在井勿幕侄子井溥文组织下，被"收编为北路招讨使井勿幕部防御第六营"。[②] 因刀客在关中分布广泛，一地起义，多处群而兴兵。后来东线与西线作战，刀客组织也多有参与。1912 年 4 月，陕西全省光复。张钫就任东路征讨大都督，进入河南西部时，当地居民报名参军者众多，王天纵率领的会党也加入其中，故部队改名为秦陇豫复汉军。[③] 1916 年，刀客郭坚与耿直率部 200 余人，联合曹世英、高峻占据白水，宣布独立，后转至凤翔。1921 年 8 月，冯玉祥以土匪之名诱杀之。《清史列传》卷 283 中记载：

---

① 张华腾等：《陕西光复：辛亥革命在陕西》，陕西人民出版社，2011，第 74 页。
② 蒲城县志编纂委员会编《蒲城县志·军事·刀客抗拒官府》，中国人事出版社，1993，第 477 页。
③ 〔日〕小岛淑男：《豫晋秦陇四省协会与辛亥革命》，《珠海潮》2018 年第 3 期。

南方革命军数起皆不得志，始改计结学生之隶新军籍者，潜伏待应。陕军势弱，则又结会匪以厚其力。八月十九日，鄂变起，九月朔，陕变继作。诸守令多委印去，调元独谓守土吏当与城存亡，亟召绅民议守御。渭南北有号「刀客」者，杀人寻仇，数犯法，至是感调元义，争效命，集者万余人，橄邑绅武进士韩有书统之。时邻匪蜂起，渭南以守御严，不能入。

西安起义后，富平县著名刀客多"择主栖宿"，刘发明参加了姜宏模的军队，马耀亭加入田毅民部。① 朝邑、富平、潼关、同官、礼泉、三原等多地光复，均与刀客有莫大关系。1912 年，不少刀客首领如马正德、马长命、严孝全等在革命中牺牲。郭坚与耿直的冯栩军，基本上是关中东府刀客，协助东路军抗击清军。由于刀客分布广泛，与周边各省邻近，陕西光复后，他们曾支持晋、豫辛亥革命，在几省交界之处颇有活动，与王天纵、张钫多次合作。山西运城光复也与刀客严孝全关系密切。在河南巡抚齐耀琳因张钟端之事向朝廷所发的奏电中，"刀匪"的字眼屡见不鲜。当时秦晋两省的同盟会会员就认为：陕西民性强悍，刀客、哥老会等活动比较普遍，有一定势力，又有李自成起义的反清传统。地处西北交通枢纽，地势雄峻，故可以作为西北革命的根据地。因此决定秦晋两省联合发动起义，相互策应。② 山西同盟会邀请陕西军队入晋，支持革命，"陈树藩奉札，集兵招讨河东，先凑合蒲渭刀客，号两营，三四百之众；乃去朝邑，商之仲三，借小泉为助从第二人"。③ 蒲城人杨虎城，幼时因父（杨怀福）被仇家诬陷遭官府杀害，与同乡

---

① 《富平刀客之归宿》，中国人民政治协商会议陕西省富平县委员会文史资料委员会编《富平文史资料选辑》第 3 辑，内部出版，1983，第 39~42 页。
② 景克宁、赵瞻国：《景梅九评传》，山西人民出版社，1990，第 60 页。
③ 退藏：《纪刀客王狮子》，《京沪周刊》第 1 卷第 22 期，1947 年，第 13 页。

成立了孝义会①，并投身刀客组织。后与一批志同道合者又组中秋会。于敏忠晚年曾资助杨虎城组建军队，所部纪律严明，不扰民间。辛亥革命时期，杨虎城率部参加了革命队伍。在护国战争中，不少刀客首领与地方军阀合作改组编制，队伍逐步正规化。至 1918 年陕西靖国军成立之时，第一路蒲城人郭坚部、第三路白水人曹世英部、第四路富平人胡景翼部、第五路白水人高峻部与刀客会过从甚密，② 他们的兵源编组就以刀客为主体或直接从刀客组织改编而来。

1918 年"反段倒陈"运动期间，刀客在陕西护法战争中起到了不小的作用。曹世英、郭坚等在渭河以北黄龙山、暗门山一带，联合各县刀客、游侠，逐陆反袁。第四路军后改编为国民二军，崔式卿、李云龙等人皆有职任。刘镇华的秀才刀客镇嵩军，亦可谓由河南刀客组成的地方军阀。

（三）暴动抑或革命？

民国著名政治人物屈武曾回忆："从西安以东，潼关以西，沿渭河两岸的大片区域，刀客活动很普遍。"③ 辛亥之前，陕西的新军在旧军防营中就利用过刀客势力，"新军中旧式帮会的潜势力极大"。④ 自 1904 年开始，招募各县士兵数千人，编为六营，是为陕西有新军之始。由于当时人民风气尚极闭塞，关中子弟视当兵为畏途，所以陕西招募的新军是"无业贫民顶替充数"，有不少刀客参与，张钫如此回忆："全协士兵中老行伍出身的，多数都参加帮会。"⑤

---

① 又叫孝衣会，即丧葬互助合作组织，兴盛于华阴、商南等县。《中国民事习惯大全·第一编·第三类·契约之习惯》记载：凡贫民家有父母无力预备后事者，集合相等之家，组织一会，议定每股各纳会金若干，储蓄生息，遇有会员之父母故时，照会规送钱文物资，以助丧葬。

② 渭南地区地方志编纂委员会编《渭南地区志·重大政事》，三秦出版社，1996，第 290 ~ 297 页。

③ 屈武口述，陈江鹏执笔《屈武回忆录》，团结出版社，2002，第 18 页。

④ 金冲及：《武昌起义后各省独立的鸟瞰》，《近代史研究》1991 年第 6 期。

⑤ 张钫：《风雨漫漫四十年》，中国文史出版社，1986，第 4 页。

1905 年清廷废除科举之后，地方士人不断流入会党，"三秦豪杰，抱革命思想者，稍萌芽"。刀客势力影响了民众的结社趋向，"不好读书，亦恶习商，尝与附近刀客游"。① 光宣之际，陕西刀客张钫、王天纵、张治公、柴云升、憨玉琨等河南绿林势力互相支持，结为同盟，对抗政府武装。辛亥革命后，著名刀客王银喜追随军阀陈树藩，官至旅长，其部下军纪崩坏，无异土匪。② 缺乏约束的刀客，一遇仇家，便相厮杀。③ 作为一支武装力量，刀客没有显著的政治要求，对于自身组织走向也缺乏设定。然其行径破坏基层秩序，危害社会经济和民生，已是无疑。可以说，民国之后的刀客几可与土匪、团匪画等号。后来由于枪会的出现，"刀客绝迹，股匪逃匿"。④

陕西革命党人郭希仁在《从戎纪略》中记载了辛亥之后陕西地方秩序的混乱：除了大统领外，所有要位都在不识字的哥老会人手上，军队发布的命令都必须盖有会党的印戳方才有效。民初著名的郭自兴杀四门事件，便直接牵扯到了刀客组织中的不良者。1911 年 10 月 22 日，郭希仁在油槐曹杨村起义，率众光复临潼。驻关山的县丞署人员当即作鸟兽散，关山随之处于无人管理状态。散居关山的一伙刀客乘机而起，煽动地方势力暴动，明火执仗、抢劫行凶，拉群众的牛，绑客商的票，敲诈勒索。消息传到临潼、西安后，郭自兴奉命于 1912 年 4 月初回到关山，鸡毛传帖于各村，动员各村丁壮数百人，手执土枪、刀、矛等，逮住当地有名的刀客粘眼老常、李老四、刘春成等 4 人，推到城门杀了示众，"当地匪徒、歹人一时震服，地方秩序为之一宁"。⑤

---

① 退藏：《纪刀客王狮子》，《京沪周刊》第 1 卷第 22 期，1947 年，第 11 页。
② 中国人民政治协商会议陕西省委员会文史资料征集研究委员会编《陕西文史资料选辑》第 2 辑，内部出版，1962，第 13 页。
③ 退藏：《纪刀客王狮子》，《京沪周刊》第 1 卷第 22 期，1947 年，第 11 页。
④ 王天奖：《也谈本世纪 20 年代的枪会运动》，《近代史研究》1997 年第 5 期。
⑤ 傅小介、张建：《郭自兴杀四门》，中国人民政治协商会议陕西省临潼县委员会文史资料研究委员会编《临潼文史资料》第 1 辑，内部出版，1986，第 62~63 页。

民间结社的政治取向是模糊游离的。部分刀客成员参与革命，而另一部分则反革命，游离于政治派别之间，显现出一种无意识的情志与取向，这种组织内部的分离与矛盾加快了刀客分化的速度。徐珂《清稗类钞》记载了辛亥革命时陕东刀客为渭南知县杨调元忠义所感动，共同保城对抗起义之举：

> 八月十九日，武昌事起，洎九月朔，陕变继作，诸守令靡所为计，多委而去之。杨独毅然，谓守土吏当与城存亡，西安既有变，州县土匪且旦夕起，必痛毒闾左，亟召绅民议城守。陕之东境沿渭南北有所谓刀客者，皆椎埋屠沽辈，杀人报仇，数冒县官法，然颇有约束，不甚为暴乡里。至是，感杨义，争自效，誓以死卫桑梓，数日间，集者万余人，檄邑绅韩有书统之。有书故武进士，诸刀客所敬惮者也。于是邻匪蜂起，羡渭南富实，谋入境寇钞屡矣，先后悉为有书所去走，众赖少安。①

刀客徘徊于追求日用和虚晃的国家伦理之间，平日里往往"尺布斗粟辄兴雀角"，但"一闻公家之令即争先恐后，虽重困未敢稍违"。②辛亥革命之后，"袁氏称帝，风云再起，关中刀客联结本县会匪，均称护国军"。③源自下层社会的刀客并无明确的政治目标，"感杨义，争自效，誓以死卫桑梓"，是自发的保卫本土的行为选择，某种程度上也是追求忠义精神的道德表征。在革命运动中，刀客被各种力量利用，屡易其主，仅仅是一种基于生存要求的选择策略。

---

① 徐珂：《清稗类钞·忠荩类·宣统辛亥死事诸臣》，中华书局，2010，第2579~2582页。
② 卢坤：《秦疆治略》，第17~18页。
③ 许承尧撰《贾缵绪墓志铭铭文》，中华民国28年11月刊刻，甘肃省天水博物馆馆藏拓片。

三　刀客的组织转型与形象变迁

　　作为地方武力集团之一的刀客，形成了一段根植于民间的历史记忆。自清代中期到民国再到现代中国，对于刀客存在一个丑化—美化—文学化的过程。在普通民众的视野中，刀客带有一定的传说与故事色彩。以往由于缺乏分门别类的考察研究，一些论述常常笼统地把刀客看作一个行侠仗义的群体，存在一定的美化趋向，从而在地方戏剧中衍生出《刀客王改名》《捉敢鸣》等一些歌颂刀客为侠客英雄的民间文本与曲目。近些年来，由于《关中刀客》《关中匪事》《双旗镇刀客》《刀客将军》等影视作品的广泛流播，加上一些与刀客相关的文学作品如小说《老关山》《白鹿原》《刀客入城》《西部刀客》《乱世夹滩》《山本》的塑造，陕西刀客几乎成了传统关中文化、秦人风骨、任侠尚气的代名词。另外，在革命史观的导向下，地方文史资料中关于刀客的记载与描述，多数也是正面的。

　　所谓丑化，体现在清廷对于游民的一般性称呼、视其为地方奸民等方面。"陕盗曰刀客，久为民害"；① 奸民得所依仗，良民被其逼胁，严办刀客即 "以除民害"，刀客与盗匪之称几无差异。地方志书中同样称：河岸窝匪号刀客，久为行旅患。② 清末徐珂记载：棒客，盗也。棒客之在蜀，几如胡匪之在东三省，刀匪之在陕、甘也。平日专以劫掠为事，掳人勒赎，乃其惯技。所在州县，若有中资以上之人家，不有所献，必难安居，然犹不若胡匪之凶残也。③ 虽是一种间接性描述，但足见陕西刀客非侠盗、侠客之流，多是趁乱而起、为非作歹者，形象并不

---

① 李元度：《国朝先正事略》下册，第 753 页。
② 王轩等纂修《山西通志》卷 111，三晋出版社，2015。
③ 徐珂：《清稗类钞·忠荩类·宣统辛亥死事诸臣》，中华书局，2010，第 5334 页。

正面。林则徐巡陕之时，即奏言"陕省刀匪最为闾阎之害"。[①] 清末樊增祥在其批文中，直指刀客在地方的不法行径："魏康兴诱拐周杨氏姑娘，持刀逼奸。其亲父魏四回亦控之，是以逆子而为刀匪，久应立毙杖。"[②] 因此，"刀匪"几乎成为为非作歹的代名词。为维系政权统治与社会控制，地方政府一般置于"奸民－良民"这一辩证范畴之中，指出民间结社对基层乡里秩序的游离性和破坏性。秘密结社团体是一种"边缘人"的聚合，这些人往往失去、半失去生产资料或因触犯刑律成为"逃民"，脱离了农业生产与编户齐民序列，有的跻身本乡本土，有的离村离籍，被特定的组织吸纳和庇护，"大则聚徒数万，小则结党数千"，[③] 具有独特的"聚拢效应"。1905 年清廷废除科举之后，许多有"身份功名"的"地方首领"将个体的文化资源转换为另一种政治诉求，不断分流散开，成为一种不安定的力量："前闻举贡生监，以考试既停无所希冀，诗书废弃，失业者多，大半流入会党。"[④] 社会结构变化与上渠道壅塞，促进了民间结社力量的扩张。

随着革命思潮的兴起，革命党对于各类民间力量的引导和利用有了明显的变化。陕西同盟会中的骨干人物高又明在《如是我见我知录》中回忆：刀客（即匕首会），常与清官吏以掣肘，在此二百数十年间，时起时扑，均被清兵、清吏蒙以不美之名，曰小民无知暴乱而压制之。其每次失败，最大原因，未与各行省取一致行动耳。[⑤] "革命－反革命"成为一个政治正确和相当正义的标准，这种结构性变动更多是政党型政治模式初建的阶段性特征。建构于转型时代的价值观念，随着流质易变

---

① 来新夏：《林则徐年谱长编》下册，上海交通大学出版社，2011，第 453～455 页。
② 樊增祥：《批华州唐牧禀词》，《樊山政书》卷 7，第 203 页。
③ 陶成章：《教会源流考》，国立中山大学语言历史学研究所，1928，第 17 页。
④ 《给事中李灼华奏学堂难恃拟请兼行科举折》（光绪三十二年八月十一日），故宫博物院明清档案部编《清末筹备立宪档案史料》下册，中华书局，1979，第 995 页。
⑤ 高又明：《如是我见我知录》手稿，西北辛亥革命纪念网，http://www.gymjnw.com/shougao。

的政局，表现为"革命则良，不革命则奸"。伴随不同集团之间的政争，甚至"革命亦奸"，与传统地方政府的"奸良"区分已不可同日而语。美化刀客、重构秘密会社的形象，辛亥革命之后就有迹可寻。陕西革命党人张奚若在《回忆辛亥革命》中称："陕西的江湖人物大抵有两种：一种是哥老会，在当时的新军中颇有势力。还有一种就是所谓刀客。刀客是一种侠盗，崇尚侠义，劫富济贫。刀客和土匪当然是不同的。"[①] 此类表述基于笼统的国民革命史路径，显然有所偏颇。

刀客会的纪律是靠封建迷信、刀首的权威与对死亡的恐惧来维持的，这种非体系化的办法难以维持长久。在富平县，"各处游荡来的刀客，常常携枪抢粮，欺负当地百姓，或者骑马践踏庄稼"。[②] 道光中后期，"刀匪"就常与"回匪"勾结，"争斗为能，抢劫为利"，最终"势焰益张"。[③] 陈登科在《赤龙与丹凤》中提及：黎伙这个狗日的，不怪人都说他是刀客。陕西当地百姓曾经广泛传唱：你的镢，我的锨，七月十日埋郭坚。[④] 这些直面地表达出民众对"刀匪"势力的痛恨。《庆防记略》记载："五年三月，陕匪郭坚由陕北窜至庆，陈营长春明之哨官姚孝先，御之新铺。陕匪郭坚，蒲城刀客也。在陕纠匪数千，渡河攻潞村（州），经晋军击败，回陕窜入草地。经陕北来庆，姚孝先御诸新铺，遂由林沟至三十里铺，经白马铺至何家畔，陷宁县入陕。沿路劫掠，民大受害。"[⑤] 现代小说《蜀中盗志》曰：刘一风实乃打家劫舍的刀客，人称快刀浪子，与红灯教素有往来。[⑥] 刀客参与革命和社会变革活动，虽具有隐晦的政治上的反异族统治（反抗满洲贵族统治下的清

---

① 全国政协文史资料研究委员会编《辛亥革命回忆录》第 1 辑，中华书局，1962，第 144 页。
② 2012 年 3 月，访谈富平县淡村镇村民王世清；2015 年 8 月，访谈中合村村民、退伍军人周骄；2018 年 12 月，访谈淡村镇村民周凤芹。
③ 《请鼓励渭南县知县余炳涛片》，《林则徐全集》第 4 册《奏折卷》，第 1736 页。
④ 王建军、丁春劼：《陕西靖国军史》，香港银河出版社，1991，第 52 页。
⑤ 惠登甲：《庆防记略》，天津古籍出版社，2011，第 133 页。
⑥ 李浩：《蜀中盗志》，四川文艺出版社，2016，第 149 页。

政府）和明确的经济互助（打富济贫、结帮伙、吃大户）的双重性目标，但更多表现为对经济利益的追求。少数刀客首领或个别刀客成员由于在乡村的亲缘或地缘关系，在地方社会中常行侠正义、救济难民、庇护产业，有少数民众宣称其为"刀侠"。但是，刀客中即使有"所谓'侠盗'云云，只不过是其中极少的一部分"。[①]

由于陕西大量种植鸦片，吸食者、瘾君子常常加入刀客，并时常拉票子（绑走人质），劫掠当地。为获取经济权益和集团私利，刀客往往各占地盘，或与军阀势力结连，将地盘变成一个独立地带，其行为带有极大的攫取性、保守性和排他性，不允许他人染指。由于利益不一，行商贩货，彼此之间常明争暗斗，即所谓"栓对头、打对头"，[②] 摊际互助与争夺并存。西安起义期间、筹建秦陇复汉军之际，局势尚不明朗，刀客、哥老会及其他势力就因权力分配而暗生对抗，互相冲击。陕西辛亥革命之后不久，地方财政捉襟见肘，陕西军政府的权威尚未完全建立，渭南县令杨调元拒绝交出地丁银3000两，和武进士韩映坤、刀客严纪鹏联合，杀害东来的刀客钱鼎（时任秦陇复汉军副都统）和李世蔚。[③] 1912年5月9日，《民立报》记有会党势力的混乱：同恶相济，公设香堂，无论何人，一入门槛，便由势力，桀骜者借以收徒以取钱财，无赖者做护符以肆暴，数月间入帮者四千余人。日则沿街设赌，夜间不问可知，乡间抢劫可闻。可以说，民国时期刀客和土匪大致是相同的。"刀客过来啦，快去躲躲"，[④] 才反映了刀客在地方的真实面目。

辛亥之后，为了恢复地方秩序，陕西军政府派出四路招讨使，对各种社会游离势力加以收编和利用。严飞龙受东路节度使陈树藩指挥，支

---

① 周育民、邵雍：《中国帮会史》，第381页。
② 李仲三等：《关中刀客》，第113~114页。
③ 杨子廉：《我所知道的钱定三·钱定三渭南殉难经过》，《陕西辛亥革命回忆录》，第178~183页。
④ 谷斯范：《雨丝风片录（7）》，《新文学史料》1993年第1期。

援山西辛亥革命，为下属陕西民兵第十标标统，其所属第一营为王银喜部；第二营为富平刀客严锡龙部，组建秦军第十标统带；第三营为朱佩贞部，李兆祥（民间戏剧家李十三之后）为参谋。白喜被陕西北路安抚使井勿幕委任为北路第一营管带，接连光复鄜、洛、耀等县。[①] 这些参与过辛亥起义的刀客组织，大部分被同盟会、地方军或民团势力吸收。张凤翙派张钫领兵取潼关，张钫沿途招收了刀客严纪鹏以及杨茹林、曹印侯等部之团勇，兵力大增。陈树藩督陕之时，说服向成吉、赵大昌、刘玉梁、赵占彪等"刀首"率众归顺。前陕西督办李云龙，又名李秉信、李虎臣，字实生，被改组为靖国军一路。

刀客明确的反清性质是在革命党引导下形成的。民间组织的存续，取决于自身经济能力和可以依附的政治力量。刀客先后与新军、秦陇复汉军、冯翊军、渭北复汉军、靖国军、国民革命军以及豫陕地方军阀有所关联，在民国军阀演变中占有微妙的地位。以陕西靖国军的建制为例，靖国军共分七路，或支队分团由刀客改编而来，或分路司令与刀首息息相关，是名副其实的"冷娃"和刀客部队（见表5）。

表5　刀首在靖国军中任职情况

刀客	归属	职位
郭坚	第一路军	司令
党海楼	第一路军	卫队骑兵团团长
曹世英	第三路军	司令
石象仪	第三路军	第三支队司令
石象坤	第三路军	第二团团长
杨虎城	第三路军	第一支队司令
李云龙	第四路军	第四支队司令
崔式卿	第四路军	第七支队司令
高峻	第五路军	司令

资料来源：根据中国陕西省委党史资料征集研究委员会编《陕西靖国军》（陕西人民出版社，1987）中相关内容改制。

① 丁守伟：《刀客与陕西辛亥革命》，《贵州文史论丛》2012 年第 1 期。

　　秩序的失范构成了刀客劣化的现实根源，即使被改编的刀客组织，生计亦是捉襟见肘。"秦省向称贫瘠，所称兵食匮乏，自系实情"，① 北洋政府财政拮据，不过是勉励地方官员自筹饷银，导致叛弁逃勇屡见不鲜。作为游民的刀客，正如毛泽东在《中国社会各阶级的分析》中对游民力量的界定："这一批人很能勇敢奋斗，但有破坏性。"② 陕西光复之后，会党势力"广收兄弟，擅用公款，处理词讼，干涉地方行政事宜，俨然把码头置于地方行政之上"，③ 给新生的革命成果蒙上了旧式的阴影。因此，只有引导得法，刀客才能转变为革命性力量。革命党人井勿幕曾对王银喜所率领的刀客部队有所指摘：

　　　　责备之来，幕虽不知其详，要皆欲纪律肃明，阎闾无警而后已。当今之时，凡为将者，若欲常存，尤宜加意简练。兵不在多，俗人所知，岂有草集数千万而能济事者耶？④

　　崛起于北方的陕西靖国军成为众所瞩目的护法武力，"改造渊源自旧式结社的靖国军，胡景翼等人发挥了重要的作用"。⑤ 陕北哥老会、刀客会以及地方武装势力在延安时期得到了改造，利用刀客在基层社会形成的"会权"网络，成为可加引导的革命力量。可以说，刀客组织的转型与形象蜕变、江湖秘密色彩淡化而政治武力特质被强化，侧面折射出近代社会转型的复杂性。而且，刀客之行径更多体现的是一种无序的反抗，不能单纯用正义或者非正义囊括论之。跳出传统革命史叙事和

---

① 《国务院复张凤翙电》，北洋政府陆军部档案，1912 年 11 月 24 日，中国第二历史档案馆编《北洋军阀统治时期的兵变》，江苏人民出版社，1982，第 16 页。
② 《毛泽东选集》第 1 卷，人民出版社，1991，第 9 页。
③ 《陕西辛亥革命回忆录》，第 52 页。
④ 张应超：《井勿幕致常自新的一封信》，《人文杂志》1996 年第 3 期。
⑤ 叶惠芬：《胡景翼与陕西靖国军后期的演变（1920～1922）》，《国史馆馆刊》2011 年总第 29 期。

强烈的地方文化情结，对于刀客群体的评介，在这一视角上，具有多元性和复杂性。

结　语

　　清代中期陕西刀客的勃兴具有复杂的历史背景，使其成为地方社会延续百年的治理痼疾。不同于东南沿海地区相对活跃的经济模式与产业特征，陕西省新的经济成分相对较少，就造就了其社会分化的传统特质。刀客大致有四个来源，分别是民间互助会社，盐烟矿雇工，保镖团体和土客、回汉械斗等民间武装力量。乾嘉之后，随着山陕商人贸易规模逐步扩大，以砖茶、食盐和矿产为代表，出现了大量雇佣性产业工人、保镖团体，少数演变为商人士绅的代理人，这可以看作刀客滋生的条件之一。与此同时，陕南地区三省交界，在移民风潮中成为流民的聚居地，土客械斗逐步扩大，出现了武力化的游民群体。清代陕西地方武术及其师徒传承促使早期刀客多与武术家有所牵连，可以看出刀客与地方技击文化和拜师学艺也是密切相关的。刀客群体离村离籍，不同于诸多规制下的编户齐民，具有很强的流散性和破坏力。多数刀客根植于地方社会，久在乡居，熟悉地形，社会关系复杂，加上一些地方官粉饰瞻顾、处处回护，基本上难以肃清，形成了特有的乡里秩序与民间暗流。同治陕甘"回乱"之际，刀客与捻军、太平军亦有关涉。光绪之际，伴随清政府的不断缉捕，刀客波及甘肃、河南、湖北、四川等毗邻陕省之地，在清末民变和辛亥革命中发挥了一定作用。民国年间，刀客的性质与东北马贼、河南杆匪、山东响马、四川棒客等组织已经没有太大区别，成为地域性匪患的重要构成。

　　从性质来说，刀客会与白莲教、会道门、天地会等组织明显不同，虽具有某种秘密会社的色彩，但缺乏既定的政治目标与实施纲领。由于地域原因，即接近四川，"刀首"简单吸纳了哥老会等组织的架构和思想，形成了小规模互助团体，更多是一种"无信仰型"的生计互助结社，而非立足于宗教文化要求的秘密教门或会党组织，与传统时代的秘密会社已表现出极大不同。刀客会产生更多是社会变异和经济秩序失衡之故，而屡次"根诛不尽"则更多是因为地方政府职能不善。具体而微，由于职业流向模式的变动，虽然有少数失意文人、地方士绅、团练首领承当刀客头，但总体来说，刀客核心会众主要包括盐客、镖客、赌博客以及其他边缘职业群体，刀客会是多阶层、多出身、多民族、杂职业人群的混合团体。组织形态包括总会、地方分会、类（仿）刀客组织三种架构。由于基层组织的自发性，随意性和群体多元、多源等特征，这三种架构并不是由上到下、等级分明、泾渭有别的金字塔关系，而是处于相对虚化、各自交融、互有重叠的状态。当某一"刀首"强势之时，通过地方权力的整合重构，其影响力也可在各地相互转化移易，如纵横几省的刀客王狮子。刀客会的权力结构中个人专制色彩较为浓厚，其活动具有极大的游离性特征。刀客团体有别于"编户齐民"体制下在籍、在册赋役人口的常规状态，在传统国家治理的标准下，不事农桑，脱离本业，政治指称往往与"良民""顺民""正民"范畴相对立，被朝廷比较笼统地概括为"奸民"、"恶（劣）民"、"暴民"、"刁民"、"乱民"、"匪民"或"莠民"，并不具备正常"诸民人等"拥有的普遍性、多数化的生活状态与相关权益，游离于合法与非法之间，并持续发展为一股规模甚大、影响深远、介入地方秩序的不安定力量，衍生出社会治理层次的痼疾。朝廷基于管理层面的标准，称其为"会匪""匪众（徒）""团匪""邪匪""贼匪""匪党""游匪""巨党"等。清末至民国早期，笼统意义上的"土匪"指称逐步明晰化，"放火烧人房屋、打劫牢狱等皆系扰乱治安并非以得财物为目的者，故本草案别之为匪徒"，① 形成了社会转型时期针对民间盗匪的特定术语。

---

①　李强：《北洋时期国会会议记录汇编》第 10 册，国家图书馆出版社，2011，第 379 页。

不仅如此，刀客会介于武装团体与会党组织之间，其早期形态不完全等同于流寇、匪类。但由于生计堪忧、组织虚化、约束力低，其在地方上主要是一种具有破坏性的社会角色，加上晚清民初被强势群体利用和玩弄，并通过各类活动影响基层社会，形成武力集团，与革命运动的边界模糊，从而不断"劣化""匪化"，成为真正的乡土之害。刀客的组织转型与形象蜕变，外力源于参与辛亥革命而终于国民革命，内部原因主要在于自身组织的虚化与生计的不稳定性。更为重要的是，与传统帝制时代"奸民 – 良民"这一辩证评价不同的是，立足于"革命 – 反革命"的新秩序下，无序的民间力量借助革命的东风点燃星星之火，形成燎原之势，从而又被革命党进一步塑造成了进步的革命力量。会党政党化与会首政客化是早期中国革命微妙的阶段性特征。由于刀客会自身具有复杂性和不稳定性，组织结构不尽成熟，在时代变易的轨道上逐步消亡。立足于近代社会变迁的宏观格局之中，刀客无疑是一个次级结构的问题。但其在晚清民变、辛亥革命及民国陕西军阀割据中扮演了微妙的角色，并且在整体上拖累了革命的实效和社会的进步，是观察近代地方社会变迁的一个微观窗口与切口。1928 年北伐建政之后，国民党将晚清民变与会党活动纳入"西北革命史"的叙事体系，塑造出刀客的革命化形象。会党"旧势力"与政党"大革命"之间的纠缠冲突，体现了 20 世纪前期中国社会变迁的长期性与复杂性。

《区域史研究》2021 年第 2 辑（总第 6 辑）

第 187～203 页

© SSAP, 2021

殷庶与贫瘠：明清鲁西土壤与区域商品经济发展关系初探

吴　欣[*]

摘　要：鲁西位于河漯平原之上，区域土壤以沙地为主，大略分为红黏土、二合土、青沙土、盐碱土和沙土五种类型。明清时期大运河流经该区域，商品经济发展并促使区域内农业产业结构发生改变，以棉花和梨、枣为代表的经济作物种植逐渐扩大；与此同时，大运河的开凿也破坏了河湖水系生态，增加了洪涝灾害的频次，造成区域内土壤肥力的下降。受制于土壤贫饶和分布不均的状况，棉花、梨、枣种植的州县虽然较多，但产量较大者主要是土壤类型适宜的几个州县，形成了以聊城为中心"南粮北棉"的种植格局，并未像江南地区一样成棉花压倒粮食之势。再加之手工业发展的滞后以及"外商"对于运河物资流通的"掌控"，鲁西地区在运河畅通时期形成了物资中转式的表面繁荣，区域的发展内动力不足。

关键词：土壤状况　中转经济　鲁西　明清时期

鲁西经济社会的发展与运河关系至密，在一定程度上形成了"运河兴则兴，运河衰则衰"的总体特征。关于其原因，彭慕兰等学者认

---

[*] 吴欣，烟台大学民族研究所教授。

为，1850 年黄河改道之后，经济、社会、文化通道从黄河、运河转变为铁路或海港，这使得黄、运在旧时代框架下的重要地位被取代，国家资源倾注于沿海近代化地区而非传统农业中心。此后，这一地区的北部从属于天津、青岛等新兴城市，南部则缓慢发展。[①] 这种研究从国家和社会发展的角度，讨论了鲁西衰落的时代及外部原因。许檀先生以鲁西重镇临清为例，在谈及运河畅通时期该城的地位时说道，其"繁荣并非基于自身工农业生产的发展，恰恰相反，它的繁荣是当时南北经济发展不平衡的产物，是北方消费市场对较为先进的江南经济的高度依赖的产物。或者也可以说，这是一种全国范围内的余缺调剂、有无调剂。南方商品的大规模北销，需要有一个中继市场，而地理位置、交通条件等方面的特点，则使该城得以膺此重任"。[②] 很显然，许先生认为，即便是在漕运畅通时期，这一区域的发展也多了些"从属"的意味，缺少创造力。虽然其所指为一城之事，但也在一定程度上预示着区域在漕运全盛时的表面繁荣以及衰落的必然。对于一个区域而言，当地群体与外部力量的方略共同造就了区域的发展，那么在漕运畅通、国家资源投入较大与中转贸易频繁的明代中后期与清代前期，运河区域的内生力在哪里？

从鲁西自身发展条件看，文献中的描述颇为矛盾，一方面鲁西运河流域曾是商品经济比较活跃发达的地区，地僻人稠，号称"殷庶"；[③] 另一方面则是地方志中频频出现的"户口稀，少良田，水旱频仍"[④] "土薄俗俭"[⑤] 的描述。描述本身的主观性暂且不言，鲁西州县的"客观事实"确实需要细致讨论。本文就以民间文献为主要资料，结合地

---

① 彭慕兰：《腹地的构建：华北内地的国家、社会和经济（1853～1937）》，社会科学文献出版社，2005。
② 许檀：《明清时期的临清商业》，《中国经济史研究》1986 年第 2 期。
③ 嘉靖《山东通志》称："金元之窃据，齐地荒凉削弱，泊焉不振，固其宜也。国家（明朝）承平百余年，休养生息，济南、东（昌）兖（州）颇称殷庶。"参见嘉靖《山东通志》（上）卷 7《形势》。
④ 嘉靖《武城县志》卷 2《户赋志·户口》，嘉靖四十四年刻本。
⑤ 嘉庆《东昌府志》卷 3《风俗》，嘉庆十三年刻本。

方志书，以鲁西土壤及其类型为研究对象，从一个侧面讨论鲁西在运河畅通时期经济发展的优势与缺陷，进而全面认识区域社会的发展动力问题。

一　鲁西的土壤类型与状况

乾隆《兖州府志》在记述府内州县的土地及风俗时如是记载：

> 济、郓、巨野、嘉祥、金乡、鱼台，故宋元时为河水之汇，今在漕渠两岸，地多沮洳，间或成膏壤，俗稍华侈，士好文采，民逐末利。府以西北为东平、东阿、平阴、阳谷、寿张，诸郡邑鲁之西北也，左卫右齐，其俗淳雅和易，文质得宜，土壤瘠薄，民务稼穑，不通商贾。①

志书将兖州府所属州县土地、风俗分为两类。从土壤肥沃程度看，一类是"地多沮洳，间或成膏壤"，一类是"土壤瘠薄"；相应而成的风俗亦有"民逐末利"与"不通商贾"之别。虽所言不通商贾之语有所偏颇，但二者大略之别约可见之。其中府之西北的东平、东阿、平阴、阳谷、寿张与东昌府接壤，为鲁西之地。嘉庆《东昌府志》亦说，其"境内田多斥卤，介居两河之间"，②"斥卤"即指咸薄之地。从描述来看，兖州府北部与东昌府的土地状况具有一定相似之处。《东昌府志》中所言之"两河"应指黄河与卫河。邹逸麟先生在《山东运河历史地理问题初探》一文中曾把山东运河区域分为河漯平原区③和汶泗水系区④，其中

---

① 乾隆《兖州府志》卷5《风土志》，乾隆三十五年刻本。
② 嘉庆《东昌府志》卷11《田赋志》，嘉庆十三年刻本。
③ 参见《椿庐史地论稿》，天津古籍出版社，2005，第151页。
④ 即今天的北五湖、南四湖一带。

前者是指今鲁北平原的西部临清卫河和今黄河之间的旧大运河沿线地带，相当于今聊城地区，位于黄河巨大冲积扇的东北斜面，地面平坦，地势从西南向东北缓缓倾斜，区域内有古黄河、漯水、屯氏河、卫河等河流。从行政区划上来看，这一区域在明清时期既包括东昌府的全部，又包含《兖州府志》中所指的"府之西北"的州县。本文所说之"鲁西"就是指这一地理区域。

受河道变迁及人为因素影响，鲁西地形大致分为岗地、坡地、洼地三类。岗地主要由古河道泥沙沉积形成，由河道淤积或改道形成河滩和决口扇形地，局部地区为沙丘和河道沟，土壤多为沙土和轻沙土，土质疏松易受旱灾，主要在马颊河、徒骇河、京杭大运河三条河道附近，呈带状分布。坡地由河道泛滥沉积物与原有地形相互作用而成，沙土与黏土相间，层次分明，在地形、水质和气候的影响下，土壤中盐分逐渐累积，易形成盐碱地。洼地为黄河等河流泛溢或积水汇聚而成，同时受运河影响，多黏土，夏秋易积水成灾，形成碱地。整体来看，鲁西"土壤皆有显著的土层，可断定为运积土，非定积土，即所谓冲击层也。该地层之成因，大抵由于河水淤覆经久而沈殿日增，或由于风力运搬等事而成。细分之，则有含有机物多之黑土，有机物少之白土，含泥多之黏土，即红土地；含盐与硝质之碱土，保持旧有色素之黄土，含有大砂粒带金星之砂土。种类虽多，大别之不外黑土地与白土地而已。白地宜棉花；黑地宜五谷，沙质轻松者，或植花生之类，或载棉柳及各种果树。惟碱土地，雨量调和，农产物或有几许之收入，一遇旱年，遍地皑皑，如铺白雪，收货最歉，此土壤之大较也"。①

正史文献中关于土壤的具体分布及肥沃状况所记不详，民间文献虽则零散，却可与之相互印证。笔者田野所见明嘉靖十九年（1540）寿张县白杨村碑刻就如是记载道：

---

① 民国《高唐县志稿》卷 2《地理志·土壤》，民国 25 年稿本，第 55 页。

　　白杨在安平镇（张秋）之西，去镇三里也，庄杨氏、曲氏、桑氏、肖氏四姓居焉。自外□后居者又不知其几姓。然□□白杨耻悦□□□□□，人人常态也。此中男务于耕，女务于织，无作奸、无争讼而蒙□□□□乎。但地薄土沙，力勤仅能糊口，稍怠惰，则室如悬□一，至于□□□念富岁，凶岁不谷。①

　　碑刻中所记"地薄土沙"是对运河沿线重镇——张秋镇附近田土的描述，可见其土壤多沙、地力贫瘠的特点。在一定程度上，这也可能是造成这一村落人群不断更迭的原因。与该碑刻所记之村落临近的王家营王氏家谱中的相关记载亦说明，土地问题确实会成为家族连续移居的主要原因。家谱如是记载：

　　皇明洪武年间从山右洪洞迁居山左兖州府阿邑漕河西之白杨村地帮坑，托足未久，见地弗良，移于清河寺西鸡鸣庄居焉。出入其际，地犹谓未善，又徙居于此。构宫室筑垣墙，庄名浮兴社，嗣易为王家营。盖前之移徙至于再三者，胥由甫适兹土，审择未详所致。②

　　王家营王氏家族曾居于白杨村，迁移之原因在于土地"弗良"，二次迁移的原因则在于土地"未善"。可见在相对较小的区域内，土地情况并不适宜居住或者耕种。地方志中多以"阳谷四境多水""地多卑下"来叙说境内的土壤状况，③ 说明除"地薄土沙"外，县境内还会因多水、土地卑下而形成另外一种土壤——盐碱土。

　　《重修皇姑冢至张秋通运沟德政碑记》中记载：

① 笔者田野所见嘉靖十九年寿张县白杨村《三圣祠碑记》。
② 阳谷县王家营光绪二十八年《王氏家谱序》。
③ 康熙《阳谷县志》卷1《田土》，康熙元年刻本。

寿阳交界，自皇姑冢至张秋通运沟，所以泄十二连洼之水，利农田而济漕运者也。奈失修百余年，兼之同治年间黄流西溢于垫皆平，每值伏秋大雨积潦淹稼田之，卑者成泽，高者生盐碱，变沃壤为瘠灾，黎实难谋生。①

阳谷和寿张县交界处的"十二连洼"说明洼地较多，即所谓"地多卑下"之意。解决这一问题的办法就是挖沟泄水。在灾害性天气以及黄河的多次影响之下，该地排水不易，极易形成盐碱地，加之运河的存在使得自西向东流水受到阻碍，排水更加不畅。一定程度上，大运河的开凿导致安山至临清段运河西侧马颊河、徒骇河、赵王河等排水不畅，遂造成地区积水难消，形成盐碱地。② 事实上，由于运河属于国家运输渠道，通过挖沟方式泄水确是不易之事。笔者在孙家楼《孙氏家谱》中发现的碑刻抄件就记载了挖沟泄水的艰难：

康熙三十九年，监生孙健、生员张训、乡民孟武功等，庄地处低洼下积水无归，详请开沟。蒙苏老爷申详各宪，蒙捕河厅史批，候各宪批示，蒙济宁道罗批，蒙总河部院王批，详请开沟。由下开月河入运，无妨运道。如详。缴蒙巡抚部院王批，仰司饬催兴功。蒙此，遂里民挑浚于本年，告成于雍正十一年。奉旨大兴水利，蒙总督部院王檄文本县梁老爷票差督挑，沟道大成，永无水患。为此勒石永垂不朽。

乾隆元年四月十八日③

---

① 笔者田野所得光绪二十二年十月《重修皇姑冢至张秋通运沟德政碑记》。
② 高元杰、郑民德：《清代会通河北段运西地区排涝暨水事纠纷问题探析——以会通河护堤保运为中心》，《中国农史》2015 年第 6 期。
③ 笔者田野所得孙家楼《孙氏家谱》之《阳谷南十八（都）开沟碑文》。

一条泄水沟渠的开挖，因有关漕运，需层层详报，由总河及巡抚来决断。最终虽然开沟成功，但也足见地方民众的自救及对土地的改良会受到一定程度的限制。

二　契约所见土壤之分类

相比前面提及的碑刻、家谱资料，同一区域收集的契约资料则反映了更加具体的土地情况。

以下为民国时期阳谷县"土地房产所有证"中所见之土地情况（见表1）：

阳谷县（市）第贰区吕家场村居民张如长、张张氏、张瞿氏、张处智、张零群，依据中国土地法大纲之规定，确定本户全家（本人）所有土地五段十一亩贰分三厘四毫，房产共计房屋××间，地基××亩均作为本户全家（本人）私有产业，有耕种、居住、买卖、转让、赠予等完全自由，任何人不得侵犯，特给此证。

计开：土地

表1　民国时期阳谷县第二区吕家场村民"土地房产所有证"记录土地情况

坐落	种类	亩数	四至
家北	莲花土	一亩	东辛福业　南张□昌 西李少南　北张如□
家北	莲花土	三亩七分九厘五毫	东李文宣　南刘福庆 西张汝贵　北李九
天堤子下	沙土	二亩一分七厘八毫	南运河　东张明□ 北夏振邦　西张如□
（缺）	沙土	二亩五分	（缺）
小河湾	沙土	三亩二分一厘	南张如之　东运河 北杨振文　西张文盛

契约中提及两种土壤：莲花土和沙土。其中莲花土又称二合土。从土壤的成因来看，莲花土是历次黄河冲击泛滥留下的细沙覆盖在当地的黏土上所致。因其由多层黄褐色粉砂土与红褐色黏土层互相叠压而成，形似莲花，故俗称"莲花土"。莲花土土粒细致紧密，透性良好，黏着性、结持力中等，肥力较高，适耕性强。又因其细腻无杂质且黏性适中，所以成为"临清贡砖"制造的原料土。这种土壤位于岗地，呈带状分布在运河、徒骇河、卫河岸边地势相对较高处。从山东省考古队对贡砖窑厂遗址的发掘结果来看，其多分布在京杭大运河左岸和卫河沿岸。①

契约中提及的另外一种土即沙土。从其与莲花土出现在同一契约中可见，阳谷县运河沿岸沙土与莲花土均有分布。沙土在当地又称飞沙或者板沙，这种土壤的特点是不透气、遇水易板结、不生谷物，但可以种植梨、枣等果树。阳谷县的南土山、沙裹岗、北土山等，均由这种沙土构成，"弥漫数里，散沙随风吹，寸草难生"。②沙土地在其他各县亦有分布，如乾隆《馆陶县志》记：馆陶知县"于丙午之五六月间即履亩勘丈沙地，见一望平原菁菁满目。余呼里民而责之曰：'若何以自辍尔耕也'。民曰：'不怨是地，经夏雨后沙凝而草微长，右耕则必于春间起土，土解则沙飞，乘春风之狂烈，彼萌芽甲拆者，连根悠扬矣'。及细查其所谓菁菁满目者，皆长不逾寸坚韧异常之茅，盖诚瘠之至者"。这样的沙地在馆陶县"不下千余顷"。对此，知县也只能"再四踌躇，量于沙地照荒田减则，其缺额银米摊入于合县大粮上地之内"。③再如临清"唐庄一带，面积颇宽，积沙亦多，俗称沙河，春夏风多，往往喷沙伤禾"；④博平县"西北一带沙脊，一片茫然，五谷不生"；⑤朝城

---

① 吴志刚：《近年京杭运河山东段考古述略》，李泉主编《运河与区域社会研究国际学术研讨会论文集》，中国社会科学出版社，2015，第 654 页。
② 康熙《阳谷县志》卷 2《山川》，康熙元年刻本。
③ 乾隆《馆陶县志》卷 6《续田赋》，乾隆元年刻本。
④ 民国《临清县志》卷 8《疆域志》，民国 24 年铅印本。
⑤ 康熙《博平县志》卷 4《人道》7 "时政考"，康熙三年刻本。

"土半沙，薄风沙飞麦最难植，即秋禾亦仅可半收"。①

　　阳谷县的另一份契约中还出现了一种青沙土（青与轻同音，民间遂以青沙名之，亦有地方称之为"清沙"），即指土壤的含沙量略低。表 2 为阳谷县第贰区崔庄村崔文生的"土地房产所有证"所记录的土地情况。

表2　阳谷县第二区崔庄村崔文生"土地房产所有证"记录土地情况

坐落	种类	亩数	四至	
庄前南北地	碱土	三亩二分二厘二毫	东至崔文贵　西至怀贵	西至邢家文　北至文清
庄西南北地	青沙土	三亩一分一厘四毫	东至孙廷和　西至怀兴	南至九安　北至文季
庄西南北地	青沙土	四亩一分七厘八毫	东至孙合令　西至姚姓	南至罗姓　北至文彬

　　青沙土属沙土的一种，但土质相对较好，粒粗松散，结构多为单粒，干时松散，湿时沉实，黏着性不强，结持力小，易于捉苗、耕作，不产生坷垃，肥力不高，但吸持水作用较小，因而较为抗旱，易于种棉花。② 青沙土与沙土虽有区别，但二者均属于沙土，不同则在于土壤含沙量的多少，若遇到灾害性天气，均易成为荒田。如"冠氏境内多沙，清乡二里六甲以至十甲并三里一甲六甲诸村中界沙河一道，往往雨多则水溢，风大则沙转，其害尤不可胜道者。据自乾隆二十二年，卫河暴涨，决口于元城县之金滩镇，直抵沙河而北。沿河诸村泛滥殆遍，民几无处栖身。越明年水涸，大粮地沙压四五尺不等，向之可种者已成荒田"。③ 有研究表明，河漯平原多次受黄河泛滥和冲积影响，成为黄河的主要输沙通道和沉积区，逐渐形成两条沙带：一条是黄河古河道带，分布于冠县—馆

① 康熙《朝城县志》卷1《建革志》，康熙十二年刻本。
② 吴乐民：《黄河下游冲积平原地区深翻改土对农作物增产的作用》，《农业科学的探索：生物技术与耕作学研究论文选集》，中国农业科技出版社，1999，第169~171页。
③ 笔者田野所见咸丰五年冠县《史公梁公万民感戴碑记》。

陶—临清—夏津—武城—德州—宁津一线；另一条是徒骇河古河道带，大致在茌平—高唐—禹城—临邑一带。① 所以相对于阳谷而言，更大面积的沙土地（青沙土和沙土）集中在冠县、临清、夏津、高唐、清平等州县。

除青沙土之外，该契约中还出现了另外一种土壤——碱土，俗称盐碱地。关于该区域盐碱地的成因，既与大运河的开凿有一定关系，也与鲁西自身的地形及气候相关。鲁西地区为温带大陆性气候，降水主要分布在 7、8 月，淫雨过后的暂时性急水会在洼地内快速集聚，造成河道的泛溢和洼区积水的涨溢。河道周边、坡下等处有凹陷的洼地，虽然可以泄水，但干涸后盐分等无机盐会依附在土壤表面，形成白茫茫的盐渍和皮硝。该区域的盐碱地主要集中分布在黄河、金堤河、京杭大运河沿岸沼泽地区以及徒骇河、马颊河及其支流的两侧背河槽状洼地与浅平洼地边缘；② 从行政区域看，主要包括聊城、阳谷、东阿、寿张、博平、茌平等县。

契约中所见的土壤类型并非鲁西土壤类型的全部，鲁西地区还包括地力肥沃、具有黏性的红淤土。整个区域土壤的具体分布情况和土壤类型见表 3。③

表 3　鲁西地区土壤具体分布情况及土壤类型

土壤类型	占比（%）	分布、肥力及适宜种植的作物
红淤土	19.9	各县地洼地区，黏土，保水保肥，适合种植粮食作物
两合土	20.4	临清、聊城西部、茌平、高唐中部的缓平坡地和浅平洼地，适合粮棉
青（轻）沙土	34.7	各县缓平坡地的稍高位置，沙壤土，保水性和肥力差，适合多种作物
盐碱土	15.7	各县沿河洼地，作物难以生长
沙土	9.3	冠县、高唐、茌平、莘县，土壤疏松好耕作，雨后易板结，养分低。适合种植花生和林果

---

① 山东省聊城市土地管理局编《聊城土地志》，内部资料，1990，第 2 页。
② 山东省聊城地区地方史志编纂委员会编《聊城地区志》，齐鲁书社，1997，第 129 页。
③ 聊城地区地方史志编纂委员会办公室编《聊城地区概况》，内部刊物，编辑时间不详，第 4 页。从内容推测，约为 1983 年。与明清时期相比，区域内的地形和地貌发生了微型变化，尤其是新中国成立后盐碱地和沙土地得以治理，运河停运后河道也进行了一系列整治，但从总体来看，该表尚能大略反映出该区域土壤的基本类型及在各州县的分布情况。

按照土壤肥沃程度排序，其顺序为红淤土、两合土、青沙土、盐碱土和沙土；从面积来看，由大到小顺序为青沙土、两合土、红淤土、盐碱土和沙土。事实上，若将两合土、青沙土和沙土均视为沙土地，则沙土地在整个区域土地面积中占比高达 64.4% 。

三　土壤与经济类作物的种植

从上文所述的土壤类型来看，各州县五种类型的土壤都有，因此农作物（经济作物）的种植并无特殊之处，但土壤分布的范围及属性相差较大，又导致了种植面积的较大差别。以棉花为例，其喜沙土，不喜黏土，两合土和青沙土最为适宜，从而形成了嘉靖《山东通志》所说的棉花"六府皆有之，东昌尤多，商人贸于四方，其利甚博"。[1] 从万历《兖州府志》、万历《东昌府志》所记两府缴纳棉花税额的情况来看，各州县均有棉花种植。具体情况见表 4。

表 4　万历《兖州府志》、万历《东昌府志》所记两府缴纳棉花税额

	州县名称	棉花绒（斤）	折银（两）
东昌府	聊城县	532	37
	堂邑县	609	42
	博平县	288	20
	茌平县	562	39
	清平县	830	53
	莘县	978	68
	冠县	498	34
	临清州	1135	79
	邱县	381	26
	馆陶县	737	51
	高唐州	2798	195

---

① 嘉靖《山东通志》卷 8《物产》，嘉靖十二年刻本。

续表

	州县名称	棉花绒（斤）	折银（两）
东昌府	恩县	1284	89
	夏津县	2196	153
	武城县	1093	76
	濮州	387	27
	范县	367	25
	观城县	447	31
	朝城县	575	40
兖州府	阳谷	571	39
	东阿	811	56
	寿张	112	8

　　从表 4 可见，各县的种植数量相差较大，最多者为高唐的 2798 斤，最少者为寿张的 112 斤。棉花缴纳税额较高的高唐、临清、夏津、武城等州县同时具有两个特点：一是州县境内沙地较多，二是距离运河较近，或者说位于运河沿岸。万历《东昌府志》记载："高唐、夏津、恩县、范县宜木棉，江淮贾客列肆赍收，居人以此致富（范县应有误，因为其种植面积在万历朝并不高）。"① 至清代因"五谷之利，不及其半"，② 棉花种植面积不断扩大。一方面，自康熙以后，原来的大棉区中专业化植棉趋势日渐明显，③ 如清平县，棉花种植"连顷遍塍，大约所种之地过于种豆麦"；④ 高唐州也是"种花地多，种谷地少"；⑤ 夏津县"年之丰歉，率以此（棉花）验"。⑥ 另一方面，原来种植并不太多且距离运河较远但沙土地较多的州县，棉花种植的数量在不断增长。如

<hr>

① 万历《东昌府志》卷 2《物产》，万历二十八年刻本。
② 康熙《兖州府志》卷 4《风土志》，康熙二十五年刻本。
③ 王宝卿：《明清以来山东种植结构变迁及其影响研究——以美洲作物引种推广为中心（1368～1949）》，中国农业出版社，2007，第 90 页。
④ 嘉庆《清平县志》卷 8《户书》，嘉庆三年刻本。
⑤ 道光《高唐州志》卷 3《田赋考》，道光十一年刻本。
⑥ 乾隆《夏津县志》卷 2《街市志》，乾隆六年刻本。

道光《冠县志》所记："邑多沙地，土性与木棉宜，河北清水镇各庄种木棉者多，夙称富庶。其余尽种树、五谷。丰年谷贱伤农，遇风旱则所入不敷出，民所逃移，田卒污莱。余周履四境，业将沙压遇甚者详查豁除，屡谕民改种木棉，近日试种者多获其利，顾因土之宜广为布种，则数年之内，不难变瘠土为沃土矣。"[①]

至清末民初美棉引进之后，区域内种植面积又进一步扩大。光绪三十一年（1905）至民国30年，东昌的棉田面积发展到137万亩~180万亩，其中临清在五年间增加了9万亩；光绪《高唐州志》记，1921~1931年高唐州棉田达40万亩左右；民国《清平县志》记清平县棉田占总田数的十分之七；冠县达到19.2万亩。[②] 临清最大宗唯棉与谷，统计全县土田种棉者十之六，种谷者十之三。[③] 沙土面积并不大的其他州县，棉花生产虽略有增长，但增长数量不多，仍以粮食生产为主。至新中国成立初期，聊城北部的高唐等地区棉田占耕地面积的40%~65%，南部的阳谷、东阿等县占1%~2%，是为"南粮北棉"的种植格局。[④]

一般认为，山东运河区域在商品经济的刺激下，种植的经济作物以棉花、烟草、果木为主。[⑤] 显然鲁西的土壤较为适合种植棉花，那么是否适合烟草和果木的种植呢？

从文献记载来看，梨、枣似是鲁西各州县的经济作物。嘉靖《山东通志》载："梨、枣，……东昌府属县尤多。"[⑥] 梨树、枣树对土壤条件要求较低，在砾质土、沙质土、微碱性土以及一般盐碱地均可栽培、均能生长，同时梨树、枣树的耐涝性强，在低洼地上抗涝可达一个月左右，排涝后加强管理仍能恢复树势。漕运畅通时期，漕运回空船只往往

---

① 道光《冠县志》卷4《食货》，道光十一年刻本。
② 宋杰主编《聊城地区棉花志》，中国科学技术出版社，1992，第46页。
③ 民国《临清县志》卷8《经济志》，民国23年铅印本，第218页。
④ 宋杰主编《聊城地区棉花志》，第46页。
⑤ 王云：《明清山东运河区域社会变迁的历史趋势及特点》，《东岳论丛》2008年第3期。
⑥ 嘉靖《山东通志》卷8《物产》，嘉靖十二年刻本。

携带梨、枣，六十石内属于免税之例，"商人冬计其木，夏相其实而值之，货于四方"。① 因鲜枣不利于运输，多制成熏枣②出售。东昌府之熏枣"每包百斤，堆河岸如岭，粮船回空，售以实仓"；③ 阳谷一县"运销南省"的熏枣"岁以数万袋计"。④ 其他如聊城、茌平、范县、寿张、博平等地亦大量产梨、枣。郑板桥曾写诗夸张地描述范县梨树、枣树种植的情况："十亩种枣，五亩种梨，胡桃频婆，沙果柿棹。春花淡寂，秋实离离。"⑤ 文献中关于梨、枣的种植数量并无明确记载，但从档案资料来看，运往南方的梨、枣于乾隆十九年（1754）在淮安关交纳的税额为 78360 两，二十年为 56660 两，按照淮安关这两年分别实征税银442000 两和 320000 两计算，梨、枣税都占总税额的 17.7%。⑥ 虽然梨、枣并不尽为东昌所产，但一定程度上反映出其梨、枣种植情况。

梨、枣的种植充分考虑到了土壤的实际情况，即利用不利于粮食生产的贫瘠土地种植具有一定区域独特性的经济作物，与南方形成地域差异的同时，实现了转卖之利。

与梨、枣大面积种植相反，另一种重要的经济作物——烟草在鲁西却较少种植，文献所见仅东阿县（明代东阿属兖州府辖）大清河附近的斑鸠店"厥田膏沃"，多"产烟叶"。⑦ 明末山东开始种植烟草，并在与东昌府相邻的兖州府形成了以济宁为中心的烟草生产基地，山东济宁人杨士聪曾说：烟草"北土亦多种之，一亩之收，可敌田十亩，乃至

---

① 嘉靖《山东通志》卷 8《物产》，嘉靖十二年刻本。
② 熏枣"干而不燥，柔而不湿"，皮纹细密，乌紫明亮，果肉黄色透明，食之甘甜如蜜，有补血养胃、强肾健脾之功效。
③ 王培荀：《乡园忆旧录》，齐鲁书社，1993，第 454 页。
④ 民国《重修阳谷县志》卷 2《物产志》，民国 31 年铅印本。
⑤ 郑板桥：《范县诗》，吴泽顺编著《郑板桥集》，岳麓书社，2002，第 59 页。
⑥ 《宫中档乾隆朝奏折》第 11 册，伊拉齐乾隆二十年六月十一日折；第 14 册，伊拉齐乾隆二十一年六月七日折。转引自许檀《明清时期运河的商品流通》，参见《第二届明清史国际学术讨论会论文集》，天津人民出版社，1993，第 651 页。
⑦ 杨士聪：《玉堂荟记》卷 4，嘉业堂道光刻本。

无人不用"。王培荀在《乡园忆旧》中也说济宁"环城四五里皆种烟草"。① 乾隆《济宁直隶州志》记载："若淡巴姑之为物，始于明季，本产遐方，今则遍于天下。而济州之产，甲于诸郡。"② 因利益颇丰，所以"兖属向不以五谷为重，膏腴之地，概种烟草"，③ 并且逐渐形成了烟草加工行业。据相关研究可知，在清代后期，运河地区的烟草种植经营又有显著发展，滋阳、宁阳、汶上、邹县、东阿、菏泽、金乡等地的烟草年产量均在百万斤以上。至清末山东产烟区以烤烟为主，主要有两个区域，一个是东部的胶济区，一个是以滕县为中心、西北至济宁、南至薛城的西部烟区。④ 虽然经济效益更高，但东昌府的州县却并未进行大面积的烟草种植，原因不一而足，但土壤肯定是其中重要原因之一。因为烟草种植对氮素营养要求较高，需要较肥沃的土壤，即"大约膏腴尽为烟所占，而五谷反皆瘠土"，⑤ 这与东昌府的土壤条件不相符合，再者，少数较肥沃的土壤一旦进行烟草种植，便会成为贫瘠之地。

结　语

由契约、碑刻等民间文献中所见之土壤类型而引发的笔者关于鲁西农业产业结构改变的研究或可对以往的研究形成三个方面的思考。

首先，一般研究认为，鲁西作为大运河的流经区域，因应商品经济的刺激，对农业产业结构进行了调整，即以棉花、梨、枣为代表的经济作物大量种植并沿运河运销到江南等地，在促进国内市场繁荣的同时，

---

① 王培荀：《乡园忆旧录》，第 454 页。
② 乾隆《济宁直隶州志》卷 2《物产志》，乾隆五十年刻本。
③ 《清高宗实录》卷 409，乾隆十七年二月。
④ 王宝卿：《明清以来山东种植结构变迁及其影响研究——以美洲作物引种推广为中心（1368～1949）》，第 100～101 页。
⑤ 道光《济宁直隶州志》卷 3《食货志·物产》，民国 16 年铅印本。

也发展了区域经济。但由于存在土壤多贫瘠的现实状况和多种土壤类型间而并存的事实，棉花、梨、枣的种植多集中在几个州县区域，没有像江南地区一样在区域内形成蚕桑压倒稻作、棉作压倒稻作的事实，也没有完全实现经济作物取代粮食作物为主体的农业结构的改变。又或者说我们在讨论包括东昌府在内的鲁西区域的商品经济发展的同时，需要谨慎地认识其规模带来的发展程度的问题。

其次，讨论鲁西经济发展必须建基于对其内部包括土壤、社会结构等问题的细致认识之上。作为黄河冲积平原的尾闾，鲁西土壤状况并不乐观，沙化和盐碱化是制约农业发展的一个瓶颈，且不同州县的土壤情况相差较大，总体为"南粮北棉"的种植模式。虽然各地进行了一定程度的土壤改造并种植适宜的农作物，但黄河、运河、卫河、徒骇河等河流的变化，以及鲁西所处区域灾害性天气的实际情况[1]，都使鲁西区域土壤沙化和盐碱化变成一个不断叠加的过程。因此，区域民众在迎合市场需求进行调整的同时，也充分认识到了区域内的土壤状况。可以说，对棉花和梨、枣的种植以及对烟草的回避都是区域人群所进行的理性选择。

最后，任何区域的发展都是内部人群与外部力量相互作用的结果。关于鲁西区域社会发展的外在动力，无外乎朝廷为维护漕运而形成了区域与外界之间便利的交通条件，以及由此带来的市场发展和人员流动。因应这种需求，在区域之内，沿运河州县以"尺有短寸有长，以州之所有余易他州邑之所不足"为认识之基础，[2] 大力发展州之所长，并在一定程度上形成了"船至谷，人遏迩来观者，或辇阿胶、胶枣、棉布、

---

[1] 邹逸麟先生在其《黄淮海平原历史地理》一书中，曾经对该区域的灾害性天气做过数量化的统计，他认为：1470 ~ 1909 年，计出现涝年 84 次，旱年 59 次，合计 143 次，平均每 3.07 年即有一次较大的自然灾害。大体而言，在 16 ~ 19 世纪的 400 多年中，灾年约占三分之一。

[2] 康熙十二年《临清州志》卷 2《土产》。

瓜仁等物。与船带大米、赤砂、竹席、葛布等物杂省交易"各得所欢的贸易形式。[1] 但土壤的现实状况又在很大程度上限制了以己之余易他乡之不足的规模，也没有促进加工经济作物的手工业的蓬勃发展，当然更为重要的是，从社会结构来看，从事大型长途商品贸易者多为外省之人，"殷商大贾，晋省人为最多，昔年河运通时，水陆云集，利益悉归外省，土著无与焉"，[2] 于是出现所谓"早期工化"便非为鲁西之所为。

---

① 民国《重修阳谷县志》卷 1《山川》，民国 31 年铅印本。
② 宣统《聊城县志》卷 1《方域志》，宣统二年刻本。

《区域史研究》2021 年第 2 辑（总第 6 辑）
第 204～239 页
© SSAP，2021

分家与合股

——清末民初永定洪坑林氏的土楼建筑策略

郑　静[*]

摘　要： 清末民初，闽西永定烟商的土楼建造进入鼎盛时期，但同时当地条丝烟业也进入盛极而衰的转型时期。本文考察永定洪坑的林仲山、林鸿超叔侄先后于光绪六年与民国 2 年主持建造的福裕楼与振成楼，揭示其整体造型、空间组织及装饰风格的不同特征，从微观史的角度再现这一时期林氏家族两代人筹建土楼的历程。通过分析建造策略背后的动机及其与时代变局的关系，探讨分析乡土建筑遗存对理解区域发展历史的方法论意义。

关键词： 清末民初　地方精英　建筑策略　土楼

区域史研究关注民众的日常生活，可以化腐朽为神奇，利用各种非正统史料重建历史现场。傅衣凌自述其治学方法特点在于"以民俗乡例证史，以实物碑刻证史，以民间文献证史"。[①] 而早在 1921 年，梁启超即已在《中国历史研究法》中指出"古屋"本是研究"聚族袭产之规则"的"绝好史料"，"惜旧史家除朝廷典章制度及圣贤豪杰言论、

---

* 郑静，武汉大学城市设计学院建筑系、长江文明考古研究院历史建筑研究中心，副教授。
① 傅衣凌：《我是怎样研究中国社会经济史的?》，《文史哲》1983 年第 2 期。

行事外不认为史，则此等史料弃置不顾"。^① 对于散落在乡土聚落中的
建筑，过去的研究大多只关注地域之间的风格差异，将其作为体现地方
文化特色的一种"民俗"。本文尝试将其作为一种"史料"，通过考察
土楼建筑形式与空间的意义、建造过程以及背后的动因，解读遗存建筑
中形式、空间组织方式、装饰与陈设等不同元素所传达的信息，探寻区
域历史变迁的规律。

清中叶以后，闽西的永定迎来了条丝烟业发展的高峰，商业网络遍
布全国甚至远及南洋。区域内外频繁的人口流动为永定带来了大量的财
富，也带来了不同的可能性。本文试图从微观史的角度，再现清末民初
永定洪坑村一户烟商两代人建造土楼的过程。咸同年间，林在亭的三个
儿子林德山、林仲山和林仁山合作开办了"日升"烟刀厂并获得了巨
大成功，之后几十年里，林在亭的儿子和孙子各建造了一栋土楼。这两
栋建筑相距不远，但在整体造型、空间组织及装饰风格上却非常不同。
光绪六年，林在亭的次子林仲山动用家族的共同财产设计建造一座名为
"福裕楼"的大型土楼，建筑形式为五凤楼，规模巨大，装饰华丽，内
部空间等级分明、秩序井然。光绪二十九年（1904）三兄弟分家。民
国 2 年，三房林仁山的儿子林鸿超联合堂兄弟合股建造了名为"振成
楼"的大型土楼。这是一座圆形土楼，内部的居住空间划分为六个均
等的单元，并设有造型新颖、"中西合璧"的中厅。林在亭一共有十个
孙子，只有其中的五人参与了新楼的建造。

本文从林氏叔侄在分家前后建造土楼的策略与过程出发，提出并
思考三个方面的问题：第一个方面关于家族内部分化与建筑的关系。
为什么林氏两代人在分家前后会选择建造形式完全不同的房子？其背
后的动机是什么？不同的建造方式与建筑元素处理又有何具体功能？
第二个方面关于清末民初地方精英的生存策略。时代变局中的各种因

---

① 《中国历史研究法》，《梁启超全集》第 11 集，中国人民大学出版社，2018，第 290 页。

素如何影响个人的生存、发展以及建造房屋的策略？在此基础上，文章亦尝试讨论第三个方面的问题，即田野中的建筑遗存能为我们理解区域史提供哪些信息？建筑本身可否成为一种区域史研究的材料？具体应该如何分析？

文章指出，建造大屋是地方精英策略性运作社区内外部资源的重要手段。衣锦还乡建造"大屋"的目的远非炫富这么简单，它成功地将难以展示的资金转化为一种乡人容易看见的固定资产。通过占据聚落内特定的地理位置，"大屋"固化了原本作为"资金流"时不易控制的共同财产，为家族的建构提供了条件。传统中国乡村人们出外谋生发达之后要返乡建房子很可能正是因为如此。作为物质实体的建筑物，可以为产权共有者提供日常生活和社会交游的空间，而其不同的建筑形式与空间组织方式则更体现了楼主对于不同意识形态的追求。

一　永定的条丝烟

永定县地处福建西南部闽粤赣三省交界。明成化十四年（1478），为强化防范机制，"析上杭县溪南、金丰、太平、丰田、胜运五里十九图置设县"，名为"永定"。① 永定县地处山区，耕地以梯田为主，历代县志都强调其发展农耕的困难，如乾隆县志即载："邑地斗隘，厥土骍刚，山田五倍于平野，层累十余节，不盈一亩。农者艰于得耕，佃赁主业，保为世守，刀耕火种，力勤勿惜也。"② 清中叶以后，永定主要产业经济来源为对外出口的烟草与纸："永邑农无余粟，女无余布，向恃

---

① 徐元龙修，张超南、林上楠纂《永定县志》卷 1《大事记》，民国 34 年修《中国地方志集成·福建府县志辑》第 36 册，上海书店出版社，2000，第 513 页。
② 伍炜、王见川修纂《永定县志》卷 4《学校志·礼俗》，乾隆二十二年镌，海南出版社，2001，第 535 页。

烟、纸为出口大宗，借资调剂。"① 其中与烟草相关的行业尤为发达，渗透全县各乡日常生活的方方面面。烟草业的兴衰直接影响到当地的生计，以至于民国以后，全县因为"（烟草）产销锐减，生计困难"。②

烟草，原名"淡巴菇"（tabacco）。据林仁川考证，大约在 16 世纪中叶由吕宋或日本传入闽南，而后经闽西与闽北传至国内其他地区。③康熙年间烟草还未成为永定的特产，康熙《永定县志》中列举的土产仅有"铁、蜜、蜡、纸（金丰民多抄纸）、油茶油、桐油、茶、竹麻、红曲、锅、篾帽、灯笼"。④ 但乾隆《永定县志》记载当时永定耕地已有四成种植烟叶："膏田种烟，利倍于谷。十居其四，法令不能禁。"⑤烟草的大量种植，挤占了原本就紧张的耕地，引起了官吏与士绅的恐慌，如郭起元在《论闽省务本节用疏》中即认为"烟叶之雨露入地，因地苦而谷蔬不生，无益于人而害于嘉种。如此闽田既去七八，所种粳稻、叔麦亦寥寥耳"，因此他提出"闽地耗于植烟，既严其禁"。⑥ 然而在道光《永定县志》中，烟草已经从被禁止变成了官方认可的重要作物："国朝充饷后，地效其灵，烟产独佳。永民多借此以致厚实焉。"⑦当时跨省的贸易已很常见，烟草业收益非常之高，可以弥补永定耕地紧缺的困难："盖永地山多田少，种烟之利数倍于禾稻。惟此土产货于他省，财用资焉。是亦天厚其产以养人也。"⑧

---

① 民国《永定县志》卷 19《实业志》，第 670 页。
② 民国《永定县志》卷 19《实业志》，第 670 页。
③ 林仁川：《明清福建烟草的生产与贸易》，《中国社会经济史研究》1999 年第 3 期。
④ 赵良生、李基益：《永定县志》卷 2《封域志·土产》，以康熙三十六年丁丑增补刻本作为底本点校，厦门大学出版社，2012。
⑤ 乾隆《永定县志》卷 4《学校志·礼俗》，第 535 页。
⑥ 郭起元：《论闽省务本节用疏》，贺长龄、魏源等编《清朝经世文编》卷 36，中华书局，1992，第 893 页。
⑦ 方履篯、巫宜福：《永定县志》卷 16《风俗志》，厦门大学出版社，2012，第 280 页。
⑧ 道光《永定县志》卷 10《物产志》，第 226 页。

　　巨大的销量和丰厚的利润，一度使烟草成为永定县的最重要财源。"永地种烟愈多，制造亦愈精洁"，① 县域之内各乡镇几乎家家户户都从事与烟草相关的行业，其中利润最大的是制作条丝烟。② 条丝烟，又称皮丝烟，即将烟叶切成细丝，以烟管吸食，其法为"取叶阴干之，细切如丝，燃少许管中，吸其烟，令人微醉，云可辟瘴"。③ 这一做法最早出自福建："细切为丝者，始于闽，故福烟独著于天下。"而福建的条丝烟中，又以永定所产的质量最好："烟名皮丝，又永产为道地，其味清香和平。本省他处及各省虽有，其产制成丝，色味皆不能及。"④

　　永定条丝烟之所以独特，是因为有一套特别的制作工艺，民国《永定县志》载其工序为："拣选、晒干黄漂烟叶，经去骨、扬尘、拍碎、搅匀适宜油水，压成长方砖块。刨制细丝而成。"⑤ 即制作的步骤首先是要把生烟叶晒干：在新鲜烟叶摘下后摊平，一一夹在晒烟笪内。烟笪用篾条制成，比普通门板略小，通身田字格样。烟叶摊在两张夹紧的烟笪之间为一扇。每天日出时，将其搬至晒烟场中，每两扇呈人字形架好让阳光暴晒。烟叶在晒干后，就进入条丝烟作坊（俗称"烟棚"）里加工。烟叶"有直骨、横骨"，即纵横的大小叶脉。第一道工序是"去骨"（"撕烟皮"），把所有叶脉撕去，拍净黏附在叶片上的砂、土等脏物。而后是"扬尘"与"拍碎"，即把撕破的烟叶放在阳光下暴晒，等它晒得酥脆时，用双手或木棒反复拍打，直到变成碎屑，扬起烟尘，而后用六种有不同大小孔眼的网筛过筛，把烟尘筛净，并用簸箕扬

---

① 道光《永定县志》卷 10《物产志》，第 226 页。
② 如当地 1900 年前后出生的老人回忆："当年每百斤晒烟叶，最高价可以卖到 77 元银洋，最低时质量差的也可卖到 30 余元银洋。制成条丝烟运往江苏、上海等地，则可以卖到高出烟叶二、三倍的价钱。"参见蓝吉《高头条丝烟业的兴衰》，《永定文史资料》第 11 辑，1992，第 71 页。
③ 道光《永定县志》卷 10《物产志》，第 226 页。
④ 道光《永定县志》卷 10《物产志》，第 226 页。
⑤ 民国《永定县志》卷 19《实业志》，第 670 页。

掉细小砂土和残留叶脉。在这之后，把经过处理的烟叶碎屑和细末摊开在室内，开始喷油撒粉：油用花生油，用量为烟六油一；粉是姜黄粉，大约每30公斤烟屑加粉0.15～0.2公斤。同时要加适量温水，将油、粉与烟拌匀，搅拌到可紧握成团。当"团"到了一抛起即迸散的程度时，即可将其装进木烟斗压实，随后放到"绞床"上用力绞压，去净烟油，使其成为一块块坚实的"烟砖"。最后，由刨烟师傅在"烟凳"上用刨烟刀均匀地刨出细如头发的烟丝。① 在这些工序中，最具特色的工艺是刨烟丝。当时永定刨烟工人的工资极高，当地有谚云："一张烟刨一亩田，一间烟厂一管泉。一张烟刨养五口，三张烟刨成阔佬。"②由此可见一斑。制作烟刨对烟刀的要求极高。在道光《永定县志》中，烟刀已被列为全县通有的特产，即各乡均可生产。③ 而到了清末以后，永定烟刀生产几乎被后文讨论的洪坑村垄断，民国《永定县志》中记载："刨条丝用夙以洪川林日升等号出品为最良，行销广，获利丰民。"④

　　当时永定条丝烟的销售市场遍及海内，甚至远渡南洋。在康熙《永定县志》的记载中，永人尚且"商不远贩"，⑤ 而到了乾隆《永定县志》中，永定商人的足迹已达外省："吴楚滇蜀，不乏寄旅。"⑥ 其中不乏从事条丝烟销售的商人，如乾嘉年间，抚市社前村开设"烟棚"近百家，全村从业人员达2000余人，日产条丝烟8000公斤。在此激烈竞争之下，村民赖庚兴前往江西宁都、瑞金等地开设条丝作坊获得成功，一度成为永定首富。⑦ 在清中期，贸易的规模还比较小，"邑产固

---

① 关于条丝烟的制作方法可参见福建省永定县烟草志编纂委员会《福建省永定县烟草志》（内部使用），1995，第174～178页。
② 《福建省永定县烟草志》（内部使用），第321页。
③ 道光《永定县志》卷10《物产志》，第226页。
④ 民国《永定县志》卷19《实业志》，第671页。
⑤ 康熙《永定县志》卷2《封域志·礼俗》。
⑥ 乾隆《永定县志》卷4《学校志·礼俗》，第535页。
⑦ 《福建省永定县烟草志》（内部使用），第333～334页。

薄，挟千金贸易者，百不得一，远商亦无来永行货者"，① 也很少有外省的商人来永定采购货品。但很快烟草业就得到了迅猛的发展，"乾隆四十年以后，生齿日繁，产烟亦渐多。少壮贸易他省，或问（间）一岁或三五岁一回里，或旅寄成室如家"。② 很多永定商人年轻时就去外省经商，几年才回来一次，有的干脆就在外省定居下来。而金丰里、丰田里、太平里等烟草业繁盛地区的商人甚至远赴南洋，"渡海入诸番如游门庭，未为不远也"。③

永定条丝烟运销的路线主要有三条：一是陆路由抚市到龙岩适中，或是由湖坑到南靖，再由适中、南靖两地运往漳州、厦门、泉州、台湾直至南洋各地；二是水路由高陂到坎市，而后至湖雷顺永定河而下，到仙师锦丰上岸，再经广东石市运往潮州、汕头、广州、桂林、梧州、柳州、香港等地；三是水路运至丰市，逆汀江而上，经福建长汀、江西九江运至南昌、温州、杭州、合肥、长沙、南京、上海、武汉等地。④ 道光以后，条丝烟的经营方式除了每年运销出口，也开始在外地开设的固定店面中销售。民国《永定县志》载："邑之商业，自道光以后，生齿日繁，产烟渐多，制造皮丝运往各省，销路甚广。在外省设肆以营此业者，多成富翁，以丰田最夥。"⑤ 当时主要运销路线沿线大小商埠、码头，都有永定人开设的烟铺，最著名的有上海的"怡和成""天生德"

---

① 乾隆《永定县志》卷 4《学校志·礼俗》，第 535 页。

② 道光《永定县志》卷 16《风俗志》，第 280 页。

③ 道光《永定县志》卷 16《风俗志》，第 280 页。早期去外地经商的具体情况可见《福建省永定县烟草志》（内部使用），第 186～190 页。如抚市里兴村的王道宣，早年在湖南长沙开设条丝作坊。抗日期间，创办新中卷烟厂（今长沙卷烟厂前身）。清光绪十年，湖雷罗陂村张仲溪、张秋元父子在家开办条丝作坊，张仲溪次子张梅元在湖南长沙攸远开设大同烟行，条丝烟销往扬州、泰州、南通等地。"光绪十七年（1891），商人李标能（本县湖坑人）把本地产的条丝烟运往台北、基隆、高雄等地销售。"又如"光绪十九年（1893），马来西亚华人胡五宏（本县下洋人）首次购买永定条丝烟运往马来西亚销售，获利甚丰。此后独立设店经销永定条丝烟"。等等。

④ 《福建省永定县烟草志》（内部使用），第 188 页。

⑤ 民国《永定县志》卷 15《礼俗志》，第 626 页。

"永隆昌""苏德康""松万茂",南京的"万清泉""戴福康",武汉的"苏德茂",长沙的"怡和龙""怡茂源",扬州的"太丰""太义昌",广东的"黄福隆""卢万安""阙德隆"等。①

条丝烟生产与贸易造成了大规模的人口流动。这一流动涉及永定社会的各个阶层,不仅包括四处进货及销售的烟商,也包括工人阶层。制造条丝烟的搬运烟草、晒烟草、刨烟丝和包装等工序劳动强度大,常常需要雇用大量的青壮年劳力。从事条丝烟加工制作的"烟棚"一般每家需雇工数十人。清末条丝烟业极盛之时,高头雇用了大量外来的制烟工人,当地人回忆:"当年的高头显得十分热闹。白天不怎么,一到晚上制烟工人下班,立时三三五五,招朋呼友,聊天的、喝酒猜拳的、弹琴吹唱的、装故事的、猜射谜语的,应有尽有。其中尤以高东村的厚生社和高北村的龙井头极一时之盛。当时有歌谣唱道:'高东厚生社,高北龙井头,一到闹翻天,半夜不想走。'"② 即便到了民国25年烟草业衰败之时,仅上百户人的湖雷罗陂村仍雇用了300余名村外的制烟工人。③

烟草业带来的大量财富改变了永定人的生活。康熙《永定县志》载永定民风简朴,"艺不求工"。④ 即便到乾隆年间,仍是"居服器用,但求坚利,不尚奇淫"。⑤ 到了道光年间,情形已大为不同,"今俗渐繁华。由贸易他省人伙,各罗致所有以相耀,竞尚工巧矣",但"幸尚不至于靡丽耳"。⑥ 而到了民国年间,更是"华丽大非昔比"。⑦ 这一影响渗透永定人日常生活的方方面面,如永定县内独树一帜的抚市菜,便是

---

① 关于条丝烟的销售渠道,参见《福建省永定县烟草志》(内部使用),第188~190页;关于永定条丝烟号的情况,参见《福建省永定县烟草志》(内部使用),第326~328页。
② 蓝吉:《高头条丝烟业的兴衰》,《永定文史资料》第11辑,第70页。
③ 《福建省永定县烟草志》(内部使用),第188页。
④ 康熙《永定县志》卷2《封域志·风俗》。
⑤ 乾隆《永定县志》卷4《学校志·礼俗》,第535页。
⑥ 道光《永定县志》卷16《风俗志》,第280页。
⑦ 民国《永定县志》卷15《礼俗志》,第627页。

由跟随抚市旅外烟商的厨师吸收湖南、上海等地名菜特点，结合抚市原有风味创造而成的。^① 有些富商精于理财，更将财富用于捐纳职衔及购买产业等方面，逐渐成为地方上的精英。如道光《永定县志》记载："永民之财，多积于贸易。捐监、贡及职衔者，人以千数。外地置产者，所在多有千金之资，固不乏人。"^② 在各种理财方式中，最为常见的是在家乡建造大型的土楼。

二　烟商的土楼

闽西山区向有建造夯土房屋的传统，一直到 20 世纪 80 年代初，当地大部分的民居仍是由夯土墙与梁架架构结合建造。这类房屋一般为矩形平面，层数不高，房间面积为 10～20 平方米。屋顶采用双坡木梁架铺瓦的方式建成。在结构上，木梁提供屋顶和楼板的承重，夯土墙则提供水平方向的围合。夯土建筑的建造多为版筑，所用材料为砂、石、泥土等，由人工夯实而成。这一建造方式的优势是技术含量低，材料容易获取，主要依赖人力，建造方便且造价低廉。

自清中叶至民国初年，烟草业发达的丰田里和金丰里建造了很多大型的土楼。早在乾隆年间，永定就已出现多层的楼房："居多楼堡，高者四五层，屋不逾三堂五间七架，园亭榭阁蔑有也。壁或灰垩，屏柱无髹漆者。"^③ 可见此时建筑内部的空间布局还是比较紧凑的，不超过"三堂五间七架"的礼制要求，装饰也很朴素。到了道光年间，"拥厚资者"所建造的大型土楼已出现了很多创新之处，这些大型土楼是在原有夯土住宅基础上扩展而成，在建筑结构上并没有本质改变，创新之处主要体现在外观的建筑形式及内部的空间组织上，尤其是增加了大量

① 苏炯文等供稿，黄畴改写《永定条丝烟漫话》，《永定文史资料》第 11 辑，第 67 页。
② 道光《永定县志》卷 16《风俗志》，第 280 页。
③ 乾隆《永定县志》卷 4《学校志·礼俗》，第 537 页。

的房间。当时最重要的创新是"围屋"这一建筑形式的普及。道光《永定县志》载当时的建筑"周架围屋，楼外有堂"，[①] 即在主体建筑之外建造外廊式的附属建筑。这一创新是与当时烟草的生产、储藏以及安置制烟工人直接相关的。围屋的房间一般很简陋，可由室外直接进入。它的建造可以增加大量的使用空间，但因为在主体建筑之外，所以并不算逾越了礼制中"三堂五间七架"的要求。

大型土楼在主体建筑上也发生了很多变化。最直接的变化是通过增加主体建筑高度，增加其底层平面的房间数量（"起脚间数"），或是将几栋建筑组合建造增加房间数量，并对建筑大加装饰："壁用灰垩，屏柱髹漆，轩敞轮奂，隆然大观。"[②] 由于各家楼主都想标新立异，逐渐出现了许多不同的变体。其中一种变体当地人称为"五凤楼"，具体做法是增高后座的主楼，两侧则建有层数较少的围屋，分段安设华丽的屋顶。从外观上看，整栋建筑的屋顶层层跌落，有如凤凰。在五凤楼中，主楼空间大多由若干多层住宅单元拼合而成。每一个单元内各层平面基本都可视为一个礼制概念中"三间"到"五间"的小户型，内有一个中厅以及一或两对卧室。楼内各单元之间基本互不相通，私密性较好。这种空间组织方式适合由若干财力雄厚的家庭合股建造。还有一种变体，现在一般称为"方楼"。方楼的空间组织原理是直接将各边的围屋都加高到三至五层，并连接成一面闭合的外墙，中留天井采光。在方楼中各层的房间由一条长走廊相连，空间利用率较高，但隐私性很差，一般适合用作烟棚或制烟工人的宿舍，也常见于一些经济实力较差的家庭合资建造的土楼。按照方楼的空间组织逻辑还出现了另一种变体，现在一般称为"圆楼"，即在空间组织方式相同的前提下，将建筑平面由方形变成圆形。圆楼内部空间的组织较方楼更

---

① 道光《永定县志》卷 16《风俗志》，第 283 页。
② 道光《永定县志》卷 16《风俗志》，第 283 页。

加均等简单,但占地较大,20 世纪之前其实并不常见。如洪坑历史上仅有的三栋圆楼都是 20 世纪之后建造的,分别是建于 1904 年的如升楼、1912 年的振成楼和 1968 年的朝阳楼。[①] 闽西地区现存圆楼中的大部分是在人民公社时期建造的。[②]

不论是何种变体,这些大型土楼在建筑形式与空间组织上都有三个共同点:一是整体建筑由一圈数层高的夯土墙围合而成,二是居住的房间由附于外墙上的梁架结构间隔而成,三是整栋建筑的中间留有一个巨大的中庭。而闭合外墙虽然可以提供一定的防御性,但对村民而言,更重要的是提供了大量搭建于其上的房间,供生产和生活之用。需要注意的是,虽然不同形式的土楼在基本空间组织原理上是类似的,但在实际筹建的过程中,每一栋建筑都是在特定时期与具体条件约束下的创作,具体选择何种形式需要放进其建造情境中去理解。

在建造工程的组织上,筹建大型土楼面临很多挑战。最大的挑战是选址。因为需要留有巨大的中庭并形成连续的闭合外墙,每栋大楼都需要一块面积很大且形状完整的平坦场地作为建筑基地。这在山多地少的永定非常困难。民间流传着很多不择手段购买或骗取建筑基地的故事,在无法买全基地情况下,甚至会出现缺角或平面不规则的土楼。此外,建造大型土楼在工序上也提出了新的挑战。土楼的外墙一般高 10 米以上,厚 1~2 米,建造时需由数十个劳力同时站在墙上,协力夯实调制好的土料。土料含有水分,在太阳照射下阳面和阴面水分的蒸发程度不同,很容易发生倾斜。因此高层建筑大多每夯完一层之后放置一年,待土墙干透才继续夯筑下一层。如此一来,一座大型土楼光是主墙体的建

---

① 苏志强:《湖坑镇洪坑村土楼群》,《艺海土珠:永定土楼述林》,收藏家花轩有限公司,2005,第 53 页。

② 参见郑静《合股民居与住宅合作社:1949 年以后建造的土楼》,《建筑学报》2011 年第 11 期;郑静《土楼与人口的流动:清代以来闽西南侨乡的建筑变革》,《全球客家研究》2014 年第 2 期。

造就需要耗时数年，更不用说内部的装修所花费的时间了。因此大型土楼的造价比小型土楼高出很多。如 19 世纪中后期，抚市烟号的平均资本是 20 万~30 万银元，但洪坑建造的福裕楼耗资就达 20 万银元。①

三　福裕楼与振成楼

（一）洪坑的烟刀与土楼

洪坑，又名洪川，地处金丰溪畔，归属于烟草业的核心地区金丰里。洪坑居民全部姓林，据族谱记载，迁居洪坑的始祖名为林茂青，七世林景茂曾于明正统年间任上杭县户内里长，本文所述的林在亭是家族中的第十九世。② 洪坑烟刀的生产始于乾隆时期，该村有"烟刀之乡"的称号，村民基本都经营这一行业。③

烟刀是制作条丝烟最重要的工具。锻制上等烟刀的工序非常复杂。制作烟刀首先需要制模，而后熔铁、熔钢和炼坯，且需分炉进行，流水作业。把刀坯制成烟刀后，还要经过淬火、修剪和整形等一系列工序，才能将其作为成品出售。洪坑流传着很多村人提升烟刀工艺的故事。如在烟刀制作的各个工序中，技术性要求最高是淬火的工艺。早年洪坑铁匠淬火的技术一直不过关，曾多次派人到外地烟刀厂学习，但都被拒之门外。相传族人林仕荣为解决洪坑烟刀制作的瓶颈，曾伪装成流浪的哑巴设法进入高陂黄田烟刀厂。在整整三年装聋作哑的学徒生活中，他细心窥察、勤学苦练，终于掌握了黄田锻制烟刀的全套工序，特别是淬火

---

① 关于抚市烟号的成本，参见钟毅锋《烟草的流动：永定烟草历史及其文化》，博士学位论文，厦门大学，2008。钟毅锋认为永定烟号衰弱的原因之一，便是建造土楼花费了太多财产，以至于烟号难有商业积累扩充生产。这一说法有偏颇。

② 涂祥生：《洪坑振成楼林氏家族》，《永定文史资料》第 6 辑，1987，第 75~82 页。

③ 林汉华：《"洪坑烟刀"史话》，《永定文史资料》第 3 辑，1984，第 24 页。

工艺的秘密，并将之带回洪坑传授乡人，使洪坑所产烟刀的质量大幅提升。在洪坑村尾的义勇祠里，至今供奉着村中林仕荣公的牌位。又如在锻制烟刀过程中，空气的混入会使刀面产生气泡，增加修整的难度。一次洪坑烟刀厂中的一个技工路过抚市时，无意中发现做饼工人用针挑去烧饼面上浮起的大小气泡，使饼面变得光洁可观。他回厂后如法试验，果然刀面平整，效果显著。① 有别于条丝烟市场大，制作主要依赖劳力，烟刀的主要销售对象是制作条丝烟的烟棚主，市场有限，竞争激烈，对生产技术的要求也很高。

到了清中后期，永定乃至全国的烟刀市场基本被洪坑垄断了，当时哪里有条丝烟厂，哪里就有洪坑的烟刀。在烟刀业的鼎盛时期，洪坑有十五家烟刀行，分别是："盖本真"（后改为"日升"）、"盖本湖"、"盖本元"、"盖本仁"、"盖本才"、"贞利得"、"贞利潮"、"恒泰泗"、"恒泰东"、"天升"、"甘升"、"元升"、"日美"、"恒本"、"金兴俊"。其中以"日升"的营业额最多。永定的烟棚一般雇用外地工人，但烟刀生产的技术秘不外传，因此主要聘用本村人。当时洪坑村无闲人，除少数人读书外，一般人家的子弟到十一二岁，便到烟刀厂里当学徒。能书善算的被分配到账房或是负责采办原料，其他的基本都"司锤制刀"。当时洪坑家家户户生活优裕，邻乡女子都想嫁进来，当地流行一句俗话"洪坑嫁不到，屋角嘴也好"，可见一斑。②

自乾隆年间生产烟刀致富之后，洪坑村民便大量建造大型土楼。最著名者如建于道光十四年（1834）的奎聚楼。奎聚楼由十八世林奎飏（字来裔）主持建造。相传他与清嘉庆年间的永定名士巫宜福（1772～1844）是拜把兄弟，过从甚密，彼此常有诗词唱和。奎聚楼便是巫宜福依照林奎飏之意而设计的。奎聚楼占地约 6000 平方米，是一座内通

---

① 林汉华：《"洪坑烟刀"史话》，《永定文史资料》第 3 辑，第 24～25 页。

② 林汉华：《"洪坑烟刀"史话》，《永定文史资料》第 3 辑，第 26 页。原作者按：屋角嘴为毗邻洪坑村尾的李姓。

廊式的方楼。主楼前低后高，前半部分高三层，后半部分高四层，前后楼的屋顶均分为三段，作短檐歇山顶，两侧横楼屋顶则作悬山叠落，远观略有五凤楼的意向。最特别的是其中庭的设计。与其他土楼类似，奎聚楼的中庭设计了一个三堂两落的单层建筑，内分前厅、中厅和主厅，供楼内居民公用。但不同的是，奎聚楼中将主厅与主体建筑结合，建成了三层楼阁，并设重檐歇山顶，与后楼的腰檐相连接。奎聚楼落成时巫宜福撰联相赠，曰"奎星朗照文明盛，聚族于斯气象新"，体现了楼主建楼以聚族而居的愿望。在中厅的厅门两侧，镌刻着巫宜福题写的另一副楹联，"静以修身，俭以养德；入则笃行，出则友贤"，横批是"是亦为政"，最有意思。① 巫宜福是邻乡大溪人，嘉庆二十四年（1819）进士，入选为翰林院编修。其弟巫宜禊（1790～？）是嘉庆二十二年进士，曾任户部主事。巫宜福任职翰林院期间，因得罪吏部官员，以兄弟两人不宜同朝为官，而应"忠孝两全"，"一人事君，一人回乡事亲"为由被遣回家乡。巫宜福返乡之后漫游各地，与乡亲戚友共话桑麻，并积极参与地方事务，也曾受永定知县方履钱之邀编纂道光《永定县志》。② 至今民间仍流传着不少有关他的故事。奎聚楼中楹联所说的"是亦为政"正体现了巫宜福对与乡邻交游、参与地方事务的积极态度。

（二）林仲山与福裕楼

同治四年（1865）太平天国残部败退之后进入永定，与清军在境内各地拉锯。③ 在此过程中，永定城乡损失惨重，"因遭战乱，尸骸

---

① 永定县地方志编撰委员会编《永定客家土楼志》，方志出版社，2009，第 79 页。

② 参见民国《永定县志》卷 26《文苑传》，第 711 页。

③ 如民国《永定县志》卷 1《大事记》记载："四月，太平军汪海洋部十多万人自长汀南阳经永定境入梅县。其中一部分由大埔回师永定，清兵总领丁某猝不及备，仓惶带领六营官兵退守列市凹一带被汪部尾追消灭。另太平军花旗部丁太洋、林振扬等众占据县城，知县张行楷出走。西溪、金砂二乡也为丁、林部占领。左宗棠会福建军王德榜部、广东方曜部前来攻打县城，丁、林部众才撤离城厢。"亦可参见胡江平《天京失陷前后太平军在永定的活动》，《永定文史资料》第 4 辑，1985，第 15～25 页。

遍地。夏秋之交，发生瘟疫"，① 许多没有死于战乱的人，死于后续的瘟疫。当时太平天国一支残部驻扎在洪坑附近的古竹乡向邻近地区筹募粮饷。洪坑深受其害。当时洪坑烟刀业已相当成功，村中建有 20 余座大小不一的土楼，其中有 11 座便是在这次兵燹中被烧毁。②

林在亭排十九世，是村中十六世林福成的曾孙。林福成生活在清中期，因经营烟刀发家，于 1775 年建有洪坑村最早的大型方楼光裕楼。福成房的财产传至林在亭已所剩不多，家境贫困。③ 太平军残部流窜洪坑之时，林在亭为了躲避战乱和索饷，带着三个儿子林德山、林仲山和林仁山寄居在抚市的亲戚家中。相传他们在那里学习到了烟刀的特殊制法，而后回乡开厂。但抚市主要生产和销售条丝烟，并没有制作烟刀的传统，而洪坑自乾隆时期以来则一直是永定烟刀生产的重镇。所以更可能的情况是，林氏兄弟在抚市期间获取了销售烟刀的商业网络。太平军离开之后，三兄弟决定自立门户，开炉办厂。当时打铁用的燃料主要是木炭，耗量巨大、运费昂贵。他们决定独辟蹊径，将厂址设在林木资源丰富的边远山村陈东乡的岩太。当时每把烟刀售价 0.7 银元，成本却只有 0.2 银元，"日升"建厂当年就盈利了 2000 多银元。第二年，烟刀厂扩大业务，在古竹乡的田洋、陈东乡的龙舌、抚市乡的东安三处增设了三个分厂；第三年又在古竹乡的洋竹、下斜，陈东乡的高斜，岐岭乡的下山、棋盘石、横甲等地增设了多家分厂。④ 三兄弟各擅其长，配合默契。林德山负责产品质量检查，奔走于各厂之间。林仲山负责外采原材料，专跑南靖、漳州以至广东。他头脑活络，甚至曾买通官府，包揽下永定官铁，引起其他同行的公愤。林仁山则负责对外推销产品，专跑上

---

① 民国《永定县志》卷 1《大事记》，第 518 页。
② 苏志强：《湖坑镇洪坑村土楼群》，第 50～53 页。
③ 民国《永定县志》卷 29《孝友传》，第 733 页。
④ 国联：《振成楼的兴建及其建筑师傅》，《永定文史资料》第 13 辑，1994，第 31 页。

海、武汉各大城市。"日升"烟刀的生意迅速做大，随着永定条丝烟称
雄四方。①

烟刀的生产由于技术保密、不雇用外地工人的缘故，一直处于供不
应求的状态。即便外地商人亲自上门订货，也常常延期交付。传说有位
湖南的烟刀商曾预付定金白银 1000 两来订货，厂方坚持按订货的先后
次序发货，三年后才能取货。三年之后，湖南烟刀商来洪坑取货时，预
订的烟刀仍无法全数交付。他气愤地要求取回定金，"日升"的经理若
无其事地带他到银库，三年前所付的定金 1000 两仍原封不动。湖南烟
刀商瞠目结舌，即刻婉言提出愿意延期取货。② 可见当时"日升"烟刀
厂货物之畅销、资金之雄厚。

在积累了大量财富之后，林氏三兄弟开始筹划在老家洪坑建造大
楼。工程由林仲山全权负责。林仲山最先遇到的就是建筑基地问题。
福裕楼选址所在的七树坝，位于金丰溪西畔。基底前方是河滩，河滩
边上有一大片菜园，产权属于十六世福成房派下子孙，而菜园后的土
地产权则属于溪背楼内的住户。林仲山的野心很大，想将几块场地全
部买入，拼合成一块大基地。他返乡之后，乐善好施，与各乡邻打好
关系，花费了六年的时间，先是换得了溪背楼住户的地，而后或换或
买，逐步收购其他福成房子孙的菜园基地。然而直到最后，菜园的部
分业主都不肯卖地。林仲山无奈，只好提出让他们以土地入股，一起
以福成房的名义建楼。新楼用了"福成"中的"福"字以示合作，
取名为"福裕楼"。③

福裕楼从清光绪六年开始建造，前后耗时十年。建成之后的福裕楼
占地面积约 4000 平方米，主体基底东西约 37 米，南北约 45 米，前方
留有一个矩形的门坪。全楼共有 166 个房间、22 个厅、21 扇门、8 处

①　苏志强：《美轮美奂文采飞扬的福裕楼》，《永定文史资料》第 22 辑，2003，第 2 页。
②　林汉华：《"洪坑烟刀"史话》，《永定文史资料》第 3 辑，第 26 页。
③　苏志强：《美轮美奂文采飞扬的福裕楼》，《永定文史资料》第 22 辑，第 3~12 页。

计 28 架楼梯。福裕楼在建筑外观上一般被称为五凤楼，主楼高五层，南北向，为断檐歇山顶；东西两侧的横楼为悬山顶。屋顶气势宏大，富于变化。整体建筑按南北方向的中线为轴对称布局，地坪由前到后层层升高。中间的厅堂及其他门坪等为公用。主楼空间则由中楼和南楼、北楼三个五层高的单元楼组合而成，三个单元相对独立，仅在底层设门连通。楼中其余部分的空间则由所有住户公用。

负责福裕楼施工的大师傅是来自邻乡高北村桥下角的江达宋（约 1852 ~ 1921）。江达宋娴熟掌握一手泥水技艺，尤工彩塑。福裕楼中庭的建筑十分讲究。三堂之间、前后堂与横屋之间以廊屋相连，将内院分隔成大小不等的六个天井。其中以中轴线上的三进院落最为华丽，各进的主厅雕饰精美，门窗及家具陈设多为木雕，门框地面设石雕，屋脊设泥塑，仪门门牌、侧屋脊和山墙檐口则设彩塑。雕饰的内容多为传统题材，如福、禄、寿、喜字的变体，或麟麟、书卷、葫芦、仙鹤展翅、祥鹿衔芝、人骑狮子、狮子驮钱等。而处处可见的楹联则可看出楼主对耕读文化的重视，如主厅后侧柱子上悬挂阴刻木质楹联："几百年人家无非积善，第一等好事还是读书。"三兄弟交游广阔，据说时任汀州知府的张星炳也参与了福裕楼的设计并题写了楼名，而主厅前向两边厢房柱子上则悬挂着乔迁时京城大员林震所题赠的木刻贺联。[1]

三兄弟之所以选择合建大楼而非各自建楼，是因为在分家之前他们的财产是共有的。福裕楼造价昂贵，大楼建好以后计算花费，扣除公共部分的费用，一个房间耗费近 500 银元。当时以地入股的很多福成房子孙负担不起，只好陆续把股份卖给了三兄弟。整栋楼最终成为林在亭一房子孙共有的财产。[2] 通过建造这栋大楼，三兄弟成功地将"日升"烟刀厂的盈利转化成家族共有的固定资产，并通过共享楼内的空间来维系

---

① 参见《永定客家土楼志》，第 81 ~ 83 页；苏志强《美轮美奂文采飞扬的福裕楼》，《永定文史资料》第 22 辑，第 7 页。

② 苏志强：《美轮美奂文采飞扬的福裕楼》，《永定文史资料》第 22 辑，第 4 页。

家族内部的关系。福裕楼内重点强调中轴线上的设计，用各种建筑元素强调家族的秩序与伦常。传统观念以中轴为尊，据传大楼建成后三兄弟互相谦让，林德山认为林仲山建楼出力最大，应该住中楼；林仲山却说林德山是长兄，应该住中楼；二人礼让不下，最后决定让三弟林仁山住中楼，林仲山住北楼，林德山住南楼，而楼内其他的空间，则由所有住户共同使用和维护。① 三兄弟之所以要耗费巨资建造福裕楼，并在建筑中强调传统家族观念的秩序，目的是巩固家族和烟刀厂的整体性，实现"同居共财"的家族建构理想。

（三）分家

林在亭一房人丁兴旺，第三代仅男丁就有十人，林德山生有四子，林仲山生有三子，林仁山生三子。② 在福裕楼建成之后，楼中三四代人同居共食，楼内最高峰时居住了 27 户共 200 多人。③ 情况在光绪二十八年发生了变化。这一年，林德山与林仲山相继去世，当初合资建造福裕楼的三兄弟只剩下了林仁山一人。

这一时期永定的条丝烟生意也每况愈下。最重要的原因是纸烟（或称卷烟）的盛行。民国《永定县志》载"今则纸烟盛行，制造条丝销路顿减，种烟之利已微矣"，④ 与条丝烟相比，纸烟最大的优势是吸食便利。条丝烟吸食的时候需用到铜质或钢制的水烟筒。当地人曾生动地描述吸食条丝烟的过程："捏一小撮金黄柔软的条丝，填入烟斗，然后撮口一吹，'噗'地把纸捻火吹燃火就着烟丝，口就着弯长的吸管，'卜卜卜卜'有节奏地吸上一阵，烟气便经过水的淘澄，变得更加清

---

① 苏志强：《美轮美奂文采飞扬的福裕楼》，《永定文史资料》第 22 辑，第 12 页。
② 涂祥生：《洪坑振成楼林氏家族》，《永定文史资料》第 6 辑，第 75～82 页。
③ 苏志强：《美轮美奂文采飞扬的福裕楼》，《永定文史资料》第 22 辑，第 12 页。
④ 民国《永定县志》卷 15《礼俗志》，第 626 页。

纯，从吸管直沁心肺。"① 用烟筒吸烟感觉虽然好，但毕竟麻烦，纸烟则简单得多，仅用纸棒和火柴即可，携带方便，也更适应"现代社会快速的生活节奏"。② 当时的纸烟多为进口，甚至"英、美、日等国更贩运烟叶制成纸烟进口"。③ 民国《永定县志》中记载了一则关于日本在 1895 年之后要求台湾购买烟叶的事，内容如下：

　　　　台湾向为条丝一大销场。自清光绪二十一年割与日本后，日政府即重征条丝进口税，自百分之五十增至百分之百。于是售价昂而销路减。商人乃改运烟叶赴台制造。发售未几，日海关对于烟叶进口又施以种种之奇税，不及数年，永商不堪压迫，不得已歇业回国。迄（今）四十余年，营业上之损失，盖难以数计矣。

　　　　永定条丝既绝迹于台湾市场，日人乃仿制以供台人需要。于是，三井洋行等委托台、厦商人来我邑上丰、南溪、仙师宫等处采买烟叶，运往台湾。当时虽无统计，年约出口数十万至百万斤。间有日人混冒商贩前来调查，对于各地学校、山川形势，托言风景优美，往往摄影而去。是亦日政府派来国际间谍之明证。民国十年以后，始停止采办。殆台地烟叶产额足供制烟原料欤！④

　　由上述可知，甲午海战之后日本通过在台湾加条丝烟税打击永定条丝烟业。在此打压之下，永定烟草商人只能运送烟叶去台湾加工。而后在台日海关又对烟叶征重税，迫使永定烟商彻底退出台湾市场。在这之后，日商进一步到永定采购烟叶运到台湾制烟，一直到台湾自行种植的烟叶可以供本地生产需要为止。

----

① 苏炯文等供稿，黄畴改写《永定条丝烟漫话》，《永定文史资料》第 11 辑，第 67～68 页。
② 《福建省永定县烟草志》（内部使用），第 368～369 页。
③ 《福建省永定县烟草志》（内部使用），第 369～370 页。
④ 民国《永定县志》卷 22《外交志》，第 685 页。

进口卷烟是用机器生产，尽管同样用的是永定烟叶，成本却低了很多。光绪三十二年五月十七日，福建省商务议员何成浩作《为烟号专折拟汉良制烟以换利权事申文》，提议学习日本的机器制烟法，申文内容如下：

> 窃维烟叶一货，虽非日用所需，然民间嗜好之深，几与米薪并重，实为近世绝大销品。其生产之丰歉，制造之良窳，不可不随时调查。查福建汀州府永定县属所产烟叶，质味尚佳，商人制成烟丝运销各省，计其所值，约在百万。近自外洋卷烟畅行，各种社会利其轻便，用者渐多，条烟之销路遂日形减色。去年永辖抚溪一带制烟巨号亏折闭歇者，已有九家之多。商人不明原因，往往诿诸气运，殊不知此盈彼绌，乃属一定之理，若不及早改良，过此更难设想。日前派员驻汀随时考察，旋将该属烟叶禀送来省。经议员详加考验，似可改制纸烟。如果试制合法，其香味必胜寻常。闻日本东京浅草区横山浅治郎家所制纸烟机器，每具仅日洋拾壹元，以一人一机之力，每日可制成一万二千，价廉之省，试办亦不甚难。现已由议员函致闽省派驻东洋调查商务委员候补通判徐尔音，就近选购两具并考察制法，觅购专书寄闽以便先行依法选工试为改造。果可合用再行广招股本就地设立公司开办，以换固有利权而保永民生计。合将调查条烟失败情形，酌拟试制纸烟办法，连同原送烟样，一并具文申送伏候。①

从这篇申文中可以看到，至 1905 年，永定条丝烟业已现颓势："永辖抚溪一带制烟巨号亏折闭歇者，已有九家之多。"但是当地商人"不明原因，往往诿诸气运"，他们并未意识到销量的降低是因为纸烟

---

① 《福建省永定县烟草志》（内部使用），第 368 ~ 369 页。

的出现，而以为只是运气问题。何成浩指出"殊不知此盈彼绌，乃属一定之理"，而解决的方法则是改良技术。他打听到日本采用机器制烟，即"东京浅草区横山浅治郎家所制纸烟机器，每具仅日洋拾壹元，以一人一机之力，每日可制成一万二千，价廉之省，试办亦不甚难"，于是请人购买了两具机器，连同专书一起寄回福建，"依法选工试为改造"。九日后，农工商部的回复中肯定了"该议员喜术良法仿造以为补救，深堪嘉尚"，要求何成浩"即便遵办，仍将办理情形随时报部为要"。① 然而根据民国《永定县志》的记载，"前此商界有合资购机，仿制卷烟之议。迄未实行"，② 这次仿制纸烟的尝试并未进行，一直到 20 世纪 40 年代改做烤烟之前，永定各地的烟棚还是按老法制作条丝烟。

除了试图改良技术之外，永定政府及烟商也尝试利用海外网络，打开国际市场。如宣统二年（1910），永定商人选送超庄烟草参加南洋劝业会，"均获优奖"③。1915 年，美国政府为庆祝巴拿马运河通航，在旧金山举办了"巴拿马太平洋万国博览会"，新成立不久的民国政府受邀参会，其中永定出产的条丝烟也被选送参展，并"得奖凭"。④ 然而这些努力都难挽永定烟草业的颓势。民国之后，"厂多闭歇。从前向瑞金、温州、平和等地采进烟叶，今年反有输出，可见一斑"。⑤ 眼看条丝烟叶日渐衰败，永定烟商与工人也都开始另谋生路，甚至远赴重洋："今烟丝滞销，烟厂多歇业者。金丰里之民，多往南洋各埠营业，其居积之多，有至百万、千万者。丰田之民，近亦颇有出洋者。"⑥

---

① 《福建省永定县烟草志》（内部使用），第 369～370 页。
② 民国《永定县志》卷 19《实业志》，第 671 页。
③ 据民国《永定县志》载，永定条丝烟的质量"有头、二、三庄之分"，超庄应为特级。民国《永定县志》卷 19《实业志》，第 670 页。
④ 民国《永定县志》卷 19《实业志》，第 670 页。
⑤ 民国《永定县志》卷 19《实业志》，第 670 页。
⑥ 民国《永定县志》卷 15《礼俗志》，第 626 页。

烟刀业自然也未能幸免。其衰落的主要因素是日本烟刀的"仿制倾销"。① 而洪坑烟刀所受的打击尤大:"如邑东洪川'日升'各号之烟刀,精良畅销,亦因受日人仿制倾销之打击,概行停业。"② 在洪坑民间流传着关于日式烟刀的故事:

> 据说,由于日升在上海的烟刀批发部门面非常讲究,很引人注目。一天,有两个日本人信步走进去参观,只看到店内几张烟刀,此外别无他物,不觉十分诧异。仔细问清底细,始知烟刀用途之大及其销路之广,所见几张烟刀,不过样品而已。于是不动声色地买了样品而去。

> 半年后,上海市面上便有日本烟刀出售,其牌号为"朝日"烟刀。开始没人问津,接着便大登其广告以招顾客,不仅价格低廉,而且买一张烟刀,即赠送毛巾一条。有的条丝烟厂从好奇出发,买几张试用后,证实日本的"朝日"烟刀,不但价格便宜,而且又不必多费工夫磨开刀口,立即可以使用。因而一传十,十传百,很快地成为畅销货。具有一百多年历史的洪坑烟刀便因此而滞销,终至全部关厂停业。当然,从此以后日产"朝日"刀,不独不再向顾客赠送毛巾,而且还逐步地随意提高价格,由是民族利权不断外溢,洪坑人民生活一落千丈,日趋贫困。③

在"日升"烟刀厂衰落的过程中,福裕楼内的家庭内部的矛盾也日益激化。光绪二十八年,林德山、林仲山相继去世,各房因财产的归属权发生龃龉,最终决定分家。各房争夺最激烈的是"日升"品牌的使用权。开始时,烟刀厂一分为三,各自经营。然而因未明确责

---

① 民国《永定县志》卷19《实业志》,第671页。
② 民国《永定县志》卷22《外交志》,第685页。
③ 林汉华:《"洪坑烟刀"史话》,《永定文史资料》第3辑,第28页。

任，三家都沿用"日升"的牌号，在推销中出现了很多纠纷。最后三房商定轮流使用牌号，期限为每房三年，次序由抽签决定。第一签由林仁山抽到，大致是 1904～1906 年；第二签由仲山房的代表、其次子林开乾（号云璈）抽到，大致是 1907～1909 年；第三签由德山房的代表、其三子林开俊（号秀生）抽到，大致是 1910～1912 年。在第一签的三年里，"日升"烟刀尚且风靡全国，获利甚丰。到了第二签时，销量已开始下降，但也还算景气。而到了第三签的三年，正是清朝灭亡、民国建立的动荡时期，"日升"烟刀的生意一落千丈，最后只能冷落收摊。①

分家加剧了家族内部的分化。在合作经商的几十年中，三兄弟之间的差异已逐渐体现。按照早年建厂时的分工，林德山主要负责内务，因此一直住在乡里。林仲山负责采买材料，专跑南靖、漳州以至广东等地，在 1880 年以后则主要留在洪坑主持建造福裕楼。而林仁山负责的是对外推销产品，常年在外，专跑上海、武汉等各大城市。由于时刻与社会各界打交道，林仁山敏感地察觉到了时局的变化，观念也逐渐与两位兄长相异。这种不同可从民国《永定县志》中林仲山和林仁山两人的传记中看出：

> 林仲山，洪川人。精岐黄术。施诊施药活人无算。而尤留心于恤孤救贫、修桥、砌路诸善。举力任其成。复建大厦，家塾、祖茔及洪川文馆、丰盛社、文昌祠以培植后进。子鸿图、鸿钧、鸿慈均列邑庠。黎大总统题褒"义行可风"。②

> 林仁山，洪川乡人，天资卓越，孝友性成。少贫，辍学经商，家道渐丰。乐善好施，如修桥、砌路、建亭、营塚、贳柴、救灾、

---

① 国联：《振成楼的兴建及其建筑师傅》，《永定文史资料》第 13 辑，第 32 页。
② 民国《永定县志》卷 30《惇行传》，第 774 页。

赈荒、费赀钜万。清末废科举设学校，自筑日新小学，培育乡邻子弟，开风气之先。前黎大总统、郡守张星炳、中委马相伯、闽省长萨镇冰、主席陈仪皆赐匾颜旌奖以积善读书勖勉后人。子鸿超，廪生，国会议员。次鸿辉留日大学毕业，历任闽侯惠安宁化等县县长。孙霭民任宁化县长，均有声于时。①

由二人的传记可见，在致富之后，林仲山与林仁山都积极参与地方事务和慈善事业，除捐资修桥、砌路、营塚等常规项目外，也大力兴办教育。然而，两人所选择的教育方式却不相同。林仲山捐资兴建的是洪川文馆、丰盛社、文昌祠等私塾，他的三个儿子"鸿图、鸿钧、鸿慈均列邑庠"。但林仁山在"清末废科举设学校"之时，却选择了"自筑日新小学，培育乡邻子弟，开风气之先"。光绪三十二年，清政府正式废除了科举制度。永定县即"以原崇圣祠五经阁为校舍"，创立了推行新式教育的"官办小学堂"。② 就在同一年，林仁山便在洪坑开设了新式学堂"日新小学"，这也是永定最早创办的新式学堂之一。③ 林仁山更因此获得"前黎大总统、郡守张星炳、中委马相伯、闽省长萨镇冰、主席陈仪皆赐匾颜旌奖以积善读书勖勉后人"，俨然成为地方精英和推行新式教育的旗手。林仁山的长子林鸿超当时虽已是廪生，但也很快积极投身新学，而次子林鸿辉更是出洋留学，获得了日本早稻田大学的法学学士学位。

（四）林鸿超与振成楼

宣统元年，林仁山开始计划搬出福裕楼，独资另建一栋大型土楼。但和当年林仲山建造福裕楼一样，林仁山也在建楼基地的问题上遇到了

---

① 民国《永定县志》卷30《惇行传》，第771页。
② 民国《永定县志》卷1《大事记》，第519页。
③ 《福建省永定县烟草志》（内部使用），第331页。

困难：他选中的基地只有西边一半的产权属于自己，其余用地的产权则归属于林仲山的长子林开纯（号莲山）。林仁山想将基地全数购买下来，独立建楼，从家族中独立出来，但林莲山始终不肯出售土地，要求以地入股，合资建造。一个有钱缺地，一个有地缺钱，二人始终难以谈拢，于是建楼的计划只好搁置下来。直至民国元年林仁山去世，建筑基地的问题始终未能解决。①

林仁山去世之后，其长子林鸿超继掌家业。林鸿超（1881～1952），又名开敏，字逊之，号超庐。② 他出生的时候正是家族最富有的时期，当时福裕楼刚开始建造不久，其父长年在外省负责销售，交游广阔。林鸿超幼时在家里的私塾学习传统文化，诗、书、画等均很在行。和二伯林仲山家的三位堂兄一样，他也曾入旧学任廪生，但后来受到父亲的影响，积极投身新学。林鸿超深深认同新学对于社会改良的作用，除了出资建设新式学校之外，也大力宣传新知识体系，这一点可见他为当地新式学校撰写的楹联：

大乾学校：
大小兼收，养正童蒙从此日；乾坤始奠，担当宇宙即斯人。③

东山学校：
东亚西欧，上下四千年，中国文明最早；山陬海澨，纵横五万里，地方教育为先。④

民国 2 年，林鸿超被选为汀郡唯一的全国众议院议员。这一年，他

---

① 国联：《振成楼的兴建及其建筑师傅》，《永定文史资料》第 13 辑，第 32 页。
② 蓝吉、汉华辑录《林逊之诗联选辑》，《永定文史资料》第 8 辑，1989，第 139 页。
③ 蓝吉、汉华辑录《林逊之诗联选辑》，《永定文史资料》第 8 辑，第 142 页。
④ 蓝吉、汉华辑录《林逊之诗联选辑》，《永定文史资料》第 8 辑，第 142 页。

三十岁，志得意满。为完成父亲的遗愿，林鸿超邀德山房和仲山房的堂兄弟一同协商，最终商定由他负责整体工程，与德山房的林秀生，仲山房的林莲山、林云墩三位堂兄弟一起合股建造一栋四层高的大型土楼，即振成楼。振成楼内中厅刻有建楼的大略经过，内容如下：

> 先君仁生公拟建斯楼，未偿夙愿。民国纪元春，亲兄秀生、莲生、云墩等筹兴土木，嘱总其事，以竟前人之志。经营五稔，幸籍先德及诸昆仲毅力，克底于成。爰缀数语以自励并勖后人云。
>
> 民国六年五月鸿超谨撰并书①

这条碑文说明了振成楼的建造是一个家族内部重组、建立新的共同体的过程。林在亭的十个孙子之中，并不是所有人都能参与建造振成楼：林德山的四个儿子中仅有林秀生一人参与；林仲山的三个儿子中仅有林莲生、林云墩参与；林仁山有三个儿子，由长子林鸿超一人代表。参考其他资料可知，林仁山次子林鸿辉参与了振成楼的维护管理，而另一个儿子林开杰留在福裕楼里，并没有参与新楼的股份。②

振成楼于民国元年动工，历时五年完成。建筑占地面积约为 5000 平方米，由两环同心的圆楼组合而成。外环直径 58 米，为建筑的主体。与一般的圆楼一样，振成楼首层的房间用作厨房和餐厅，二层用作储藏，三层和四层为卧室，外墙基本封闭，仅在三、四层楼开窗。据称借鉴了八卦的原理，将居住空间分为八个单元，每个单元的起脚间数为六间。单元之间以青砖防火墙分隔，墙上开有拱门，关起门户则自成院落，打开门户则全楼贯通。建成之后，中轴线的两个单元为公用空间，一为出入口的门厅，一为举办仪式的中厅。剩下六个单元，仁山房占三

---

① 国联：《振成楼的兴建及其建筑师傅》，《永定文史资料》第 13 辑，第 32 页。
② 蓝吉、汉华辑录《林逊之诗联选辑》，《永定文史资料》第 8 辑，第 142 页。

股即三个单元，德山房的林秀生占一股即一个单元，仲山房的林莲生和林云璈各占一股共两个单元。①

20 世纪初的永定仅零散可见圆楼建筑。洪坑村里最早的圆楼是与福裕楼隔溪相望的如升楼。如升楼建于 1904 年，为二十世林高麟所建。它楼高三层，是永定境内最小的圆楼，直径仅 17 米，起脚间数 14 间，里面的每个房间平面形状接近三角形，因建筑袖珍，又如量米的升斗，故名"如升楼"。建造如升楼的工匠正是建造福裕楼的大师傅，来自高头的江达宋。因为会造圆楼，江达宋也被林鸿超邀请来主持振成楼的建造，此时他已年逾六十。三年之后，外圈圆墙竣工，江达宋便告退休，将剩下的工程交给了二十五岁的徒弟江万宣（1890～1960）负责。②

江万宣和江达宋一样，也是高北村桥下角人，他擅长细活，特别是彩塑，曾到闽南打工学艺，在漳州地区参与建造了许多庵堂庙宇。闽南庙宇多为砖瓦结构，雕饰精美，与闽西简朴厚实的土楼是两套不同的建造传统。江万宣的手艺显然更适合林鸿超追求现代风格标新立异的需要。他负责的振成楼内圈及中厅，建筑风格迥异于一般的圆楼，如正中的官厅不用繁复的斗拱飞檐，而采用类似现代剧院舞台的简洁造型，而二楼的廊道也摒弃了封板式的木制栏杆，全部装配上螺线形的铁条栏杆，并涂上淡青色的油漆。在当地人眼中，这一设计"富于西洋风味"，③ 是传统与现代风格相结合的典范。为了达到这一效果，林鸿超可谓不惜血本。如官厅正门两边有四根周长约五尺、高达两丈余的石柱，据说当年"从采石场搬来建筑工地时，曾特地开了许多专用道路，每根石柱用四十余名壮汉合抬，由一个老工人发号指挥，统一步调，一步一歇，好容易才挪到现场"，而二楼的铁栏杆

---

① 参见《永定客家土楼志》，第 83～88 页；蓝吉、汉华辑录《林逊之诗联选辑》，《永定文史资料》第 8 辑，第 142 页。

② 国联：《振成楼的兴建及其建筑师傅》，《永定文史资料》第 13 辑，第 32 页。

③ 涂祥生：《洪坑振成楼林氏家族》，《永定文史资料》第 6 辑，第 75 页。

"则是在上海某铸铁厂铸好之后，海运到厦门，再运至南靖曲江，再由工人肩挑背负，翻越在重重山岭中新开出的专用山道，才得以运到安装"。①

林鸿超的仕途并不顺利，在民国 2 年担任全国汀郡的众议院议员之后不久，"旋因仕途失足而悔恨交加，即告退还乡，韬光养晦"。② 他自称早年曾参与辛亥革命。1916 年在得知黄克强（黄兴）、蔡松坡（蔡锷）两将军病逝之后，林鸿超即写了挽联：

> 武昌起义，昆明中兴，何幸五年内，双逢国士；日落扶桑，星沉沪渎，那堪一旬内，两丧元勋。③

他虽然处于僻壤，但依旧非常关心时事。振成楼内的楹联也可见其家国情怀：

> 振作那有闲时，少时、壮时、老年时，时时须努力；成名原非易事，家事、国事、天下事，事事要关心。

林鸿超的弟弟林鸿辉仕途却颇顺利。林鸿辉（约 19 世纪 90 年代 ~ 20 世纪 70 年代），又名开勤，号亮之。他曾于 20 世纪 20 年代初留学日本，与新中国成立后任中央农业部部长的邓子恢为留日同学。民国时期，林鸿辉曾历任闽侯、惠安、宁化等县县长，福建省难民生产管理处长，以及永定中学校长等职，④ 也曾于 1927 年短期担任民国永定县知事。⑤

---

① 涂祥生：《洪坑振成楼林氏家族》，《永定文史资料》第 6 辑，第 76 页。
② 蓝吉、汉华辑录《林逊之诗联选辑》，《永定文史资料》第 8 辑，第 139 页。
③ 蓝吉、汉华辑录《林逊之诗联选辑》，《永定文史资料》第 8 辑，第 142 页。
④ 涂祥生：《洪坑振成楼林氏家族》，《永定文史资料》第 6 辑，第 79 页。
⑤ 参见民国《永定县志》卷 12《选举志》，第 600 页；永定县地方志编纂委员会《永定县志》，中国科学技术出版社，1994，第 58、1042 页。

两兄弟关系甚好，洪坑的许多事务都由二人合作完成。

振成楼建成之后的十余年里，林鸿超居于乡里，积极参与地方事务，捐建了许多颇具规模的祠堂、庙宇、凉亭等公共设施。民国 18 年，永定各乡成立苏维埃政府。振成楼的住户怕受牵累，纷纷外迁或暂避他乡，楼中空无一人。据说当年最后离开振成楼的人把外圈的三扇大门紧闭，拿根粗绳拴在楼上的窗棂上，从窗口爬出握着绳子慢慢落到地面逃走。当时农民协会要求福裕楼和振成楼各缴纳 5000 银元，福裕楼由林仁山的另一子林开杰和林德山孙子林麟章出面承办，如期交了款，得以保全大楼。而振成楼由于楼内无人承办，便被付之一炬，直至 20 世纪 80 年代才修复完毕。①

四　地方精英的建筑策略

清中叶以后，永定烟商在获利之后普遍选择了投入巨资，在家乡建造大型土楼的策略。这一策略的利好是多重的。首先，大型土楼为烟草的生产和工人的生活提供了大量的空间。其次，封闭式的大型土楼在动乱时期可以为住户提供防御，保护家产。再次，永定的烟商大多采用家族内部合作的模式，通过将大量的资金投入固定资产，确保了家族组织以及企业的整体性。最后，装饰华丽或新颖的大型土楼也成为区域内部的精英交游时的场所，为楼主在社区乃至区域内外建立权威提供了象征资本。

具体建造大楼的时候，选择不同建筑形式和空间组织模式反映了楼主不同的需要与追求。如方楼造价较低，更适合组织生产的需要；五凤楼在外观设计上花费较多，但能够更好地展现楼主的文化追求；圆楼，当地工匠并不熟悉，但这一形式更能体现住户间平等协作的关系，适合"现代"生活的需要。在空间组织上，单元式隐私性较好，造价也较高，一般适合财力相当的数个大股东合资建造；而通廊式则较简陋，建造也

---

① 国联：《振成楼的兴建及其建筑师傅》，《永定文史资料》第 13 辑，第 33 页。

简单，适合作为工人的宿舍，可由经济实力较差的大量住户合作建造。大型土楼中常见的祠堂或中厅的作用，并不只是简单的敬宗收族，它们也是重要的社会交游空间。因此，楼主常常花费巨资精心设计楼内的雕饰、陈设和楹联，以向来客展现自己的立场。如林仲山主持修建的福裕楼，内部装饰大多呈现的是以农耕文化为主题的传统儒学思想。而在林鸿超主持的振成楼中，则更多是与新式思想相关的家国情怀。

要想在家乡建造大型土楼并非有钱就行。首先要处理的就是家族内部复杂的产权关系。福裕楼和振成楼在筹建中都遇到了基地的问题。第二十世的林仲山在购置福裕楼的基地时，面对的是同为十六世林福成派下子孙，也是土地业主的抵抗。而第二十一世的林鸿超在购置振成楼基地时，遇到的则是同为十九世林在亭派下的堂兄的抗拒。最终，他们都不得不让这些业主以地入股，合作建造大楼。这是因为在洪坑这一林氏单姓村里，社区的产业是家族内不同代祖先的后代共同享有的，是由个人在家族内的身份所决定的，与其财富或权势无关。为了能在各项事务上更好地说服族人，在外发展事业有成者需要在家乡积极参与公共事务，为大家服务，以获得社区内部的认可。如林仲山"精岐黄术。施诊施药活人无算。而尤留心于恤孤救贫、修桥、砌路诸善"，[1] 林仁山"乐善好施，如修桥、砌路、建亭、营塚、贳杂、救灾、赈荒、费赀钜万"，[2] 很可能便是为此。

此外，在社区外部的社交网络也是重要的社会资源。如林德山、林仲山、林仁山三兄弟在"日升"烟刀厂里的分工，决定了三人的社交网络大不相同。林德山基本留在乡里，林仲山仅在同治光绪年间活跃于闽南和广东地区，而林仁山则一直到广州、武汉、上海等大城市跑动，对于清末民初的各种思潮与变化非常敏感，这也促使他在科举废除之后果断选择兴办新学，积极转型到新的生活方式上。对于社区外部资源的

---

[1] 民国《永定县志》卷 30《惇行传》，第 771 页。
[2] 民国《永定县志》卷 30《惇行传》，第 773 页。

运用还体现在与区域内乃至国内政商名流的交游。不论是奎聚楼、福裕楼还是振成楼，楼主都尽可能邀请当时的名人题字赐联，甚或为大楼的设计出谋划策。如奎聚楼中大溪翰林巫宜福的墨宝、福裕楼中汀州知府张兴炳的留字，以及振成楼中黎元洪、孙中山的赐匾，都向族人证明了楼主在社区外部广阔的交游与雄厚的资源。值得注意的是，林鸿超、林鸿辉兄弟与嘉道年间大溪的巫宜福、巫宜禊兄弟类似，早年都曾入仕，但林氏兄弟二人最终选择了分工合作，一人在外"事君"担任政府官员，一人在家"事亲"参与地方事务。这一合作进一步统合了社区内部与外部的资源，确立了其地方精英的身份和在社区中的权威。

结　语

对于明清以来华南地区家族的研究发现，家族内部的周期性分化与再合作是不可避免的。如郑振满指出，家庭具有成长极限，会产生周期性的变化，并形成继承式宗族、依附式宗族和合同式宗族三种基本模式。[①] 在财力允许的情况下，大部分家庭都会选择建造可以数代同堂的大房子。科大卫在《皇帝和祖宗：华南的国家与宗族》一书中介绍的佛山石头霍氏设计的"合爨之图"便是一个很好的例子。[②] 然而，因为家族内部成员的发展存在各种复杂性，"生齿日繁"之后不可避免地会产生矛盾，只能用分家，即对共有财产进行分割的方式来解决。对福建与台湾分家文书的研究也指出，华南地区家族的分家常常会划割出一部分共有财产以维系家族的完整，而房产是其中最重要的一部分。[③]

---

① 郑振满：《明清福建家族组织与社会变迁》，湖南教育出版社，1992。
② 科大卫：《皇帝和祖宗：华南的国家与宗族》，卜永坚译，江苏人民出版社，2009，第149～161页。
③ 参见 Cohen, Myron, *House United, House Divided: The Chinese Family in Taiwan* (Studies of the East Asian Institute), New York: Columbia University Press, 1976；郑振满《庄寨密码：永泰文书与山区开发史研究》，福建人民出版社，2020。

聚落内部的资源毕竟是有限的，在家族内部的竞争与分化中，最重要的还是要从社区外部获取资源并将其引入社区。在清中叶之后的永定，条丝烟业的发展区域内形成频繁的人口流动。这一流动一方面指由于采买烟叶、雇佣生产劳动力产生的区域内部流动，另一方面则指由于销售需要产生的与区域外部的双向流动。永定烟商的分布范围不仅限于国内，更远至南洋。这一流动带来了大量的资金、物产和信息等外部资源。[①] 而那些能从外部获取资源的人便会成为家族分化中的优势者。在这一动力的驱使下，有志于成为地方精英者会积极应对来自国家和区域内政治、经济、军事等方面的不同挑战，进行策略性选择。如宋怡明曾以明朝军户政策为例，指出闽南地区军民如何策略性地运作国家政策，为家族或社区谋取外部资源。[②]

在具体的操作中，这一策略性选择可能表现为出资参与社区的公共事务，如修路、建桥、办教育，或带领族人找到新的谋生手段等。这些行为一方面使社区与外部资源接轨，成为社区进步的动力。另一方面，地方精英也通过将外部资源引入社区促进其发展，在家族内部形成权威，在家族分化中获得优势，更好地掌控家族内部以至于社区的本土资源。在时代变革之时，这一策略往往表现为在政治上的摇摆。如连瑞枝对明初大理府与姚安府交界处山乡夷民的研究，揭示出当地土酋所表现的极高的摇摆性，他们会"因不同的选择而产生不同的身份，或为盗匪，或为明朝承认的土官"。[③] 而朱忠飞则再现了明末清初诏安二都的家族在明郑、三藩和清朝三个阵营中摇摆的策略，指出这是一种"地

① 郑静：《土楼与人口的流动：清代以来闽西南侨乡的建筑变革》，《全球客家研究》2014年第 2 期。
② 〔加〕宋怡明：《被统治的艺术：中华帝国晚期的日常政治》，钟逸明译，中国华侨出版社，2019。
③ 连瑞枝：《土酋、盗匪与编民——以云南山乡夷民为核心的讨论》，《历史人类学学刊》2015 年第 1 期。

方社会自发形成的应对机制"。[1] 在这两个案例中，地方精英都通过策略性地选择外部政治资源，以确立其在社区内部的权威。

　　清末民初也是一个动荡而开放的时期。外来观念对传统文化体系造成了巨大的冲击，但也带来了新的机遇。关于这一时期基层知识分子的微观史研究，如沈爱娣对山西刘大鹏（1857～1942）[2] 和梁敏玲对罗师扬（1866～1931）[3] 生平经历的精彩解读，突破了既往自上而下的政治话语，从个人经历及情感的角度，呈现了时代变局尤其是主流知识体系的转换在具体个人或群体身上产生的影响。这些研究主要运用日记、书信、文集等史料，从思想史或社会史的角度出发，探讨具体个人的生活经验与心路历程。然而，受限于文献材料的来源，过去研究所呈现出来的，更多是个人在应对时代变局时的无力和被动。本研究以村落建筑作为史料分析区域发展的历史过程，揭示出清末民初永定山区的地方精英在时代变局之时，如何主动选择与运作家族及区域内外的资源，筹建不同形式的大型土楼。

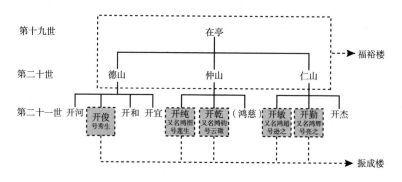

图 1　林在亭家族谱系图（笔者绘）

---

①　朱忠飞：《明末清初的动乱与地方应对——以闽南诏安二都为中心》，《区域史研究》2020年第 2 期。
②　〔英〕沈艾娣：《梦醒子：一位华北乡居者的生平》，赵妍杰译，北京大学出版社，2013。
③　梁敏玲：《清季民初一个粤东地方读书人的历程——以罗师扬（1866～1931）为个案》，《历史人类学学刊》2007 年第 2 期。

图 2　福裕楼（上）与振成楼（下）外观（笔者摄）

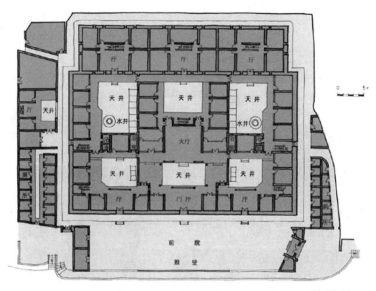

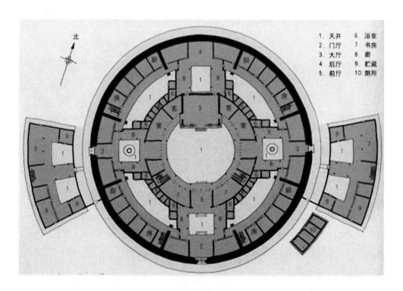

图 3　福裕楼（上）与振成楼（下）首层平面图

资料来源：黄汉民编著《福建土楼——中国传统民居的瑰宝》，三联书店，2003。

图 4　福裕楼（上）与振成楼（下）室内（笔者摄）

书　　评

《区域史研究》2021 年第 2 辑（总第 6 辑）
第 243～256 页
© SSAP，2021

金元时代的南北离合与"另一种"因素

——读饭山知保著《另一种士人：金元时代的华北社会与科举制度》

杨思炯*

〔日〕**饭山知保**：《另一种士人：金元时代的华北社会与科举制度》，邹笛译，浙江大学出版社，2021。

一　成书背景

对金元时代华北社会的研究一直是中国古代史领域中较为为薄弱的一环。早稻田大学教授饭山知保先生，集多年之力，运用文书、碑刻等新材料，集中研究金元时代的华北社会与科举制度，最终形成《另一种士人：金元时代的华北社会与科举制度》① 这部颇具分量的学术著作。该书内容紧紧围绕两大问题：一是金元时代华北社会的特殊性，二是金元时代的科举制度及其对华北地区的影响。

华北地区自安史之乱以来，先后经历藩镇割据、五代更迭、契丹与女真的统治，至元世祖忽必烈重建大一统，历经五百余年，其发展相对

---

* 杨思炯，浙江大学历史学系硕士研究生。
① 〔日〕饭山知保：《另一种士人：金元时代的华北社会与科举制度》，邹笛译，浙江大学出版社，2021。

于南方地区已呈现出一定的特殊性。萧启庆先生曾在《中国近世前期南北发展的歧异与统合：以南宋金元时代的经济社会文化为中心》① 一文中对这一时期华北社会的特殊性进行了初步的探析。他将南宋金元时代放入"唐宋变革"与"明清变革"之大历史之间观察，探讨金元等征服王朝对中国近世化所造成的影响。萧先生认为金元等征服王朝在社会方面造成了中古、近世特征并存的现象，同时扩大了南北的差异。②这一南北殊途的发展趋势正构成了该书的历史背景。饭山氏同样注意到了金元时代南北发展之差异，他通过美国学界所谓"宋元明转型"（The Song-Yuan-Ming Transition）论下的江南士人研究来反观处于认知空白领域的华北社会，进而提出疑问：对于历史进程不同的南北社会，以南方之标准进行考察是否欠妥？将南方形成的社会结构理解为中国历史的必然形态是否合理？③ 饭山氏为解决上述问题而将视点集中于金元时代的科举，从这一集政治性、社会性、文化性于一体的重要制度来观察金元华北社会的特殊性。

由于元代科举自身的典型性和特殊性，前人围绕这一主题的研究不少。清代史学大师钱大昕便曾作《元进士考》④，可视为元代科举研究的开山之作。近代以来，不少历史学人在融会中西史学的基础上，对元史进行了更加深入的研究，关于元代科举的考察也随之更加深入。韩儒林先生主编的《元朝史》和陈高华先生主持的《元代文化史》都对元代科举制有过精辟的总结。⑤ 姚大力先生在韩先生指导下所完成的硕士

---

① 萧启庆：《中国近世前期南北发展的歧异与统合：以南宋金元时代的经济社会文化为中心》，载氏著《元代的族群文化与科举》，新北：联经出版事业股份有限公司，2008，第 1~22 页。此文系根据萧先生 2005 年在台湾师范大学历史系主办的"近世中国的社会与文化国际学术研讨会"上的主题演讲整理而成。

② 萧启庆：《元代的族群文化与科举》，第 21 页。

③ 〔日〕饭山知保：《另一种士人：金元时代的华北社会与科举制度》，第 7~9 页。

④ 钱大昕：《元进士考》，《嘉定钱大昕全集》（增订本）第 5 册，凤凰出版社，2016。

⑤ 参见韩儒林主编《元朝史》上册，人民出版社，1986，第 340~346 页；陈高华、张帆、刘晓《元代文化史》，中国社会科学出版社，2020，317~326 页。

学位论文《元朝科举制度的行废及其社会背景》① 亦是围绕这一主题。李治安先生则从较微观的视角对元代科举制度中的乡试环节进行考察，写成《元代乡试新探》② 一文。刘海峰等在《中国科举史》中对辽金元科举做出极高评价，认为辽宋金元时代实系科举制度演进的关键时期，而辽金元之少数民族政权反而为科举制度在明清的定型奠定了基础。③ 除此之外，关于元代科举的专著也不少，其中较重要的有桂栖鹏的《元代进士研究》④，它全面地考察了元代进士之政治、文化活动的各方面。海外学者对元代科举也有着特别的关注，其中日本学者安部健夫的研究成果特别引人瞩目。其《元代知识人与科举》⑤ 一文，上溯戊戌选试，旁及东平、正定之学风，太极书院之创制以及文章派与德行派之争，很好地勾勒出元代科举制度的前史。而关于元代科举研究，成果最显著且集中的则是萧启庆先生。萧先生的元代科举研究始于对《元统元年进士录》的整理和考据，最终写成《元统元年进士录校注》⑥ 一文，并在此基础上进一步写作了《元代科举与菁英流动：以元统元年进士为中心》⑦，此文以前之校注为主要依据，从仕宦、户计、婚姻三方面考察了该科百名进士的家庭背景。萧先生的论文集《元代的族群文化与科举》结集了关于元代科举及社会文化史研究的

---

① 姚大力：《元朝科举制度的行废及其社会背景》，硕士学位论文，南京大学，1978。载《元史及北方民族史研究案刊》1986 年第 6 期，收入《蒙元制度与政治文化》，北京大学出版社，2011。

② 李治安：《元代乡试新探》，《南开学报》1999 年第 6 期。

③ 刘海峰、李兵：《中国科举史》（修订本），东方出版中心，2021，第 244 页。

④ 桂栖鹏：《元代进士研究》，兰州大学出版社，2001。

⑤ 〔日〕安部健夫：《元代知识人与科举》，载氏著《元代史研究》（「元代知識人と科挙」『元代史の研究』），（东京）创文社，1973，第 3～44 页。

⑥ 参见萧启庆《元统元年进士录校注》（上），《食货月刊》（台北）复刊第 13 卷第 1、2 期，1983 年，第 72～90 页；萧启庆《元统元年进士录校注》（下），《食货月刊》（台北）复刊第 13 卷第 3、4 期，1983 年，第 147～162 页。

⑦ 萧启庆：《元代科举与菁英流动：以元统元年进士为中心》，《汉学研究》（台北）第 5 卷第 1 期，1987 年，第 129～160 页。收入萧启庆《元朝史新论》（台北：允晨文化实业股份有限公司，1999）和《内北国而外中国》（中华书局，2007）。

主要成果；其另一部文集《元代进士辑考》① 则专门收录了对延祐、至治、泰定、至顺、元统、至正诸次科举进士名录的考据。萧先生在研究元代科举的基础上进一步提出了"多族士人圈"与"士人化"② 的命题，遂成为元代社会文化史研究的两个典范。饭山知保教授的这部著作提出的所谓"另一种士人层"便与萧先生的这两个典范命题紧密相连。

日本学界关于元代华北社会和科举制度的研究成果亦相当丰硕，具体可以参看内田直文和王毓雯的《日本近年蒙元时代史研究：以文化政策为主》③。饭山知保在前人研究基础之上，全面地搜集了近年来公开的文献与碑刻，将视野聚焦于金元时代华北地区的科举制度运作，以及人们对此的态度，尝试在现有"科举社会"和"士人层"等相关讨论的基础上对其进行考察。该书的目标在于将考察结果与"唐宋变革"论或"宋元明转型"论中描述的士人形象进行对照，对比南方以科举为纽带的社会结构，来明确同时代华北地区的部分社会形态，以及宋代以后中国历史中的金元时代的意义。④ 饭山氏在宏观方面批判吸收了"唐宋变革""宋元明转型"等理论，在微观方面又承续了前人关于金元科举制度的各种研究，特别是萧启庆先生关于"多族士人圈"与"士人化"的观点，从而得以更深一层地剖析金元时代的华北社会与科举制度。

---

① 萧启庆：《元代进士辑考》，台北：中研院历史语言研究所，2012。

② "多族士人圈"即是指以儒学素养为核心、吸纳多民族知识分子的集合体。"士人化"（literatization）则是用来概括北方民族集团出身的士人一面保持自己原有的语言、文化和自我认知，一面学习儒学，跻身士人层的情形。可参见萧启庆《元代的族群文化与科举》之"序论"和第三章"论元代蒙古色目人的汉化与士人化"，以及萧启庆《九州四海风雅同：元代多族士人圈的形成与发展》，新北：联经出版事业股份有限公司，2012。

③ 〔日〕内田直文、王毓雯：《日本近年蒙元时代史研究：以文化政策为主》，《中正大学中文学术年刊》2010 年第 2 期。

④ 〔日〕饭山知保：《另一种士人：金元时代的华北社会与科举制度》，第 14～15 页。

二　主要内容

此前对于金元时代华北社会与科举制度的研究，多从传世文献的梳理展开，并侧重于从思想文化史的角度进行研究。而饭山氏则将丰富的碑刻材料与扎实的文献考据相结合，着眼于华北社会与金元科举之间的相互影响，从一个全新的角度，对金元华北社会和科举制度进行研究，力图叙述和还原出一个更加具体而清晰的历史场景。

该书由绪论、正文十五章、结论组成。

作者在"绪论"部分便旗帜鲜明地提出，不应武断地给金元时代的华北打上"落后"的烙印。基于"唐宋变革"论以及近年来美国学界所提出的打破断代史界限的"宋元明转型"论对江南社会研究的特别注意，作者别出心裁地提出不能忽视尚处于认知空白领域的华北社会。饭山氏认为：对于与南方历史进程全然不同的华北社会，不应当采取与南方相同的社会标准进行考察，将南方之社会结构视为中国历史发展的必然形态是不合理的。出于此种意识，作者通过研究女真和蒙古统治时期的华北社会和科举制度，意欲对作为中国历史阶段的金元时代的历史特征进行重新定位。

正文十五章主要分为两大部分。第一部分即第一至第七章，集中论述女真统治下的科举与社会；第二部分即第八至第十五章，主要讨论元代的华北社会与科举。

具体而言，第一章以山西忻州定襄县为例，叙述金代地方精英的经历。作者认为金代定襄县发生的各种情况与华北其他地方具有较大的共性。作者通过对南王里周氏家族、砂里樊氏家族、东霍里霍氏家族等家族谱系进行梳理，并分析滹水渠的开凿这一史实，得出一系列结论：首先，在当时的定襄县，应举者与王朝本身的关系并不依赖于改朝换代，而在于科举制度本身的存废。其次，儒学教育水平的高低或是否应举并不是决定家族地位的关键。最后，该地区的士人层在女真统治之后才逐渐存在并稳定下来，且各家族所持有的影响力均是有限的。

第二章以金天眷二年（1139）为时间下限，考察金初的华北科举与士人层。作者认为，金代初期系以往较为学者所忽略的时段，他将视野集中于此一时段，考察各次科举相关情况，着重探究金初华北地区实施科举之际，契丹、北宋出身的士人层的动向。作者认为，在经略华北的过程中，金国直接继承前代，尤其是北宋时代的科举形式，前所未有地将科举作为经略新领土的一环。在宋金迭代之际，华北士人层的"势力分布"得到大规模刷新：河南、陕西的士人层明显地趋于衰落，而河北、山西、山东的士人层则涌现出大量新兴士人家族。

第三章从科举与学校政策变迁的角度考察金代士人层。以往关于金代士人层的研究多注重科举制度和文学方面的研究。作者则通过分析金代科举及第者的出身地域分布以及真定苏氏家族的发展情况，从宏观与微观两方面分析了科举与学校对金代华北士人层的影响。作者认为，在朝廷的主导下，金代华北地区在学习的普及性和学校的数量两方面均超越辽和北宋，从而使得这一地区的应举者规模超越了前代。而相较于地方势力扩张的南宋，金代所追求的一元化统治似乎更与秦汉以来的统治理念相契合。也就是说，金代通过对学校与科举政策的调整，使金代正统的观念深深植根于华北士人层。

第四章则是以杨业和元好问这两个重要历史人物的家族为典例，通过考察秀荣元氏家族和太原、麟州杨氏家族来分析 10 ~ 13 世纪晋北地区的科举渗透及其历史意义。作者在该章主要探究的问题是这一地区原本对科举没有太大兴趣的人，为何开始倾向于参加科举？从五代、北宋的将门到金代的文宗，华北地区的变化之因正在于辽、宋、金之战乱以及金代建立的影响：华北士人不再需要与南方士人竞争，而前代及第者众多的河南、陕西地区，在金初已然凋敝，晋北士人由此可得到更多科举及第的机会。而且，正是在女真占领晋北之后，其军事地位不再，地方精英从而转向通过科举维持自身地位，客观上促进了科举在晋北地区的渗透。

第五章探讨金代华北地方社会中女真人的定位以及"女真儒士"的问题。作者认为，以往的研究较多关注金代宗室、贵族的汉化，而对移居地的地方社会、女真人的具体定位，以及金代社会特质等问题有所忽视。他认为，造成这一研究局限性的重要原因之一便是以往的研究大多局限于文献史料，而对碑刻史料多有忽视。作者通过《澄城主簿赵公德政碑》、滑州白马县董固台的碑刻、《金知山东东西路安插副使兼□□事宣武将军张公墓志铭》等材料得出结论：女真人的儒化并不是文化上潜移默化的既成事实，而更多的是追求地位和谋生的一种手段。"女真儒士"群体也正是在这种现实的观念下形成的。作者同时又提出，不同于一般在对抗下形成的多元国家或社会，金代的"女真儒士"现象并不是对抗的结果，而是以军事力量为背景的女真人与擅长集权国家运作的汉人势力两相平衡的结果。

第六章探究金代华北科举的应举人数问题。作者主要利用《金史·选举志》，并参考了萧启庆先生对金代科举的研究成果，最终得出结论：女真统治下的华北地区应举人数最多不到40000人，并且华北的应举人数在女真统治下稳步增加，在金章宗时期达到顶点。同时，作者又特别指出，金代华北地区科举制度的发展并不能简单地等同于此地区士人群体的迅速扩大。

第七章论述金代地方吏员的中央升迁问题。作者首先介绍了关于中央的令史这一金代吏制的最大特点，并通过碑刻材料大致勾勒了金代地方吏员的状况。接着用王宏、王瑾、毛矩、李仪、马锐、王仲英、王宇、王天铎、韩仁等九人之例，以墓志铭、神道碑等为依据，还原出金代地方吏员向中央官衙升迁的途径。作者认为，就金代而言，吏员固有的贪欲、狡猾形象仍未改善，然而吏员作为一条获得官位的捷径，被更多的士人接受，呈现出一种由儒学转向吏业的趋势。而这一趋势下接元代大规模的吏员政治以及吏员观念和形象的重大转变，可以说金代的吏员正是宋、元之间的过渡形态。

从第八章开始，作者基于上文对金代的研究，开始将研究时段转至元代，首先探究元朝统治下的忻州定襄县及其地方精英群体的变化。作者指出，对于元代的华北社会之具体情况，先行研究是较为薄弱的。作者主要依据《定襄金石考》梳理元代定襄县的官吏、学校官、进士、乡贡进士，探究金元的代际更迭对其地其人之影响。作者认为，较之于只能以科举获得官位的金代，元代定襄县的出仕任官途径更具多样性，同时任官的机会也有所增加。也正是以蒙古人入主为界，士人的形态由于上述诸因素开始呈现多样化，中央政府对地方的介入和影响也较金代有所加强。

第九章探究的是元代华北地区官吏出仕倾向的变化。作者选取了山东、河北平原西部、奉元路等史料留存较为丰富的地区作为考察对象，试图通过典型案例的分析，探讨整个元代华北地区的多种出仕途径，以及以此为媒介的出仕倾向的变化。作者发现，首先，由于获取军功机会的减少，从军而出仕的人在南宋灭亡后亦随之减少。其次，在任何时段中，凭借吏员出身而出仕的人都是数量最多的，并且进入中央任职成为其飞黄腾达的关键。最后，蒙古王侯的位下、投下领也成为极具吸引力的出仕之选。作者通过墓志等碑刻材料再次证明，后世对元代由吏出仕以及通过个人关系等途径出仕的看法是比较准确的。

第十章聚焦于元代的科举制度。作者一反以往政治史、制度史的视角，而从社会史的角度着重探究科举恢复对华北社会的影响。作者基于萧启庆先生等前辈学者对元代科举的先行研究，将元代所恢复的科举制度视为一种"新设出仕途径"，并考察当时人们选择应举的历史背景。作者着重探讨了元代国子监与科举之间的联结，并从汤阴许氏等实例来观察元代科举与国子监的兴衰。作者认为，由于科举及第名额甚少，在科举恢复之后，知识分子对以吏员出仕仍普遍持肯定态度。而国子监由于可以提供直接参加会试的名额，多与科举并称为"学校贡举之制"，两者渐被视为一个整体。这些都反映出，元代科举较短的实行时间以及较少的及第名额使它并没有成为一种特别具有吸引力的出仕选择。

第十一章探究的是元朝统治下的华北地区应举人数。本章通过《元史》《通制条格》等传世文献以及应举者的墓志铭等，梳理了从戊戌选试的"儒户"及至元年间科举的人数。作者认为，在元代的华北地区，儒户选试参加人数约为 20000 人，延祐科举恢复之后科举参加人数最多为 23000 人，而这些数据均体现出在出仕途径多样化的大背景下，科举已然失去了前代那样的凝聚力。

第十二章讨论的是元代华北社会中士人的地位。作者特别注意到各种碑刻史料，尤其是碑阴所刻题名记的重要性。通过对"士人""士子""儒士"等词的用例，对官学、书院中非儒户学生以及民间教育设施的考察，发现元代华北社会的士人层与南宋的情况有着显著差别。作者认为，元代不存在基于科举而形成的拥有特权的士人层，亦不存在士人层作为地方社会领导者的倾向。这与前代汉地，特别是南宋士人层发展的趋势是截然不同的。

第十三章作者探究了元代山西汾水下游地区士人层的存续及变化。这是从华北这一宏观的视野转入较微观的范围。作者将元代汾水下游地区的仕宦家族分为归降蒙古获得官职的家族、由吏职出仕的家族、以个人关系而出仕的家族、任职于蒙古王侯位下和投下的家族四种类型，再次印证了第九章所探讨之多样的出仕途径。作者聚焦稷山段氏家族，概括出其官员辈出的三种要素，即从属蒙古的军阀和地方官的支持、从词赋学向道学的转变、段思真出仕国史院以及阎复的推荐。基于上述研究，作者提出，在元代，蒙古王侯或高官的个人关系是出仕的重要因素，是故元代的应举人数无法达到前代水平。这也正是时人面对现实情况，意图追求更为有利、更为安稳的出仕途径的结果。

第十四章主要探究了元代吏员出身官僚的形象。作者注意到，官与吏之关系是考察元代知识分子的重要切入点。他重点研究了福州路儒学教授徐东编《运使复斋郭公言行录》及编纂者不详的《编类运使复斋郭公敏行录》，细致地梳理了这两部著作的流传过程，整理了所载主人公郭郁的生平经历。通过郭郁这一极具代表性的案例，作者认为，一方面，儒人和吏员的对立终元代一直存在。另一方面，由于其时出仕途径的多样化，前代唯进士独尊的状态不复存在，而广泛出现"以儒饰吏""儒吏兼通"等观点。也就是说，儒与吏在元代处于一种既对立又统一的复合状态。

第十五章则以隶属华北驻屯军的家族事例为中心，分析北方民族的儒学研习及其诱因。作者指出，以往对元代华北地区的多元化社会的研究多为两种，一是站在北方民族的立场，考察其社会风俗的变迁及其给华北地区原有的社会形态带来的影响；二是站在华北汉人社会的立场，考察北方民族的变化以及他们适应当地社会的过程。而作者则着重探究应该如何理解、如何定位这种所谓汉化现象。他主要基于萧启庆先生"士人化"的理论，将北方民族的儒学研习问题作为考察中心。作者认为，元代华北地区北方民族的儒学研习大多并非自然形成之现象，而是在原有社会结构或官员任用制度发生变化的背景下，为自己家族的未来计而采取的一种明显的、有计划的行为。也就是说，其本质仍然是一种谋求维持或提升家族地位的较现实的选择，而非文化方面的自觉行为。

作者在前文的研究基础上得出结论：女真将科举作为控制华北社会的重要手段之一，华北士人层在北宋灭亡之后仍保持不断上升的趋势。金代接受儒家文化的女真人的增加，并不是不可避免的汉化的结果，而是为了顺应社会变化做出的现实、功利的选择。进入元朝之后，吏员出仕成为士人的重要出路，而元朝的"根脚"传统也使得官员在晋升方面更多需要寻求王侯或高官作为靠山。这种出仕途径的多样化打破了中国历史上儒吏分流的传统，从而呈现出儒士和吏员相互交融的局面。在多元化的金元时代华北地区，由于战乱的逐渐结束，通过军功维持社会地位和获得官职的机会亦逐渐减少，于是科举和儒学研习成为一种新的阶层流动的方式。

三　评论与问题

总体而言，该书是一部颇具影响力且富有启发性的著作。

首先，饭山氏通过对金元时代华北士人及科举之考察，很大程度上填补了金元华北研究的空白。特别是其对碑刻史料的运用令人耳目一新。[①] 众所周知，金元时代华北研究之所以困难，一个重要原因便在于相关史料的匮乏。是故，挖掘新史料、重新认识旧史料实是研究金元时代华北社会的一大重点所在。该书通过碑铭、墓志等材料，还原地方家族的承续升降，并进行量化分析，极大地推动了学界对这一历史时期华北社会的认识。

其次，饭山氏还在深入考察金元时代的华北社会和科举制度的基础上，提出了一系列值得特别注意的观点。第一，对作为中国历史转折点的金元时代需要有一种"再认识"。通过儒学研习对科举与华北社会的影响可以看出，它并不意味着北方民族集团的汉化，而系一种更顺应女真、蒙古统治的官吏任用制度的重组。第二，华北地区始终没有出现以科举制度作为王朝与社会之间纽带的南方式社会结构。此点正是针对萧

---

① 在该书出版后，学界关于辽金元碑刻史料的整理亦有不少新成果。如洪金富主编的《中央研究院历史语言研究所藏辽金碑刻拓本目录》（台北：中研院，2012）和《中央研究院历史语言研究所藏元代碑刻拓本目录》（台北：中研院，2017），并配有辽金元拓片数位典藏（http://rub.ihp.sinica.edu.tw/lcyrub/）可供查阅。

启庆先生的元代南北文化上的统合而提出，① 作者认为元代的南北差别正是明清时代南北士人层之间差别的渊源，也正因为如此，华北社会存在所谓的"另一种士人层"。第三，作者特别强调华北社会的特殊性，即"唐宋变革"的理论不能以南方为中心单线理解，华北曾存在过一个异质的"中国社会"。

最后，该书将金元时代华北士人层称为"另一种"，对金元华北社会的特殊性之认识实具有开创性的意义。作者在该书开篇即表明要纠正以往过于关注南方地区，而将南方的发展形态视为典型的观念，对南方的发展形态之典型性表示了疑问。其在书末又指出"至少就本书讨论所得的结论而言，在经历了蒙元时代的统合之后，华北士人层仍与南方有着相当大的差别，而这正是明清时代南北士人层之间差别的渊源"，②对萧启庆先生所谓元代南北文化上的统合之命题提出相左的意见。

窃以为饭山先生与萧启庆先生之分歧实际上源于二人所立视角之不同：萧先生所谓文化统合实际是意图凸显华北士人层在元代的发展，强调相对于宋金之南北差异，元代南北混一对南北经济、社会、文教各方面统合具有历史性的贡献。而饭山氏则深入至南北士人层在性质上的差异，着眼点在二者内质的不同上。在前者眼中，华北士人层产生及壮大本身便是南北文化统合之表现，而后者则深入探究南北士人层的差别，从而提出"另一种士人层"的概念，来论证南北殊途之渊薮。饭山氏这种对"另一种士人层"的敏锐观察正启示我们对这一具有特殊性的历史时期进行再认识。也就是说，在金元时代之南北离合的历史大背景下，不仅有饭山氏所觉察到的"另一种"士人层，还存在其他为数众多的"另一种"因素，它们隐藏在历史深处，等待历史学人进行更加深入的探究。

---

① 关于此可参见萧启庆《元代的族群文化与科举》，第 23 ~ 53 页。
② 〔日〕饭山知保：《另一种士人：金元时代的华北社会与科举制度》，第 514 页。

　　然而，该书虽优点甚众，但似仍存在一些值得商榷之处。

　　首先，该书主题乃针对金元时代之华北社会而发，但书中"华北"之地理概念似乎表现得不甚明确，较多篇目的论述实际上集中于山西甚至晋北一隅。如第一章论述金代地方精英的经历便是以山西忻州定襄县为例。第四章所举杨业、元好问二家族，一出太原，一出忻州，皆属于山西。第八章则是延续第一章的叙述，论述元代忻州定襄县之精英群体的变化，其所依据的主要史料仍是《定襄金石考》。第十三章所论之稷山段氏家族来自山西的汾水下游地区。故其论述之普遍性及代表性似乎需要再做估量。

　　其次，是作者大量运用碑刻材料而带来的某些局限性。一方面，其所利用之碑刻材料内容多来自金石志及方志等文献，实物尚存者较少。作为一种象征的碑刻，其材质、形制、雕刻纹样以及周遭的环境布局皆反映了部分社会性信息，这些通过建筑和环境传达出的寓意是单纯的铭文内容所不能够表达完全的。也就是说，由于历史变迁而形成的景观变化，必然使得碑刻材料本身的价值有所损失，碑刻材料之实体所具有的某些公共性作用以及宣传教育意味将不复可寻。[1] 另一方面，如不加考据而直接使用某些碑刻材料，则其所具有的诸如夸大、模糊，以及由于随意性而引发的错讹等缺陷也会成为论述的缺陷。同时，因史料的制约，书中有不少过度推测之语。如作者在第二章中通过"刘宗彦曾科举及第"这一情况，推论刘氏命诸县搜索的举人便是北宋时期的解试合格者，进而直接得出金天会六年（1128）之科举实际上确是继承北宋，尤其是靖康元年（1126）的解试结果这样的结论。[2] 又如第六章中，作者已言明"没有史料记录辽代科举的应举人数"，却直接以"辽、北宋末金初的战乱影响"为由认定女真统治下的华北地区科举人数实现

_____

① 如卢蓉在《中国墓碑研究》一文中便强调对墓碑本身的研究，着重解析了中国墓碑的文化形态和艺术特征，涉及墓碑形制等级、葬地选址和布局、纹饰设计、材质选用、雕刻、装饰与铭文艺术等。参见卢蓉《中国墓碑研究》，博士学位论文，苏州大学，2013。

② 〔日〕饭山知保：《另一种士人：金元时代的华北社会与科举制度》，第 61 页。

稳步增加,① 亦过于武断。这些论述在某种程度上也对该书的学术价值造成负面影响。

再次,系本书篇章结构方面的一些缺陷。因本书是由多篇论文构成,难免在篇章结构方面存在失当处,各章之间的主题,详略,宏观、微观之视角在起承转合上也难免给人滞涩之感。

最后,是在学术规范方面的一点吹毛求疵,即这部精彩的著作非常遗憾地未能附有参考书目。或许是由于这部著作系由作者的多篇论文结集而成,其各篇文章皆采用尾注形式标出引文出处,而未能列出其余参考文献,实乃一大憾事。

总之,瑕不掩瑜。该书在论题选择、史料运用等方面的开创性使其在金元华北社会研究及科举研究之学术史上占据了一席之地。特别是作者通过"另一种"士人层所映照出的在金元时代南北离合之历史背景下为数众多的"另一种"因素,为学界提供了一个颇具启发性的范式问题,极大地推动了相关领域研究的进展。②

---

① 〔日〕饭山知保:《另一种士人:金元时代的华北社会与科举制度》,第 199 ~ 200 页。

② 如王锦萍便在其后聚焦山西,深入研究华北社会在经历蒙古征服后四百年间的社会变迁与文化重构。其特别提出的与"江南模式"(围绕科举和儒家知识精英所形成的社会结构)相区别之宋明转型的"北方路径",似与饭山知保之说有异曲同工之妙。参见 Jinping Wang, *In the Wake of the Mongols: The Making of a New Social Order in North China*, 1200 – 1600, Harvard University Asia Center, 2018;中译本为《蒙古征服之后:13 ~ 17 世纪华北地方社会秩序的变迁》,陆骐、刘云军译,上海古籍出版社,2021。饭山知保曾为是书写作书评《王锦萍〈蒙古征服之后:1200 ~ 1600 年华北社会秩序的变迁〉读后》一文,载余太山、李锦绣主编《欧亚学刊》新 10 辑,商务印书馆,2020。马晓林也对王书做出过评论,并特别提到饭山知保对山西地方精英之研究与此书的呼应,参见《汉学研究》(台北)第 39 卷第 1 期,2021 年,第 325 ~ 332 页。由此亦可管窥饭山知保教授对金元华北社会之研究的启发性和影响力。

《区域史研究》2021 年第 2 辑（总第 6 辑）
第 257～262 页
© SSAP，2021

评杜树海《边境上的中国：11世纪以来广西中越边境地区的历史与记忆》

孙剑伟[*]

杜树海：《边境上的中国：11 世纪以来广西中越边境地区的历史与记忆》，九州出版社，2020。

　　厦门大学人文学院杜树海博士的新作《边境上的中国：11 世纪以来广西中越边境地区的历史与记忆》一书，旨在探讨桂西地区中越边境形成的历史及边疆社会的变迁历程。该书采取了历史人类学的边缘研究方法，强调从边缘看中心，关注边缘人群的主体性和能动性。其总体思路是将边界的形成和当地社会形态的塑造视作一个王朝国家和地方社会持续对话与协商的历史过程。主体部分分为序篇"北宋侬智高起事与广西中越边境地区历史的转变"，上篇"土司时代：明代思明府及其周边区域的考察"，下篇"改土归流：清代以降归顺州及其周边区域的考察"。

　　序篇部分围绕北宋时期的侬智高反宋战争及熙宁中越战争两个主要事件，简要分析了中越边境最初产生的历史背景。宋仁宗元祐年间，游移于宋朝和交趾李朝之间的侬智高集团试图独立建国的行动以失败告终，其原来控制的地域为宋朝和交趾所瓜分，两国界线就在双方力量交

---

　　* 孙剑伟，广西财经学院新闻与文化传播学院助理研究员。

接处初具雏形。不久之后发生的熙宁宋越战争没有解决宋朝和交趾之间的疆土纠纷，双方最终通过和平协商的方式划定了边界。

上篇部分考察了明代至清初左江上游地区土司社会的演变趋势，重点研究对象是思明府（今广西宁明县一带）。明初，上思州（今广西上思县一带）黄氏被彻底击垮，而思明黄氏则从"两边倒"的状态顺利转型，与中原王朝"结盟"。由此才产生了后来成为模版的祖先叙事。在这个过程中有国家边界的生长，或者说是人群区分意识的生成。思明黄氏"征侬祖先"叙事对应的历史场景是思明府与安南王朝的土地争端，其与中央王朝结盟，就能在自身利益的竞争中占据优势。明王朝制定了土官承袭规则，但被地方各种势力利用，比如编造虚假世系冒充土官子孙等。嘉靖年间王朝的议征安南事件①本是一场维护两个王朝之间礼法秩序的行动，但左右江地区的土司在土官职位袭替过程中的种种"篡逆"行为也被发掘出来，土司势力因此遭到打击，给王朝势力在当地的扩张带来机会。进入万历年间后，思明府所属部分土州改属流官。此时，安南国内也陷入北莫南黎的分裂状态，北部边境一带被众多地方势力割据，思明府的头目便勾结这些势力推翻思陵土官，最后被朝廷出兵镇压。趁着对此次事件的善后处理，朝廷增大了思明府流官同知的权力，最重要的是将"恶目"的赃产用来办学，后来培养出的生员便站到流官一边。清雍正时期，在鄂尔泰大力整治西南边疆的运动中，思明府不服"王法"的寨子遭到清军的剿灭，随后思明府改流。

下篇部分考察了清代桂西改土归流地区的社会变迁，重点研究对象是归顺州（今广西靖西县一带）。归顺州岑氏于明初在当地建立统治地位，后又在区域竞争中走向衰落。清雍正八年（1730），归顺土州因

---

① 嘉靖六年（1527），安南权臣莫登庸篡夺黎氏政权。嘉靖十五年，明廷关注到安南发生的这场政治事件，并认为莫氏所为属于"篡逆"。嘉靖帝和部分大臣主张发兵征讨，一些较为务实的官员则表示反对，多次讨论未果。嘉靖十八年，嘉靖帝下诏出兵讨伐莫氏，采取剿抚并用的策略。次年，莫登庸在广西镇南关向明朝请降，事情到此告一段落。

"挖窨案"被改土归流。清廷以"挖窨案"为线索，查出了安南莫氏逃亡势力①与云南富州沈氏、桂西下雷州许氏二土司交接往来的情况。归顺州改土归流之后，新来官员一方面对新开地域在王朝国家中的位置加以确认，另一方面将象征大一统的神灵推广到地方。传统的土目阶层逐渐没落，因科举考试推行而产生的功名人士开始参与公共事务，并在家族内部创造书写祖先谱系（刻在墓碑上面）的传统，"祖籍广东南海"成为模式化的叙事情节。功名人士还通过地方志的撰写构建了南宋义士张天宗开辟归顺州的地方历史，并以扶乩活动的方式使之深入人心。文教推行、功名人士崛起后流行的扶乩活动，被人们用来进行祖先记忆的构建，如通过降乩指示祖坟所在、找回祖宗姓名来历；村落中那些享有较高威望、具有一定文化的人士借着乩笔，达到教育村民和干预村落事务的目的。在太平清醮（祈福、禳灾的村落集体仪式）中，道公、么公、么婆三种仪式专家之间的权力层级得到展现，他们分别代表着国家、地域、"地点"层面的传统。土地庙旁的聚餐仪式显示村落正是借着村落宗教活动来实现整合和团结的，当地乡村社会采取的是以村落为中心的整合模式。

　　西南土司的研究发端于民国时期的"边政学"，关注的重点是土司制度的渊源流变、土官与朝廷的关系、边疆的治理和开发策略。1949年之后的土司研究延续了这一传统，同时又对土司社会的阶级关系和土地分配情况给予了很大程度的重视，但对土司社会结构的内生机制和演变趋势缺乏深度分析。近些年来，越来越多的研究论著倾向于采取历史人类学的研究方法，注重凸显地方群体的主体性，地方社会的历史发展脉络通过一个个扎实的个案研究被清晰地呈现出来。杜树海博士新作的出版，无疑为这一领域的研究增添了一份很有分量的成果。广西西部地

---

① 安南高平莫氏于清康熙十六年（1677）被黎朝攻灭，残余势力逃入中国桂、滇两省与越南交界地带。

区在唐宋时期存在大量的羁縻州县，至元明清时期一直是土司集中连片分布的地带。迄今为止，关于广西土司历史的研究成果在量上已相当可观，已出版的相关专著也不少，但总的来说能够真正超越传统研究套路、开辟新的研究路径的作品尚属凤毛麟角。杜树海博士新作的出版不仅有助于推进西南边疆社会史的研究，也将为广西土司社会历史研究注入新活力。在该书中，具体、生动的历史故事被一个接一个地娓娓道来，史实的详细考订被巧妙地穿插其中，既不显得突兀，也无损于叙事的连贯性。专业研究者必定能够从该书所提供的翔实个案研究中获得各种启发。即便是为了解相关史实、不大关注理论问题的读者，应该也能从对该书的阅读中获得不少知识和乐趣。

　　该书不仅历史叙事翔实生动，田野调查也细致深入，更进一步增强了该书的可读性。在广西民族文化调查方面，很多人类学和民族学方面的调查成果都很细致、周到。该书中一些调查主题也并非第一次受到关注。今天我们在该书作者研究区域所看到的各种有趣的文化现象，无一不是在历史的长河中文化交流碰撞、不断演变和累积的产物，从来不存在亘古不变的文化"传统"。研究者不仅需要细致观察这些所谓文化"传统"的实际形态，更需要在可能的条件下重构这些"传统"形成的具体历史情境，耐心追溯它的起源和演变历程。该书历史人类学的边缘研究正是出于此目的而进行了研究方法上的大胆尝试，值得借鉴和学习。研究者可能常常面临一些难以跨越的现实障碍，尤其是文献记录的匮乏导致史实的模糊不清，给这种重构和追溯工作带来极大困扰。这更凸显了该研究的可贵之处。赋予某种文化现象以独特性、民族性的评价很容易，却往往忽视其真正的研究价值。对于一个严谨的研究者而言，他的工作应该是"祛魅"，而不是把某种文化现象解读为亘古不变的"传统"。在该书中，杜树海博士深入调查了当地的扶乩、太平清醮和土地庙祭祀等仪式活动，对田野调查中观察到的各种值得注意的文化现象给出了颇有说服力的解释。这些观点能帮助读者打开思路，把问题研究导向开放的方向。

　　一部好的学术著作一定是注重反思的作品。王明珂的"华夏边缘
说"认为，历史上的华夏边缘地带正是农耕文化与游牧文化的分界地
区，是华夏群体生存的生态极限。然而，如该书作者所云，在中国南方
并不存在这样的天然界限。那么，历史上中国西南地区的边缘（边疆）
社会又是如何形成的呢？该书的主体内容已经对这一问题进行了很好的
解答。该书的结论部分回归到一个更为宏观的问题上面：传统中国如何
进行国家整合，如何保持文化的统一性和多样性并存的状态？对这一问
题，科大卫、萧凤霞和刘志伟等学者都通过区域社会历史研究进行了回
应。该书作者在理论方法上借鉴了已有研究成果，同时也提出了自己的
思考成果。作者提出了"国家整合"的概念，它是指"国家统治权力
在各个地域建立、深化以及均质化，各个地域被整合进国家范围以及一
体化的过程"。① 关于国家整合的方式，传统的研究侧重于政治建置、
军事部署、经济融合以及文教推广等方面。该书作者遵循"从重大历
史事件转向民众的日常生活"的路线，关注重点在于以下五种国家整
合方式：地缘血缘想象、文化地景塑造、礼法话语建构、资源/人员流
动和信仰仪式统合。作者"希望这五种方式能够构成一种指标体系，
用来量度明清时期整个王朝国家边疆地区的国家整合，也供其他地域研
究检验、修正与校准"。② 关于礼法话语建构，作者提出，明朝初年制
定的土司承袭制度一方面促进了土司"家族化"以及土司家谱书写传
统的形成，另一方面促进了囊括朝廷和土官等各方的礼法话语的形成。
这是一个很中肯的观点。一些研究者在讨论广西土司地区的宗族建构现
象时，往往把源头上溯至明代土司家谱书写的传统，却忽略了这一传统
出现的历史情境，也忽略了早期土司家谱与清中后期出现的土司族谱之
间的重大差异。关于信仰仪式的统合，该书作者认为各地的文化传统并

---

① 杜树海：《边境上的中国：11 世纪以来广西中越边境地区的历史与记忆》，九州出版社，
　2020，第 238～239 页。
② 杜树海：《边境上的中国：11 世纪以来广西中越边境地区的历史与记忆》，第 240 页。

非必然走上同质化、"标准化"的道路。"文化传统是不断叠加的，新的覆盖旧的，但这并不等于斩草除根，推倒重来，旧的完全没了生路。新加的一层可以运转良好，原来的也可继续存活。"① 作者提出"多层一统"的概念来解释这一文化现象："地方文化是在不同时间段内借由不同方式层叠形成的，构成这一层层的文化传统可能跟不同的地域中心相联系；在层叠之时，各种文化传统的边界可能相互渗透，但仍能清晰可辨。地方文化不是杂乱无章的拼盘，而是融合的层级与体系。那些代表'大一统'的文化传统往往在这个体系与层级中占据优势地位，形成对其他文化传统的统合之势，并赢得民众的认同与服膺。"② "多层一统"的概念与观点可以更好地阐释中国文化统一性与多样性并存的问题。

该书是近些年来历史人类学研究方法指导下的有关岭南和西南地区历史研究的重要成果，在史实重构和田野调查两方面都提供了新的视角和观点，并致力于研究理论的突破和创新。就此而言，杜树海《边境上的中国》一书值得学界关注和讨论。

---

① 杜树海：《边境上的中国：11 世纪以来广西中越边境地区的历史与记忆》，第 245 页。
② 杜树海：《边境上的中国：11 世纪以来广西中越边境地区的历史与记忆》，第 245 页。

《区域史研究》2021 年第 2 辑（总第 6 辑）

第 263～272 页

© SSAP，2021

评刘永华《帝国缩影：明清时期的
里社坛与乡厉坛》

周诗佳*

刘永华：《帝国缩影：明清时期的里社坛与乡厉坛》，北京师范大学出版社，2020。

里社坛和乡厉坛（以下简称"两坛"）制度是明初在乡村中推行的重要制度，明清社会文化史领域的学者多有关注。日本学者滨岛敦俊认为，两坛在乡村或农民间的影响有限，原有的土地庙信仰、祭祀仍是礼仪实践上的重点。[①] 丁荷生在《福建社神之转型》一文中，通过解读碑铭和田野资料，认为社一度是王朝推行乡村教化的手段，但在后续的发展过程中逐渐偏离官方规定的轨道，并形成地域社会内部的认同。[②] 国内方面，郑振满教授则对社与庙的关系进行了研究，对明清福建社稷祭祀有着深刻认识，并且曾深入探讨明清福建社神的演变过程。[③]

---

* 周诗佳，浙江大学历史学系，中国古代史研究所硕士研究生。

① 〔日〕滨岛敦俊：《明清江南农村社会与民间信仰》，朱海滨译，厦门大学出版社，2008。
② 〔美〕丁荷生：《福建社神之转型》，刘永华主编《中国社会文化史读本》，北京大学出版社，2011，第 234～273 页。
③ 参见郑振满《明清福建里社组织的演变》，《乡族与国家：多元视野中的闽台传统社会》，三联书店，2009。

近年来，刘永华教授在田野调查中发现，两坛制度在全国范围内推行存在确凿的证据，其影响也比过去学者发现并承认的要更为深入和持久，两坛制度的部分要素甚至在当下的社会文化景观中也留下了印记。因此，刘永华教授写作《帝国缩影：明清时期的里社坛与乡厉坛》一书，以期拓展两坛制度讨论的广度和深度，在空间上考察里社坛、乡厉坛制度在全国多个地区的推行实态，在时间上系统梳理里社坛、乡厉坛制度出台的历史脉络，同时在此基础上更加全面地探讨两坛与明清乡村社会的互动关系。

一 "准许"与"命令"：明初两坛制度的创设

该书的主要研究对象——里社坛与乡厉坛，其制度化应当始于明初，而在论及明代两坛制度时，作者使用了"创设"一词。对社和厉的祭祀古已有之，它们是中国传统祭祀礼仪的一个基本组成部分，若要发掘明代两坛制度对前代祭祀礼仪的继承与创新，探究明代两坛祭祀设立并推广的原因和意义，必然要从历史上社祭与厉祭的源流入手。

作者首先指出社祭与厉祭均可上溯至先秦，但二者的祭祀对象、起源、演进过程在长时间内有所不同。甲骨文中本无"社"字，卜辞中以"土"为"社"，意为聚土成堆以祭祀土地神，后战国时加"示"成为"社"，因此社祭可视为对土地及其产物的崇拜。厉祭被记录在传世文献中似比社祭要晚，其源自对横死者的恐惧，作者在此处认为应该更准确地表达为对横死者"灵魂作祟"的恐惧。通过作者对明代以前各朝代社祭与厉祭制度演进的梳理，可以看到社祭制度的流变：商代社祭与方祭结合，周代社制与等级秩序相配合，春秋时期开始改祭社、稷，汉代以后县及县以上的各级行政单位均有社稷祭祀制度。社祭制度具有较为连续的发展过程。而作者查阅《汉书》《开元礼》等书及朝廷颁布的社稷礼制诏令后发现，在基层行政单位方面，汉代以来较为注重州、县两级的社稷祭祀，在乡里一级，部分地区存在居民的自立社，但其与其他乡里制度的关联较少，落实程度也值得怀疑。相较之下，厉祭制度时有变动，这主要由于汉代以降历代朝廷对厉祭态度的不断改变。但总体而言，朝廷始终未要求州县及以下地区建坛祭厉，顶层设计上的缺失使得作者在考察厉祭制度时大量运用了地方志材料，以嘉泰《吴兴志》、崇祯《吴县志》、弘治《八闽通志》以及嘉靖《长泰县志》为例，作者发现南部地区部分州县实际上建有厉坛，他将其归为地方性祭祀传统，而与官方制度无涉。

通过对社、厉祭祀制度的追溯，作者认为明代在乡里层面建立的社坛与厉坛制度并非与前代完全割裂，而是有所参照和借鉴，但其可称为"创设"之处在于，前代对于乡里层面的社、厉祭祀态度模糊，大多数情况下仅仅可称为"准许"而非"命令"。而在明初，里社坛与乡厉坛的建立作为官方定制被确立了下来，其强制意味大大增强。官方态度转变的背后一定有相应的基础和动因，明代社祭制度的建立经历了从洪武元年（1368）至洪武十四年不断修改完善的过程。作者在《明太祖实录》和《明史》中发现多处关于颁布社稷坛制度于天下郡邑和地方社稷制度确立的文字，但两书中均未见里社祭祀的信息。作者将里社祭祀定义为"以民众为主体"的活动，于是在寻找里社记载时再一次将目光投向了地方文史资料，发现成化《重修毗陵志》和嘉靖《泾县志》中均提到"里社，洪武八年定制"，[①] 而考察《洪武礼制》则可见"里社"条，其中对里社坛的祭祀制度做了具体规定，这些都象征着里一级的社坛祭祀被纳入了官方管辖的礼仪制度中。

从"社"字本身的创造过程就可以看出，修建社坛进行祭祀，本意是为了祈祷风调雨顺、物产丰盈。但作者首先引用滨岛敦俊的研究，

---

① 刘永华：《帝国缩影：明清时期的里社坛与乡厉坛》，北京师范大学出版社，2020，第37页。

指出明代社稷坛制度的设计者主要为"浙东地区的属于正统朱子学派的儒教官僚",① 亦即史书中提到的"礼官",同时作者考察《明史·礼一》和《重刊大明集礼序》中有关制礼诸官分工的记述,在滨岛敦俊的结论之外还指出了非浙东(如江北地区)学者在制礼过程中的作用。在里社坛祭祀的具体过程中,作者同样发现了儒家官僚参与礼制设计的痕迹。《洪武礼制》规定,里社祭祀需宣读《锄强扶弱之誓》,这已然超越了社祭的本意,而是在为"打造一个遵守礼法、守望相助的道义共同体"而努力,② 这不仅与南宋以来不少士大夫的社区建设宗旨相吻合,也与明初里甲制度的建设理念一致。

由于厉坛祭祀在汉代以后久不举行,作者认为比起里社坛祭祀制度的确立,明初厉坛制度更加是一种新创。作者根据《明太祖实录》发现,与里社坛落后于府州县各级社祭制度确立不同,乡厉坛制度是与州县厉坛制度同时出台的。而在祭祀对象和创建意图上,乡厉坛的含义也较过去的厉祭有所拓展。不仅是祭祀鬼神和无祀孤魂,厉坛在创建时也有政治方面的考虑,首要的就是建立由官方主导的礼制秩序,以及将阳间的赏罚体系移植到阴间,通过因果报应说和厉坛祭祀的结合达成对民众意识形态的控制目的。作者也指出,正是因为礼制对民间厉祭的介入,厉祭的目的由担心鬼魂作祟转为在祈禳的同时监督并控制民众的思想观念。

里甲制度是明朝最重要的地方行政制度之一,于洪武十四年开始实行,与编制赋役的黄册制度共同满足了明朝前期户口和赋役管理的需要。对于中央朝廷而言,里甲制度的推行在行政层面促进了中央政权对某一地区的控制和管理,并且有利于中央势力进一步深入基层社会,事先对地域社会实行全面控制。而以里甲制度为基础,该书所言的自洪武元年至十四年不断修改完善的社祭制度及明初创设的厉坛祭祀制度则可

---

① 〔日〕滨岛敦俊:《明清江南农村社会与民间信仰》,第 111 页。
② 刘永华:《帝国缩影:明清时期的里社坛与乡厉坛》,第 41 页。

视为明政府神灵祭祀典化过程的结果，是从精神层面进行地方管控的努力。将社、厉祭祀纳入官方主导的礼制秩序不仅使得地方土著文化儒家化，也有利于主流儒家文化得到地方社会的认同。在中央与地方文化及信仰的交流过程中，国家权力逐渐渗透到地方社会，并持续不断地帮助地方社会被主流社会接纳。

二　以民众为主体的社祭与厉祭的庶民化

作者在该书第三章讨论了里社坛、乡厉坛制度在各地推行的实态，从坛场建置与兴废、祭祀规制与仪式流程等角度，较为全面地展现了自明初两坛制度确立以后，明中叶以降至有清一代两坛制度在普通民众生活中存在与发展的实况，从而为比较两坛制度设计与实践运作之间的差距、理解两坛祭祀与普通乡民的真正关系提供重要基础。

里社坛和乡厉坛的推行实态不能被简单地概括为"得到落实"或"阳奉阴违"这样的两极。作者认为，当建立两坛作为官方礼制和命令的一部分被明确后，两坛的普及率切切实实得到了提高，而这种全面铺开的立坛方式，恰恰是两坛制度设计与实践第一个差异的来源。作者在该章提及的坛场规制、坛场区位、祭祀主体均属于立坛时的差异。就坛场本身而言，由于《洪武礼制》《明会典》等书并不对里社坛和乡厉坛的规制做具体规定，加上两坛一般由民间出资自建，因此尽管会参照州县规制，但在实际修建过程中仍难做到整齐划一。就坛场区位而言，建坛时普遍参照阴阳学说，以理顺阴阳之间的关系，达成天人和谐，但作者考察明代兴宁县地方志发现，此处并不按规制修建，甚至未建坛壝，"民众只是到指定场地举行祭祀而已"。[①] 就立坛与祭祀主体而言，首先，两坛建于各个乡里，但所立村落同场并不在同一处；其次，在分布

---

① 刘永华：《帝国缩影：明清时期的里社坛与乡厉坛》，第81页。

格局上，有分散型和相对集中的区别。作者以明代福建长泰和江西宁州两地为例，指出两坛的分散型分布格局即散布于数十个村落中，"扩大了两坛与民众的接触面，有助于扩大两坛祭祀的影响"；^① 相对集中的分布格局即主要立于交通便利之处，同样是为了便于民众参与。这样的两种分布方式在涉及祭祀主体时就最大限度地把本里民众纳入祭祀的参与者行列。从两坛的设立来看，里社坛、乡厉坛制度以里甲制度为基础，体现了明清时期乡村统治的仪式化趋向。这种神道设教与户籍制度相结合的做法，一方面于无形中将国家统治秩序渗入更广阔的乡里层面，成为统治策略的一个创新之处；另一方面又为两坛制度提供了更为稳定的组织基础和更为明确的祭祀主体，保证了该制度的长期推行与存续。

　　两坛祭祀过程中的制度设计与实践差异主要体现在祭期、祭物上。按《洪武礼制》和《明会典》，社祭的日期每年均有变动，而厉祭的日期是固定的，但在乡里实践时，往往是社祭"具有相对连续的传统，厉坛的祭祀则是时断时续"。^② 祭物方面，朝廷体恤乡民生活艰辛，在祭物方面不做强制要求，而是以"祭物牲酒随乡俗置办"为主。^③ 作者在阅读明代方志时注意到，祭祀结束后，祭品有时会分发给贫民（"无告者"），他们仰赖他人的施舍。我们固然可像作者那样将其视为无主孤魂在人间的写照，"他们接受同样的祭品，正暗示了他们地位的相似"，^④ 但从施济者的角度来说，这未必不是将此类贫民同样纳入两坛制度仪式的一个过程。

　　进入清代，官方不再要求乡里建坛设祭，里社坛和乡厉坛的建立又回到了不做规定、不做强制要求的状态。作者将两坛衰落的过程上溯至

---

① 刘永华：《帝国缩影：明清时期的里社坛与乡厉坛》，第 88 页。

② 刘永华：《帝国缩影：明清时期的里社坛与乡厉坛》，第 96 页。

③ 《皇明制书》卷 7《洪武礼制》，《续修四库全书》第 788 册，上海古籍出版社，1996，第 317 页。

④ 刘永华：《帝国缩影：明清时期的里社坛与乡厉坛》，第 107 页

明中叶。首先，两坛分布于各个村落，非祭期内无专人看管，也并无专项资金进行定期修缮，长此以往极易破败。其次，两坛的祭祀费用通常由举办祭祀的民众筹措，作者考察嘉庆《无为州志》发现其对两坛祭祀经费的详细记载，但同样可以看到，两坛所用田产反复被民众侵占，当地民众在主观上并无存续祭祀仪式的自觉。再次，两坛的设置以里甲制度为基础，但自明中叶起，里甲制度开始松动，地方职能的转变影响了两坛制度的延续。因此在绝大多数地方，真正作为官方定制的里社坛与乡厉坛在明中叶已经基本停止，但这并不意味着在乡里一级对社、厉的祭祀完全消失。在作者看来，明初建立的两坛制度因其较长的延续时间为部分地域的乡村社会带来了较为持久的社会文化影响，其信仰与仪式即使在两坛制度废止之后仍以其他形式在乡村存在。

总体来看，各地社坛与厉坛的实际修建及祭祀活动的具体执行给予了当地民众较大的自主性，但国家权力对地方秩序构建和精神活动的影响是具有延续性的。当民间神灵被纳入国家祀典，祭祀仪式也得到国家规制规定之后，其具备的合法性就使得此种祭祀行为广泛流传开来，并具备了凝聚人心、巩固统治的重要作用，而其中的信仰作为风俗习惯的核心内容，也难以因仪式的流变而彻底消失，而是转以多种不同的形式长久地传承下来。

三 "儒教下乡"与社、厉在地化

上文已经提到两坛的空间分布对于扩大官方礼仪秩序在乡里影响力的积极作用，同时作者还指出，在时间方面，民众每年参与两坛祭祀的频度较高，且早期两坛祭祀年年按照定制定期举行，这种长期参与祭祀的经历必然对乡里民众产生了潜在影响。里社坛与乡厉坛成为定制到真正在乡里间得到建设再到人们在其中举行祭祀的过程，正是"儒教下乡"的过程；较为统一的建制、对象和仪式让国家主导的礼仪秩序与信仰观念在较为偏远的乡里地区进行普及成为可能，这是基于里甲制度维持社会稳定的思想层面的方法，也是宋代新儒学兴起以后，把庶人纳入礼仪实践以教化民众的成功尝试。坛场规制、坛场区位及祭祀主体上的差异可以认为是两坛制度在地化的体现，但在地化更为明显的表征应当出现在明代中叶，大多数坛场被废弃之后。作者经过查找发现，绝大多数方志对两坛废弃后为乡村社会留下的文化影响和遗产三缄其口，但各种民间文献却保存了与之相关的较为丰富的信息，宗谱中关于分社、分厉的记载就是其中的典型。

如果说"社"字因为从"土"字演变而来，因此始终与土地的意涵密切相关，那么里社坛与乡厉坛曾经立足的发展的"社会"应当被解释为"社之会"，即地域社会，同样是与土地及土地上的民众息息相关。"仪式－社会框架"是作者认为的两坛制度包含的第一个维度，里甲制度的崩溃让社、厉祭祀不得不脱离里社坛与乡厉坛而寻找新的祭祀主体，地缘群体、宗族群体以及一些自愿会社开始承担原有的社、厉祭祀功能，这相较于过去实际上是进行了更为精细的分割，社、厉祭祀从而更广泛地融入了乡村社会，其中以祭社为主要目标而结成的会，在文献中即被称为"社会"。以地缘、宗族或自愿为基础形成的新的社会同样具有自上而下的阶序体系，这与原有的社、厉祭祀制度是极为相似的。作者以四保地区为例梳理了新的仪式－社会体系的发展过程与最终形态。田野调查可以发现不少当地所立的社坛和厉坛，通过碑刻文字可以判定社坛的性质（如是里社还是族社），其上更有建立时间与建立缘由，可以用来判定与坛相关的村落层级的形成。在作者看来，社祭、厉祭的分割过程实际上是大一统王朝逐渐失去在乡村的绝对统治权以及村落组织、聚居宗族乃至乡村会社等村内群体力量增强的缩影，可视为地域社会群体表达自我意识的重要标志。

"民间礼仪"的生成是作者认为的两坛制度包含的第二个维度。社、厉两祭在民间文献中留下的相关文字是探究两坛制度与乡村社会之

间关系的文字证据，其中最为主要的当数祭礼中所用的"祭文本"，即
礼仪手册。祭文本清晰地说明了祭祀目的与祭祀对象，可以看出其行文
和意涵的大同小异，社、厉两祭的对象向人格化发展，所祭神明各有执
司，但总体而言仍是在社神处寻求庇佑，在厉祭中始终是安抚的口气更
重。除作为某种定式出现的祭文本之外，作者还展现了祭祀礼仪实践的
主要过程，在地方性表达中，社祭的称呼变得更加具有地域特色和口语
化，例如婺源一带称为"做社"，并将做社期间的聚会称为"社会"
等。也有社、厉两祭与道教科仪相融合，尤其是在厉祭的演化中，作者
以汀州的打醮仪式为例，认为作为环节之一的"施孤"正是一种形象、
鲜活的即兴表演，操演了赈济孤魂的过程，达到安抚的效果。

　　该书的最后部分作者介绍了他所认为的两坛制度包含的第三个维
度，即帝国象征。在这一部分，作者以社神在民间的形象变迁为分析对
象，试图还原明王朝本身在与乡村社会互动关系中的变化。运用民俗学
的形态分析法，作者对其在四保地区田野调查过程中收集到的共九个有
关社公的传说进行分解分析，并着重讨论了传说的叙事结构和核心要
素。总体而言这些故事都叙述了邪恶的社公索取人祭，掌握了某种法术
的法师与之对抗，获得胜利，最终取代社公获得当地民众祭祀的过程。
传说并不只出现于四保，在汀州的其他地区也有类似的故事，作者发现
其核心要素——斗法，与东南沿海地区广为流传的陈靖姑传说非常接
近。在这些故事中，法器、法术、法门等要素可以帮助我们看到民间道
教在其中的影响，而不同地域之间出现的雷同的故事情节，则为发掘民
间道教的流传脉络提供了线索。然而其中更为重要的问题是，曾经作为
官方推广的祭祀对象的社神，在此处为何会成为邪恶的象征，甚至要被
驱逐、被消灭、被取代。其中暗含的社会脉络及意涵才是作者想要探讨
的重点。由于时空的限制，我们已无法还原故事本身的样貌，但是作者
为我们探究此类问题提供了新的方向，即透过考察这些传说如何被讲
述、被附属，以确定其中发生变动的要素，从而揭示当地民众态度变化

的某些面向。作者注意到，这些与社公斗法的故事大多记载于 16 世纪末和 17 世纪初，同时故事的书面版本和口传版本也有微妙的不同，书面版本大多试图为社公开脱，认为作恶的是住在社坛的妖怪，而口传版本并未说明这点，这或许是民间对王朝的暧昧态度，即逆反与畏惧共存的表征之一。

社公是官方宗教和官僚体系引入超自然系统后的一个重要神明，其形象的恶化无疑是当地民众的再创造，而这种再创造过程很有可能体现了他们对当时的王朝国家的负面看法。官方神明在乡里之间的转型，实际上体现了朝廷在民间推广礼仪秩序、规范思想信仰的局限性，通过对官方礼制的能动接受，民众用自己的方式记录了他们对王朝制度的态度转变和策略应对。社神的形象转变成为明清国家在乡村观念中变化的缩影，而里社坛与乡厉坛制度在乡里层面的流转则体现了明代制度的社会命运，王朝统治从稳定到崩溃的过程也就这样在一地的王朝礼制与地域社会的互动中被人窥视。

回顾全书，社祭源自对土地及其产物的崇拜，厉祭则来自对横死者灵魂作祟的恐惧，从作者对历代社、厉两祭制度演进的梳理来看，两项制度在向下延伸的过程中承担了中央权力掌控地方社会、推行乡村教化的重要职能，乡、里两级社坛与厉坛的设立即是实现此种职能的重要手段。但随着明朝中后期作为乡里两级社、厉祭祀制度基础的里甲制度的逐渐崩溃，以及社、厉祭祀在实际推行过程中与民间信仰、宗族社会的逐渐融合，中央权力通过社、厉祭祀维护和巩固统治的目的最终未能达成。因此，在明清时期乡里两级社、厉祭祀的变迁中，我们看到的不仅是国家权力对于民间信仰的引导且使其制度化，也有民众自身与国家祀典的互动以及祭祀、信仰内容随着社会环境变动的变化。

《区域史研究》2021 年第 2 辑（总第 6 辑）

第 273~278 页

评王聪明《双城记：明清清淮地区
城市地理研究》

曹振禹*

王聪明：《双城记：明清清淮地区城市地理研究》，社会科学文献出版社，2020。

　　该书是作者在博士学位论文基础上完成的一项历史城市地理个案研究。书中的"清淮"一词，一方面是淮河下游水道的代称，另一方面也是明清时期山阳县城（也是淮安府城）与清江浦（乾隆以后的清河县城）的合称。作者在这两层意涵上构建了"清淮地区"与"清淮双城"的研究架构，探讨了山阳城与清江浦的城市空间形态与地域结构的演化过程，以及在国家漕运与河道治理等背景下，清淮地区区域城市中心的转移与城市体系的转变。

　　该书正文分为六章。第一章是对清淮地区城址与政区演变的历史地理学考察。针对文献中对"淮阴"认识的错乱，作者通过文献考证，给出了关于淮阴城址变迁相对清晰的线索。秦代所设淮阴县是清淮地区最早的县级政区，城址位于后世甘罗城处。东晋时出于军事需要，在淮河与泗水交汇的泗口南岸新筑了淮阴城，城址位于后世的小清口南岸。

　　---

　　* 曹振禹，中山大学历史学系（珠海）博士研究生。

此后经隋唐至北宋，淮阴城址均未见迁移。南宋时期，淮阴城先后迁至大清口南岸的八里庄与甘罗城。元代以后，淮阴县被撤废，淮河北岸的清河县取而代之，但受水患影响，清河县治先后迁至甘罗城与小清口北岸。淮阴作为行政建置被废止后，仍在文化意义上留存下来，在明清时期成为山阳的代称。相较于淮阴的迁移与废置而言，山阳的建置与地位则比较稳定，其城址一直未变。唐代以后，山阳城一直是清淮地区最高行政单位所在地。由于清淮地区行政建置的变动，淮阴县不时并入山阳县或清河县，原属于淮阴的韩信、漂母故迹也随着政区变动而变化，造成了地理景观的空间分置现象。

第二至四章主要是围绕山阳城的考察。第二章关注明代山阳城的人群及其活动。元末明初山阳城人户凋零，甚至有"淮人止余七家"的说法。[①] 明初对山阳城进行了人口重建式的移民，主要是淮安卫与大河卫卫所移民的迁入。明代中期以后，盐法由开中法改为运司纳银，盐商逐渐迁居山阳城。此外，明代也有因战乱或其他问题迁入山阳者。明代前期，山阳城内建设了数量可观的科第仕宦牌坊，呈现出科第隆盛的景象。明代中期后，山阳士绅通过姻亲、同僚、师生、乡里等纽带，结成了紧密而复杂的多维社会交际网络。山阳士绅的经济状况普遍不算宽裕，并且崇尚清雅、恬淡的生活，以不营私干政为准则。但这些并未妨碍山阳士绅与地方官员交往以及参与地方事务，山阳士绅对于地方文教起到了传递与表率的作用。

第三章关注明清山阳城城市空间形态与地域结构变迁。明代山阳城为旧城、夹城、新城三城并峙的总体格局，各城外缘均设置多座旱门与水门。明代山阳城的基层行政区划为坊、厢、隅，其下均辖有图，故也是城市里甲赋役的派征单位。清代以后，坊不再辖图，即不再作为赋役单位存在。明代山阳城内以方位命名的街道形成了城内的主干街道，以

---

① 王聪明：《双城记：明清清淮地区城市地理研究》，社会科学文献出版社，2020，第 95 页。

官署命名的街道构成了街道体系的第二层级，众多小巷则构成第三层级。清代以后，山阳城内的街道格局无太大变化，而城外的商业街区则呈现出拓展趋势。山阳城内设置了众多地方军政与河漕机构公署，其布局随着政治格局的变化而发生变化。山阳城的商业市场除城内的官市与庙市外，还有城门附近的城门市、城外的城关市与诸多城郊市场。由于明初的卫所移民率先占据了旧、新城内的居住空间，河漕官员宅第也多位于城内官署后院，明中期以后迁入的商人则多居住于城外，尤其是河下关厢，这就使得山阳城呈现出"内政外商"的功能分区格局。

第四章关注山阳城的水利与水患及其应对。明代山阳城内的城市水利主要围绕市河与巽关水展开。市河分为三条支线，不仅勾连城内的行政官署，还沟通城内外的商品流通。在山阳城外，黄、淮、运构成城壕体系的第一层级，以人工城壕为主的地方性河道则构成第二层级，完善了山阳城的排水系统。明代中叶以后，黄河南下夺淮，造成山阳水灾频发。为应对水灾，山阳采取修筑堤堰与疏凿河道等水利措施。但是，这些水利措施也带来泥沙淤积等问题，为山阳城内的水利系统带来了隐患。同时，风水观念对山阳城的水利与建筑修造产生了重要影响，地方士绅在实践中不断强调的"巽亥合秀"的风水观念，主导了山阳城的水利建设。到了清代，文渠作为当地士气文风的象征，取代市河成为山阳城内主要水道。黄淮水患及其所携带的泥沙还影响了山阳城西湖泊的兴废，进而改变了当地的人文地理景观。附近居民的生计随着湖泊淤积成陆而由渔业变为农业，当地官员与文人诗酒唱酬的活动中心则随着湖泊览胜之地的变化而转移。

第五至六章聚焦于清江浦的崛起与清淮地区城市中心的转移。第五章是对国家治水活动影响下清淮地区城市体系与格局发展的研究。明代为保证漕运畅通，先后采取了"北堤南分""南北俱堤""束水攻沙""分黄导淮"等治河策略，但都没有从根本上解决河患问题。明中叶以降，山阳城、清河城与清江浦都面临着日益严重的黄淮水患。其中，清河城受灾最为严重，以至于被逐渐废弃。随着国家治河策略的具体实践，尤其是草湾新河的开凿，山阳城附近的闸坝等水工设施先后被废置，清江浦的水工设施却屡经修治或更替，维持正常运行，使得清江浦成为清淮地区主要的交通通道。除水利工程建设之外，河漕与地方官员也希望利用水神信仰来保障漕运与护卫城市。同时，清淮地区水神祠庙的兴废与信仰中心的转移也与区域内城市体系与格局的变化相一致。当山阳水患减轻、水利失修与交通地位下降后，山阳城及附近的水神祠庙逐渐趋于隳废，城内的天妃宫也走向衰颓。清河县与清江浦则不断有水神祠庙创建或重修，清口一带的惠济祠成为清淮地区水神信仰的中心。

第六章是对清江浦的发展与清淮地区城市格局变化的研究。明清两代，清江闸坝一带始终是运河交通的必经之地，再加上清江船厂与淮安常盈仓的设置，清江浦获得了稳定的发展动力，作为典型的运河城镇而兴起。清江浦横跨运河两岸，南岸各级公署林立，北岸则形成了商业性街区。随着清江浦的发展与水患对原清河县城的破坏，以及运口东移后地方管控形势的变化，乾隆二十五年（1760）清河县城被迁至清江浦。相比之下，明后期草湾新河开凿使山阳城失去交通优势，道光年间的票盐改革导致盐商转移，再加上明末清初与咸同捻军的战争，山阳城不断衰败。由此，清淮地区的区域中心从山阳城转移到了清江浦，建于清江浦的丰济仓也成为晚清清淮地区仓储与救灾的中坚力量。道咸以降，山阳士绅凭借家族与师生关系更积极地参与地方公共事务，试图扭转城市发展颓势。内河航运时代结束后，清淮双城都不可避免地衰落了，清江浦也由全国中心区域退而变为淮海区域中心城市之一。

在以往运河城市的研究中，淮安（包括山阳城及其周围城镇）往往被视为一个整体，其随运河发展而兴衰的过程得到了很多关注。而以双城的视角进行清淮地区的历史城市地理研究则是该书的新颖与独到之处。明代，山阳县是淮安府的附郭县，山阳城也是国家漕运的中枢，清江浦则隶属山阳县，是因闸坝、船厂与仓储而兴的运河城镇。随着明中叶以后河淮水患的加重与国家河道治理的实践，山阳城的闸坝设施逐渐废置，丧失了交通优势，清代以后难挽颓势。清江浦则控扼运口，始终是运河交通必经之地，清代更是升格为清河县治，区域公共事务与水神信仰中心也由山阳城转移到清江浦。由此，该书揭示了清淮地区区域中心转移与城市体系变迁的过程与动因。不过，这种区域内部城市的兴衰演替似乎并未突破运河城市研究中既有的解释模式，即运河城市的发展随运河而兴亦随运河而衰。明代山阳城与清江浦都凭借运河交通优势而兴，而清代道光以降，由于黄河北徙与漕粮海运的实行，取代山阳城成为清淮地区中心城市的清江浦也不可避免地走向了衰落。尽管作者提及在新的城市定位之下，清淮双城开启了走向近代化的门径，① 但并未展开。此外，就城市空间形态、人群组织等内容而言，作者对清江浦的描写与分析明显少于山阳县城，对旧清河县城、王家营等城镇在清淮地区城市体系中的地位也缺乏说明与分析，故而双城视角的讨论似乎还有意犹未尽之处。

　　该书试图"抓住城市的变迁主线"，"阐释城市变迁的结构与机制"。② 就清淮地区而言，变动的水文环境与国家河道治理的实践无疑是当地城市变迁的主要推动力。山阳县城、旧清河县城与清江浦分处黄、淮、运交汇处的不同节点，虽然受到水患的威胁，但也获得了优越的交通区位条件。河道与水工设施的变迁直接导致三座城（镇）的不同发展路径，其中区域中心的转移前文已有所描述。水环境的变化及其治理还造成山阳城城市水系的演变，而作者则揭示出了山阳城城市水道的建设是在山阳士绅对风水观念的强调与实践中完成的。这可以视为作者对城市地理研究模式化（城址选择、地理基础、平面格局、空间形态等传统领域）做出突破的尝试，即"关注在城市这一舞台之中活动

---

① 王聪明：《双城记：明清清淮地区城市地理研究》，第407页。
② 王聪明：《双城记：明清清淮地区城市地理研究》，第5页。

的人群和组织"。① 但是，该书对于人群的关注似乎仍不够。作者的人群研究集中于明代山阳城军事、商业移民与明清士绅的活动，却并未重视对普通人，尤其是运军、水手、脚夫、商人等群体的讨论。从与漕运和商贸直接相关的人群的活动入手，可能会为清淮地区社会经济及其中心城市转移的研究提供更加坚实的基础。而流动性更大的人群或许将有助于我们更好地理解"区域"的内涵。

---

① 王聪明：《双城记：明清清淮地区城市地理研究》，第 4~5 页。

《区域史研究》2021 年第 2 辑（总第 6 辑）
第 279～282 页
© SSAP，2021

评陈博翼《限隔山海：16～17世纪南海 东北隅海陆秩序》

潘芸淇[*]

陈博翼：《限隔山海：16～17 世纪南海东北隅海陆秩序》，江西高校出版社，2019。

对于华南区域社会史而言，探究社会秩序的动态演化与结构过程是一个重要的研究角度。这一角度的研究，特别关注突破行政区划框架的区域史研究，重视探索社会区域形成的内在逻辑。陈博翼的新著《限隔山海：16～17 世纪南海东北隅海陆秩序》使用"南海东北隅"的区域框架，打破既有术语潜在的海陆隔膜，将粤东、福建沿海、台湾海峡、台澎诸岛以及吕宋岛到台湾的南部海域视作一个具有内在历史逻辑的社会区域。[①]

这样设定研究区域的视角受到布罗代尔史观影响，具有极强的方法论自觉。此书探讨了近代早期南海东北隅的地方秩序如何变化，并从全球、国家与地方三个层面解析。该书核心观点可以概括为"秩序更新"，即南海东北隅区域社会有其内部秩序，该秩序因应外界变化，逐

---

[*] 潘芸淇，上海交通大学历史系硕士研究生。
[①] 陈博翼：《限隔山海：16～17 世纪南海东北隅海陆秩序》，江西高校出版社，2019，第 1 页。

渐演化出新的自在性秩序。用"限隔山海"比喻南海东北隅与中央王朝的权力隔阂，这种限隔体现的不仅是地理空间距离，更是地方社会自身秩序与中央王朝以及此后殖民势力的权力逻辑的限隔。全书除绪论、结语外，共分为七个章节，内容包括以下几个方面。

第一至三章论述近代早期南海东北隅的自在秩序。第一章揭示了"亦民亦寇"是这一地区滨海人群的"原始生态"，作者将其概括为"泛海寇秩序"。[①] 第二章讨论了嘉靖至天启年间（16 世纪 20 年代至 17 世纪 20 年代）东南滨海民众的日常生活逻辑，即人群在"民"与"寇"的身份标签之间频繁切换，"寇"这类社会称谓只是时人在特定情形下的特定表述。[②] 史家欲理解"寇"之流动、不稳定和迅速再生等历时性状态，还需比较、结合"寇"的另一重身份，即王朝制度下的"编户其民"。第三章的研究聚焦于闽南地区漳浦县，作者认为赋役制度松动与里甲制崩溃是导致东南滨海社会民盗一体的根本原因。明清政府征伐海寇，海寇却"春风吹又生"，其实质是东南沿海社会民盗一体的"结构性重复"。

第四至五章讨论西班牙、荷兰等殖民势力作为外来变量如何影响南海东北隅的自在秩序。第四章从中西交通史的角度观察南海东北隅海陆秩序的更新。传教士记录提供了有别于中文史料的视角，作者论述了16 世纪后半期福建海澄（月港）与菲律宾、马尼拉之间的贸易如何逐渐展开，从而说明域外力量如何介入南海东北隅。第五章运用西班牙与荷兰档案文献，论述贸易港从海澄到安海的转移过程，讨论港口转移背后的社会结构变化，进而说明这一区域从"民寇一体"的社会结构转型为域内海寇、域外商人、官方政府三足鼎立的新平衡格局，这是该书的一个核心论点。

---

① 陈博翼：《限隔山海：16～17 世纪南海东北隅海陆秩序》，第 30 页。
② 陈博翼：《限隔山海：16～17 世纪南海东北隅海陆秩序》，第 66 页。

第六至七章总结王朝国家政策推动下，东南沿海何以实现自在秩序更新。第六章探究"迁海"这一经典议题。在陈春声既有研究的基础上，作者将倭乱和迁海两大事件放在区域史的框架内探讨，根据沿海堡寨的废除与兴建路径反推迁海的步骤和范围变动。作者认为，中央王朝通过保甲与团练相结合的形式，实现基层社会秩序的高效重建，使得大部分本地人群转变为编户齐民，寇盗之乱日渐消弭。第七章中作者使用稀见文献《清代官书记明台湾郑氏亡事》，分别论述清朝战舰与郑经集团舰队、火器使用和招抚之策以及清廷对郑氏家族的和战考量。作者认为，《清代官书记明台湾郑氏亡事》这一史料应当置于"泛海寇秩序"中理解。

该书结合了区域社会史与中西交通史的学术脉络，从而形成了方法论突破，即从王朝国家、地方社会自在秩序、域外力量介入三个视角看南海东北隅内在秩序的塑造与更新。该书在研究框架设计、史料运用方面体现出以下特点。

第一，用"内在秩序"定义政治体之边界。作者以"民寇一体"定义南海东北隅区域社会，以系统性政治权力定义中央王朝与域外力量，南海东北隅与王朝国家、殖民势力因自在秩序的不同而形成"边界"，边界的碰撞使内在秩序不断流动并快速再生。作者将全书内容分为三部分，意在还原区域社会如何实现内在秩序更新过程，而此种更新与封建国家、域外力量密切相关。作者意在重构对区域近代早期帝国史和海洋史的认知，以"自在秩序"之不同定义政治体之边界。

第二，历史人群的"去标签化"。作者梳理了所谓"海寇"的分化与重组过程，认为海寇的"春风吹又生"所反映的正是"寇"的属性问题，即"寇"只是特定历史情形下的特定表述，非法劫掠或守法贸易只是同一人群的不同面向；王朝编制下的"化外之民"与王朝编制下的"编户齐民"，去掉此类特定的历史标签，史家所面对的事实上是同一类人群。

第三，将"域外势力"引入对地方社会的探讨。作者引用大量近代早期西班牙与荷兰贸易史料，如《菲岛史料》、荷兰东印度公司史料，将殖民势力的扩张视为闽、粤到菲律宾海域秩序变化的变量。作者论述西班牙、荷兰等殖民势力对南海东北隅区域秩序的适应过程，从而说明内在秩序的更新。

《限隔山海：16～17 世纪南海东北隅海陆秩序》具有极强的方法论自觉，有关近代早期东南沿海区域之后续研究，都需要面对、回应本书所提出之研究视角与核心论点。其中有三个方面可能在今后的研究中进一步拓展。其一，在东南沿海地方社会与海外力量的互动过程中，中央王朝以何种方式介入？其二，自在秩序不仅意味着多种力量的相互影响，也需要考虑在这一区域之内人群的生计与日常生活如何维持，如杨培娜所讨论的沿海渔民问题。[①] 其三，作者从区域社会层面解释清王朝同时推行的"迁海"与保甲的政策。从这一视角来看，地方社会对行政传统的妥协，以及中央王朝建立对东南沿海的控制，也是"国家"形成的过程。这一解释框架在陈春声、科大卫的相关研究中已经有较为清晰的论证，如何能够在此论证框架的基础之上，对沿海社会提出新的解释，将有期于后来者。

---

① 杨培娜：《从"籍民入所"到"以舟系人"：明清华南沿海渔民管理机制的演变》，《历史研究》2019 年第 3 期。

《区域史研究》2021 年第 2 辑（总第 6 辑）

第 283～291 页

"民族－王朝"意识形态下的巡幸

——评张勉治《马背上的朝廷：巡幸与清朝统治的建构（1680～1785）》

徐　伟 *

〔美〕**张勉治**：《马背上的朝廷：巡幸与清朝统治的建构（1680～1785）》，董建中译，江苏人民出版社，2019。

张勉治教授的新书以"马背上的朝廷"为名，至少有两层含义：一是凸显清朝统治者的民族特性，二是突出巡幸这个主要线索。这本书突破了传统观点对于巡幸的认识，以往研究多认为乾隆皇帝南巡是倾向汉化的意识形态的表现，而张勉治通过观察乾隆六次南巡仪式及地方对其反应来解释清朝是如何建构其统治的。这种叙述更为生动地将清朝"民族－王朝"意识形态的统治方针展现给读者。

一　"民族－王朝"概念的提出

以往学界对清代巡幸制度也有较多研究，多集中于果报制度、后勤

---

* 　徐伟，浙江大学历史学系博士研究生。

保障、巡幸政治活动与边疆治理、巡幸目的和意义等方面,^① 他们更注
重巡幸活动本身以及巡幸对边疆等地区所带来的政治影响。张勉治新书
与之最大的不同之处在于,他选择以"巡幸"为视角,从乾隆帝所宣
称的"民族－王朝"的统治政策出发,来观察皇帝如何以南巡的特殊
仪式将满洲"民族－王朝"的意识形态深入到江南以加强其家产制统
治,以及江南等地区的汉族商人、士人等群体对该统治方针如何回应,
以此来重新研究清朝统治的建构。

"民族－王朝"是该书的核心概念。张勉治认为清朝统治在通过相
互重叠的民族例外主义和王朝(家族)统治的意识形态进行建构时,
既是民族的,也是王朝的,也就是民族－王朝的。而且,民族－王朝统
治,从历史上看,是一种特殊的、嵌入了意识形态的家产制统治,^② 而
非传统学界通常所说的满洲人推行汉化政策来巩固其在"中国"的统
治。在这里,南巡被赋予了特殊的意味,皇帝借助南巡宣扬王朝孝道、
勤勉、武功及仁政,同时注重对汉族地方精英理念和利益的包容,以此
来建立对江南的权威。

在张勉治看来,巡幸是清朝统治者使满汉间达到一种相对平衡的手
段。一方面乾隆利用扬州盐商、召试、汉族文化经纪人等承认汉族臣民
的价值和利益,另一方面则以阅武、狩猎、弓马等来展示满洲军事力量
的强大。不过这种包容也有一定的限度,当汉人集团威胁到其家产制统
治时,清朝统治者则会毫不迟疑地放弃这种平衡。^③ 这背后实则隐藏着
一种深层次的文化包容与冲突,但作者立足于统治者的角度来看南巡过

---

① 滕德永:《清帝出巡时期的后勤保障——以御膳筹备为考察对象》,《黑龙江社会科学》
2018 年第 4 期;滕德永:《清帝巡幸与果报制度》,《北京社会科学》2020 年第 11 期;常
建华:《京师周围:康熙帝巡幸畿甸初探》,《社会科学》2014 年第 12 期;王晓辉:《清
帝巡幸热河期间的政治活动与边疆治理》,《大连民族大学学报》2017 年第 2 期。
② 〔美〕张勉治:《马背上的朝廷:巡幸与清朝统治的建构(1680~1785)》,董建中译,江
苏人民出版社,2019,第 5~6 页。
③ 〔美〕张勉治:《马背上的朝廷:巡幸与清朝统治的建构(1680~1785)》,第 232 页。

程中"民族－王朝"统治合法性的宣传，也就是他们如何在汉族的影响下始终保持满洲国服骑射的民族特质。

不过伴随着清朝统治的稳定，在汉文化和商业化的影响下，大多数满人习于晏安，满洲国服骑射的民族特质被弱化，这在驻防八旗中尤其显著。张勉治认为乾隆皇帝南巡中宣扬武力是对"民族－王朝"认同危机的一种反应，统治者希望能够借巡幸中的阅武、狩猎等活动重振军事实力，在加强民族认同的基础上，"强化朝廷对于一个商业、人口、地理、民族多种多样且日益扩展的帝国实行家产制统治"。① "家产制统治"实际上是一个民族中立的分析概念，同样适用于中国整个帝制历史时期，包括汉人和非汉人的王朝统治。② 清朝统治者巡幸过程中"民族－王朝"意识形态的各种实施手段都是为家产制统治而服务的，这是张勉治立论之所在。

二　巡幸过程中"民族－王朝"意识形态的实施

张勉治对乾隆如何利用巡幸活动来强化清朝"民族－王朝"统治的解读是给人以启发的。作者首先对巡幸是一场什么样的活动，它在历史发展中有什么样的变化等问题做了解释。巡幸起源于古代将演武与监管结合起来的巡狩活动，到了战国时代，军事化的巡狩逐渐发展为更仪式化和行政化的巡守。秦始皇统一六国后曾进行五次大规模的巡游，其中一次西巡、四次东巡，既震慑了北方诸民族，又通过泰山封禅、刻石等仪式来宣扬皇权，使人们在精神层面上向其臣服，以达到维系一统和监视天下的目的。③ 由此可以想见，巡幸并非以往人们普遍认为的皇帝单纯的游山玩水，而是一场有着政治、军事意味的维系政权的活动。张

① 〔美〕张勉治：《马背上的朝廷：巡幸与清朝统治的建构（1680～1785）》，第 166 页。
② 〔美〕张勉治：《马背上的朝廷：巡幸与清朝统治的建构（1680～1785）》，第 14 页。
③ 〔美〕张勉治：《马背上的朝廷：巡幸与清朝统治的建构（1680～1785）》，第 31～35 页。

勉治将之上升到意识形态层次，巡幸活动既使满人增强自身的民族认同感，又在汉文化地区广泛宣扬"民族－王朝"的统治方式，以维系统治，尤其是在江南地区的统治。

乾隆皇帝以效仿祖先为由展开巡幸活动，张勉治认为"法祖"意味着首先要遵循狩猎以及有纪律与节俭的生活方式，这一切都能够通过巡幸活动实现。① 此外，乾隆皇帝在盛京、泰山、五台山等地的活动中多次表达巡幸也是孝道和勤勉的表现。他的孝道主要体现在两方面：一是纪念康熙皇帝，二是陪其母亲孝圣宪皇后出游。在张勉治看来，乾隆是利用皇太后游览者的身份来缓和南巡所产生的紧张关系，且皇太后满洲家庭主母的形象被用来掩饰"民族－王朝"的政治意图，同时请安、聆听训诫等仪式也可展示满洲孝道文化，增强满人的身份认同。张勉治又以乾隆皇帝与左都御史孙灏在出巡索约尔济方面的争论为例，说明乾隆皇帝对汉族的蔑视。② 乾隆皇帝以陪皇太后游览为理由，向汉人展现满洲文化，他认为与满人相比，汉人更为软弱和缺乏战略思想，这进一步揭露出乾隆的民族至上主义以及满汉在意识形态和政治上的博弈。

乾隆皇帝将巡幸活动中所需要的后勤和物资供应等都交给贵族和八旗精英负责，且南巡中坚持骑马和使用营帐。这些行为都充满满洲特质，也表现出乾隆皇帝在南巡过程中有意无意地展示满人的优越性。然而各省对南巡的准备工作就像一场军事演习，再加上当地官员和胥吏的非法操纵，广大的民众产生了很大的不安和焦虑。乾隆皇帝对此采取的措施有三：一是朝廷实行特别的赋税蠲免和豁除欠赋政策；二是进行更为直接的经济干预，旨在推动江南地区的粮食、铜钱以及其他基本商品的供应；三是针对地方上的腐败、勒索，朝廷严厉整饬各级官僚及其下属。③ 尽管这些政策在一定程度上缓和了广大江南民众的矛盾，但作为

---

① 〔美〕张勉治：《马背上的朝廷：巡幸与清朝统治的建构 (1680～1785)》，第 68～74 页。
② 〔美〕张勉治：《马背上的朝廷：巡幸与清朝统治的建构 (1680～1785)》，第 75～87 页。
③ 〔美〕张勉治：《马背上的朝廷：巡幸与清朝统治的建构 (1680～1785)》，第 111～113 页。

"民族－王朝"意识形态宣扬主体的旗人的胡作非为，也加剧了民众的不满，这就使得民众对南巡的看法超出了朝廷的设想，与乾隆皇帝所极力宣传的意识形态格格不入，也就削弱了"民族－王朝"意识形态在江南地区的影响。

　　张勉治进一步指出军事上的优越性是清朝"民族－王朝"例外主义意识形态的根基所在。① 随着清朝政权的稳定，八旗在各驻防旗城与当地人的交往过程中趋于晏安，军事能力开始衰退，统治者将之归因于民族的同化和独特身份的丧失。军事上的危机威胁到了满人身份的认同感及"民族－王朝"集体荣誉感。面对军事与身份认同的双重危机，皇帝通过在巡幸中向人们展示骑射，阅视江宁、杭州的驻防八旗，以展现满洲武力的强大，凸显旗人纪律有素的征服者精英形象。这一系列仪式不仅是皇帝尚武的表现，更是"民族－王朝"意识形态的渗透。乾隆在南巡中炫耀18世纪50年代准噶尔问题的解决，以此展示他在内亚统治方面的军事能力，同时也向非汉族的部落首领展示江南的繁华，意在提醒对方他们只是国家的一部分，而这个国家是由一个马背上的满洲朝廷凭借军事力量和美德建立的。这种表达既有军事的又有民族的意义。② 在某些层面上，巡幸活动的开展是皇帝努力解决受到汉族同化的满洲身份认同危机和军事衰弱问题的直接结果。不可否认，乾隆的一系列活动确实展现了满人的军事力量，不过在南巡中满汉密切交流的大环境下，其所行措施真正收效如何，作者却未能做进一步阐释。

　　清朝统治者要实行"民族－王朝"统治政策，汉化是他们不得不面对的问题，但政策的实施需要借助汉族精英，这貌似是一个矛盾的问题。对此，张勉治以南巡中的水利视察为例说明这个问题，当解决水利问题的经费无处筹措时，皇帝通过捐输等方式从扬州盐商等商人团体手

---

① 〔美〕张勉治：《马背上的朝廷：巡幸与清朝统治的建构（1680～1785）》，第123页。
② 〔美〕张勉治：《马背上的朝廷：巡幸与清朝统治的建构（1680～1785）》，第164页。

中获取财富，而商人也以此来获得社会上的尊重以及与朝廷合作的正当性。在此背景下，一些大商人通常会串通满洲官员以期获得更大的利益，这在一定程度上会破坏乾隆南巡的公众形象，同时也会破坏其家产制组织的廉洁性与有效性。在水利和军事危机消退后，乾隆就试图解决商人与满洲贵族之间勾结的问题。他以"还淳归朴"的话语体系来反对商人的奢靡，对商人势力进行一定程度的打击。同时，商人社会地位的提高威胁到了士人在地方社会中的特权地位，士人借助皇帝"还淳归朴"的话语来批驳商人，皇帝同时也利用士人来监督地方官和商人。① 无论是任用还是打压汉族精英，统治者的立足点都是为了维持其家产制统治，皇帝利用商人与士人在政治地位上的激烈竞争来分化汉族精英，这有利于加强清廷在江南的权威，也有利于"民族－王朝"统治政策的实施。

张勉治认为乾隆在南巡过程中推崇诗歌和儒学，是为了避免使用明确的"民族－王朝"例外主义的话语。他举了乾隆在南巡召试的例子。召试采取回避制度，旨在吸收来自下层家庭有才能、名望且相对独立自主的人加入朝廷，因为这样的人会更倾向于依赖皇权。乾隆皇帝依诗作质量赏赐七十二人荷包；荷包是满洲文化的象征，七十二人也有效仿孔子七十二弟子的意思。② 从此举可以看出乾隆皇帝对儒家文化的推崇，也可以看出他企图通过效仿儒家弟子的形式将满洲文化元素传递给江南汉人。南巡中的召试及对于汉学的迎合使得大量汉族精英以广博的知识和学术专长为家产制政权服务，同时也有助于"民族－王朝"意识形态为汉族士大夫所接受。

在满汉接触的过程中，依然存在一些潜在的紧张关系。汉族精英对政治的介入越深，就越趋向于利用儒家学说来治理国家，这与乾隆原本

---

① 〔美〕张勉治：《马背上的朝廷：巡幸与清朝统治的建构（1680～1785）》，第 173 页。
② 〔美〕张勉治：《马背上的朝廷：巡幸与清朝统治的建构（1680～1785）》，第 203 页。

指望通过迎合汉学达到一种包容汉族精英的平衡状态不符。当汉族精英威胁到了满人统治者"民族－王朝"意识形态的推行时，他们会直接打破这种平衡，如处死章知邺、沈德潜。所以张勉治认为皇帝对于汉族精英的包容是有限的，同时其所宣扬的"民族－王朝"意识形态对汉族精英来说也是有限的。① 既然统治者"民族－王朝"意识形态的宣传效果是有限的，那么它到底在汉文化区产生了多深的影响？对满洲精英的培养起了多大的作用？作者一直在强调清朝统治者如何借助巡幸活动来维系满洲至上的家产制统治，如何向江南等汉文化区宣扬"民族－王朝"的意识形态，却鲜少谈及在这样的宣传与行动下满洲精英的应对。

乾隆皇帝还在南巡过程中创作了众多诗词。在张勉治眼中，这不仅是对汉文化的迎合，也是"民族－王朝"意识形态的另一种阐发形式。乾隆皇帝的"观民"并非仅仅观察民众过得好不好，而是主要观察民众对满人的统治是否支持，带有强烈的民族身份认同和政治色彩。乾隆诗作中的"马"的元素，是在宣扬马上治天下的国家治理观念，作者将巡幸作为其马上治天下的经典案例。② 不过作者似乎没有关注乾隆的诗作中早已渗透儒家文化的元素，这也是满汉文化交流过程中不可避免的客观事实。

在 1768 年的缅甸战争中，清廷损失惨重，中央权力阶层出现了很大的真空，这加剧了清廷"民族－王朝"统治的领导危机。从乌喇纳拉皇后、严谱案、陈济案、徐述夔悖逆案、金从善上谏立储等事件中可以看出，大众越来越认识到皇帝所宣传的"民族－王朝"政策只是意识形态上的自负。③ 由此可见，乾隆皇帝在南巡过程中极力宣传的"民族－王朝"例外主义并未得到大众的认可，后来的巡幸活动也未能挽

---

① 〔美〕张勉治：《马背上的朝廷：巡幸与清朝统治的建构（1680~1785）》，第 232 页。
② 〔美〕张勉治：《马背上的朝廷：巡幸与清朝统治的建构（1680~1785）》，第 271 页。
③ 〔美〕张勉治：《马背上的朝廷：巡幸与清朝统治的建构（1680~1785）》，第 291~324 页。

救统治者的"民族－王朝"意识形态，直到嘉庆时期，该政策已荡然无存。

三　民族特质与汉化

张勉治这本书借助乾隆皇帝巡幸中阅武、骑射、作诗、召试、拉拢和分化汉族商人与地方精英等举措来叙说此过程中的满洲因素，并由此阐释乾隆皇帝为构建清朝统治而实行的"民族－王朝"政策。身为满人领袖的乾隆皇帝在国家治理中凸显自己的民族特色，宣扬满洲例外主义，甚至在处理多民族关系时实施民族政策，这些都是无可厚非的。在多民族文化的交流与碰撞中，乾隆皇帝在南巡过程中宣扬"民族－王朝"的统治理念是一方面，而他们与汉族商人群体及地方精英在经济、文化、政治领域的交往是另一方面。作者更多注意的是乾隆如何在与汉族精英的交往中宣扬自己的民族优越感，或者借助于汉族精英维持其满洲家产制统治，却忽略了满汉交往中汉文化对满人的影响，这未免有失偏颇。

乾隆说其南巡实为"观民"，但在他观民的同时，民也在观察他，这是一个相互的过程。乾隆主要观察汉族民众对满人的统治有何反应，而汉族民众观察的是满人统治者如何用儒家的礼仪制度来治理国家。乾隆借助扬州盐商和苏州文士来维持其家产制统治所需要的财政和文化基础，而扬州盐商和苏州文士也借助统治者来提升自己的社会地位及获取政治特权。在这个过程中，双方自然会发生多次交流，甚至出现扬州盐商贿赂满洲贵族的事件，这也说明了南巡中满洲精英无时无刻不在接受汉族的影响。汉族士人借助统治者获得社会地位和特权后，自然而然地会使用其从小接受的儒家礼教思想去治理社会。所以说乾隆皇帝迎合儒学原本是想借助儒学来加强其"民族－王朝"意识形态的渗透，不过1780 年重返江南时他发现民族至上主义政策的推行成效甚微，相反汉人礼仪直接影响了乌喇纳拉皇后事件和立储之议。① 由此可以看出，在南巡中"民族－王朝"政策的影响远远没有汉化力量强大，那么"民族－王朝"意识形态的宣传在汉人和满人中分别起到了何种效用，界限在哪儿，仍有进一步阐释的空间。

　　张勉治教授的新书为读者展示了作为满人的清朝皇帝，在建构全国统治时希图保持自身民族特质的努力，这对清史研究是一个很好的启发。张勉治在叙述时过度强调了满洲意识形态对江南地区汉人的影响，而缺少了汉族文化影响其他民族的论证，更没法确立一个影响程度的评价标准。无论汉族，还是少数民族，都是中华民族的重要组成部分，它们在长期交流交融中成为一个共同体，故而在历史研究方面，汉化和少数民族政权的"民族－王朝"政策都是国家治理体系的重要组成部分，我们的学术研究似乎过于片面地追求与别人的不同，以致历史研究被人为切割成不同部分，难以见其全貌。我们需要的是在反思中进步，中国是由多个地区、多个民族构成的，不同区域、不同民族的历史也应当受到同等的重视，文化是多元的，它们都是推动中国历史向前发展的动力，所以无论是汉族政权的研究，还是少数民族政权的研究，都应该放置在整体史观和全球史观的视野下去观察，这样才能更好地看到中国历史的发展与变化。

---

　　① 〔美〕张勉治：《马背上的朝廷：巡幸与清朝统治的建构（1680～1785）》，第291～296页。

征稿启事

　　《区域史研究》是由中山大学、香港中文大学、复旦大学、厦门大学、武汉大学、清华大学、南开大学、华东师范大学、南昌大学、浙江大学的一批志同道合的学者共同创办的刊物，旨在为区域史研究者提供一个分享最新研究、交流最新思想的平台。本刊设有学人访谈、专题研究、研究综述、读史札记、田野笔记、书评等栏目，现面向海内外学界征稿，来稿要求如下。

　　（一）论文字数一般不超过3万字，须有中文摘要（200字左右）以及3~5个中文关键词；读史札记、田野笔记一般不超过1.5万字；书评一般不超过4000字，有深度的书评，则不受此限。

　　（二）文责自负。除非事先说明，否则编辑部对文字内容均可适当处理；译稿一律附原文。

　　（三）本刊采用社会科学文献出版社的投稿格式和注释体例，请各位作者投稿前务必参照修改。来稿统一采取页下注方式，每页重新编号。出自同一文献的注释第二次出现以后，只需标明著者、篇名、卷次、页码即可。

　　（四）来稿请通过电子邮件寄至 lingnanculture@ 126. com，并在邮件标题栏中注明：《区域史研究》投稿。

　　（五）本刊实行双向匿名审稿制，来稿时请将姓名、工作单位、联系方式、职称等反映作者信息的个人资料另页附上，并在正文中避免出现作者的相关信息。

　　（六）请勿一稿多投。收稿后逾3个月未做答复，作者可自行处理。

（七）本刊不以任何形式收取编辑费、审稿费、版面费等费用。稿件一经发表，即奉稿酬，稿酬从优，并赠送作者样刊 5 册。

（八）本征稿启事常年有效。

《区域史研究》编辑部

图书在版编目（CIP）数据

区域史研究.2021年.第2辑：总第6辑/温春来主编.--北京：社会科学文献出版社，2022.3
ISBN 978-7-5228-0117-9

Ⅰ.①区… Ⅱ.①温… Ⅲ.①地方史-研究-中国-丛刊 Ⅳ.①K29-55

中国版本图书馆 CIP 数据核字（2022）第 085920 号

区域史研究 2021 年第 2 辑（总第 6 辑）

主　　编 / 温春来
执行主编 / 杜正贞

出 版 人 / 王利民
责任编辑 / 赵　晨
文稿编辑 / 汝硕硕
责任印制 / 王京美

出　　版 / 社会科学文献出版社·历史学分社 （010）59367256
　　　　　　地址：北京市北三环中路甲 29 号院华龙大厦　邮编：100029
　　　　　　网址：www.ssap.com.cn
发　　行 / 社会科学文献出版社（010）59367028
印　　装 / 唐山玺诚印务有限公司

规　　格 / 开　本：787mm×1092mm　1/16
　　　　　　印　张：18.5　字　数：254 千字
版　　次 / 2022 年 3 月第 1 版　2022 年 3 月第 1 次印刷
书　　号 / ISBN 978-7-5228-0117-9
定　　价 / 99.00 元

读者服务电话：4008918866